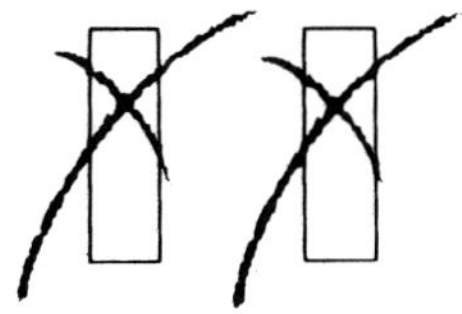

Andreas Mölzer

Jörg! DER EISBRECHER

Jörg Haider und die Freiheitlichen – Perspektiven der politischen Erneuerung

SUXXES

Mölzer, Andreas

Jörg - Der Eisbrecher:

Jörg Haider und die Freiheitlichen - Perspektiven der politischen Erneuerung

1. Aufl., - Klagenfurt

Suxxes GmbH, 1990

ISBN 3-9500-009-09

Schutzumschlag und Einbandgestaltung: Suxxes GmbH

Buchlayout: Suxxes GmbH

DTP-Satz: Computersatz Suxxes GmbH

Belichtung, Druck und Bindung: Carinthia, Klagenfurt

Printed in Austria 1990

Inhalt

Sehr geehrte Leser!

Das vorliegende politische Buch arbeitet die jüngste Geschichte des Freiheitlichen Lagers in Österreich auf. Zugleich ist es aber eine politische und historische Analyse der Veränderung der Republik. Die Starrheit der politischen Blöcke, die Verfilzung von Bürokratie und Funktionärsstaat, Freunderlwirtschaft und Begünstigung politisch gleichgesinnter Anhänger der alten Parteien war durch Jahrzehnte nicht zuletzt durch das Fehlen einer wirksamen Opposition möglich. Die Opposition hatte sich auf zu viele Kompromisse mit den alten Parteien eingelassen und dadurch die Festigung der Machtaufteilung zwischen Rot und Schwarz erst möglich gemacht. Seit 1986 gelang der FPÖ unter einer neuen Führung ein entscheidender Einbruch in die starre Parteienlandschaft. Der sofort in Gang gesetzte Abwehrmechanismus der Funktionäre in der Sozialpartnerschaft, der Kammern und Verbände sowie der alten Parteien gegen die neue FPÖ blieb erfolglos. Diffamierung und persönliche Herabsetzung blieben ohne Wirkung, weil sich immer mehr Bürger mit den Zielen der politischen Erneuerung Österreichs, wie sie die FPÖ vorgab, identifizierten. Der Bürger ist aufgewacht und die Orientierungslosigkeit der alten Parteien nimmt seither zu. Die neue FPÖ hat für Österreich die Chance eröffnet, dauerhaft die unerträglich gewordene Vormundschaft von antielitären Funktionärseliten zu beseitigen und die Mitverantwortung eines freien Bürgers an ihre Stelle zu setzen. Das war und ist die Geburtsstunde einer neuen Republik, in der ein tiefgreifender Wertewandel zu einem ehrlicheren demokratischen Gemeinwesen führt.

Jörg Haider

VORWORT

Vorwort

Die europäische Geschichtsschreibung wird die 80er Jahre des 20. Jahrhunderts einst vielleicht einmal als das letzte Jahrzehnt der Nachkriegszeit bezeichnen. Als das letzte Dezenium jener Periode also, die sich an das Zeitalter der beiden Weltkriege anschloß. Dies deshalb, da in diesen 80er Jahren geistig-kulturell, soziologisch und auch machtpolitisch jene Strukturen aufbrachen und schließlich ihr Ende fanden, die seit 1945 die Realitäten auf dem alten Kontinent geprägt hatten.

Das mehr als 4 Jahrzehnte dauernde Kondominium der beiden Supermächte in Europa wurde im wesentlichen beendet: die Emanzipation der Staaten und Völker des östlichen Mitteleuropas und Osteuropas vom Kreml, aber auch das neue Selbstbewußtsein der Westeuropäer gegenüber der westlichen Vormacht USA, bedingten das Ende des Systems von Jalta. Der totale Bankrott des Sowjet-Kommunismus und die parallel dazu festzustellende Tatsache, daß der "american way of life" jegliche Faszination für die Europäer verloren hat, beweisen wohl am deutlichsten, daß die zwei großen Sieger von 1945, jene beiden raumfremden Mächte, die den Europäern ihren Willen über vier Jahrzehnte aufzuzwingen wußten, ihre hegemoniale Stellung über den alten Kontinent mehr oder weniger verloren haben.

Jenseits dieses großen machtpolitischen Umbruchs und des damit verbundenen spektakulären Abbröckelns des Kreml-Imperiums im östlichen Europa gab und gibt es aber in den einzelnen europäischen Ländern tiefgreifende Veränderungen, die zwar mit diesem Gesamtumbruch unterschwellig korrespondieren, naturgemäß aber von den jeweiligen Gegebenheiten des einzelnen Landes geprägt sind. Gewiß hängt es unmittelbar zusammen, daß der noch vor wenigen Jahren so vielgepriesene Euro-Kommunismus in Italien, Spanien oder etwa Frankreich jeglichen Einfluß verloren hat, wenn sich gleichzeitig der "große Bruder" KPDSU in der Krise befindet. Auch der Niedergang der europäischen Sozialdemokratie, der bereits Ende der 70er Jahre eingesetzt hat, dürfte in einem inneren Zusammenhang mit dem Niedergang des marxistischen Denkens und marxistisch begründeter Gruppierungen zusammenhängen.

Die parallel dazu festzustellende Renaissance christlich-konservativer und bürgerlicher Gruppierungen in Westeuropa war allerdings nicht von wirklich epochaler Prägekraft. Margaret Thatchers Regierung in Großbritannien und Helmut Kohls liberal-christdemokratische Koalition in der BRD waren zwar Teil dieser Wende vom Sozialdemokratismus der 70er Jahre hin zu einer neuen konservativen Welle. "Thatcherismus" und Helmut Kohls Politik dürften aber für die gesamteuropäische Geschichte insgesamt nur einen geringfügigen Stellenwert aufweisen. Sieht man von den britischen Entwicklungen ab, die ohnedies immer eigene und eigenwillige Wege gehen, und läßt man die Verhältnisse des romanischen West- und Südeuropas beiseite, das skandinavische Nordeuropa ist ohnedies ein eher peripherer Faktor, so kann man bei der Entwicklung in Mitteleuropa dies- und jenseits des vormaligen Eisernen Vorhangs für diesen Zeitraum der 80er Jahre doch einige prägnante Parallelen feststellen: Insgesamt scheint es den Menschen dieses Raumes nicht darum gegangen zu sein und zu gehen, den jeweils herrschenden Repräsentanten des alten Systems durch seinen Widerpart, ebenfalls einen Repräsentanten des alten Systems, zu ersetzen, sondern vielmehr darum, dieses System überhaupt zu verändern oder insgesamt abzulösen. In den internationalen Beziehungen und außenpolitisch bedeutet dies die Ablösung des Status quo von 1945. Innenpolitisch bedeutet dies für die Länder des bisherigen sowjetischen Machtbereiches die Ablösung des KP-Machtmonopols durch einen neuen demokratischen Pluralismus und für den westlichen Bereich Mitteleuropas eine Aufweichung, wenn nicht gar Ablösung jener zementierten Machtstrukturen, wie sie in den Gründerjahren nach dem Kriege entstanden.

Jenseits aller ideologischen Wertungen dürfen daher die bundesdeutschen Grünen ebenso wie die bundesdeutschen Republikaner, die polnische Solidarnosc-Bewegung ebenso wie das Neue Forum der DDR, das tschechische Bürgerforum von Vaclav Havel ebenso wie die slowenischen Reformkommunisten und natürlich in Österreich auch Jörg Haiders Freiheitliche, sowie die Grün-Alternativen des Peter Pilz und des Andreas Wabl als neue politische Kräfte bezeichnet werden, die den jeweiligen innenpolitischen Status quo, wie er zumeist seit mehr als 40 Jahren bestanden hat, aufgebrochen haben. Zu glauben, daß diese politischen Erscheinungen isoliert, als nationale Besonderheiten gesehen und analysiert werden müßten, wäre ein folgenschwerer Irrtum. Entwicklungen dieser Größenordnung, die allesamt jenseits jeder Ideologie das eine gemeinsam haben, nämlich gegen das jeweils herrschende System anzukämpfen, müssen naturgemäß über Staats- und Blockgrenzen hinweg gemeinsam betrachtet werden.

Analytiker der politischen Entwicklungen in Europa, die glauben, Parallelen nur in ideologisch, angeblich ähnlich gelagerten Gruppierungen sehen zu können, müssen sich den Vorwurf der Einäugigkeit, wenn nicht gar der bewußten Manipulation gefallen lassen. Wer behauptet, daß beispielsweise Le Pens Front National in Frankreich, Schönhubers Republikaner in der BRD und Jörg Haiders Freiheitliche in Österreich Früchte vom selben politischen Baum seien, vermeidet es einerseits die entsprechenden Differenzierungen vorzunehmen, übersieht aber andererseits, daß er bei Anwendungen eines derart groben politischen Rasters sehr wohl auch andere politische Bewegungen, wie eben Grün-Alternative und Bürgerbewegungen des östlichen Mitteleuropas in einem Atemzug nennen müßte. Warum? Der gallische Chauvinismus Le Pens, der populistische Konservativismus Schönhubers und der Fundamental-Liberalismus Jörg Haiders haben mit dem postmarxistischen Linkssozialismus der bundesdeutschen oder österreichischen Grünen und antikommunistischen Demokratiebewegungen der vormaligen Ostblockstaaten ein vorrangiges und all diese Gruppierungen prägendes Wesensmerkmal gemeinsam: Sie alle stellen Emanzipationsbewegungen der Bürger gegen verkrustete Systeme, gegen allzulange und allzu festgefahrene Parteienherrschaft und gegen bürgerfernes Bürokratentum dar. All diese Gruppierungen stellen mutatis mutandis den fundamentalen Systemprotest der Europäer dar, der sich gegen die in Jahrzehnten vereiste politische Landschaft der Nachkriegszeit, des europäischen Status Quo richtet.

Doch bleiben wir in Österreich: Wenn im September 1986 eine beliebige, bislang vorwiegend als innenpolitisches Zünglein an der Waage fungierende kleine Oppositionspartei, die da zwar gerade einige Jahre mitregieren durfte, durch einen neuen, charismatischen Vorsitzenden einen ungeahnten Aufschwung erlebt und die innenpolitische Landschaft Österreichs durcheinander wirbelt, so ist dies kein Zufall und auch kein singuläres Ereignis. Es hängt dies - so kurios es auch klingen mag - damit zusammen, daß zur selben Zeit im Kreml ein Michail Gorbatschow seine Politik des Glasnost und der Perestroika postuliert. Es hängt dies damit zusammen, daß in Westeuropa die Phase der sogenannten und viel bejammerten "Eurosklerose", des "Europessimismus", zu Ende gegangen ist und einem neuen europäischen Optimismus, einer Aufbruchstimmung weichen mußte. Es hängt dies damit zusammen, daß zwischen Baltikum und Balkan die Völker und

Volksgruppen daran gingen, ihre nationale Identität neu zu entdekken. Es hängt dies auch damit zusammen, daß man sich in Westeuropa dazu aufraffte, endlich den Schritt zu wagen zu einer europäischen Gemeinschaft, die wirtschaftlich aber auch politisch ein den beiden Supermächten adäquater Faktor der Weltpolitik werden könnte.

Politische Erneuerung also in Europa, Ost und West, Umwälzungen, Veränderungen, ein Überdenken überkommener Strukturen, eine gesellschaftliche und politische Entrümpelung, die vielenorts erst begonnen hat, längst noch nicht abgeschlossen ist, die aber bereits in ihren Konturen klar erkannt werden kann. Nun mag Österreich zwar eine Insel der Saumseligen sein, es liegt aber doch "dem Erdteil in Mitten", bildet den Schnittpunkt eines geistig-politischen Vernetzungssystems und kann sich daher von gewissen Entwicklungen nicht ausnehmen. Daraus resultiert geradezu eine Art von Zwangsläufigkeit zum Aufbrechen, zur Erneuerung des alten politischen Systems, wobei - und dies ist der Zweck dieses Buches - nachweisbar ist, daß es nicht zufällig Jörg Haider und seine Freiheitlichen waren und sind, die sich zum Eisbrecher in der spezifisch österreichischen Polit-Arktis entwikkelten.

Nicht nur die Tatsache, daß mit Jörg Haider ein großer Kommunikator, eine Persönlichkeit von volkstribunenhaftem Zuschnitt vorhanden ist, sondern gewisse Eigenarten in den Strukturen des traditionellen national-liberalen Lagers Österreichs bewirkten es, daß ausgerechnet die Freiheitlichen in die Rolle des innenpolitischen Eisbrechers hineinwuchsen. Gewiß, in einer Welt, da Politik aufgrund einer allgemeinen Entideologisierung wieder wesentlich stärker personenbezogen ist, als in vergangenen Jahrzehnten und in einer Zeit, da Telegenität und die akrobatische Handhabung der Medien oft wichtiger sind als Inhalte, ist das

Vorhandensein einer charismatischen Leitfigur von gewaltigem Vorteil. Wenn aber die dahinterstehende politische Gruppierung von ihrer Gesamtstruktur und ihren inneren Zuschnitt nicht in der Lage ist, den Vorgaben dieser Leitfigur und den Notwendigkeiten der Zeit zu folgen, können auch Charismatiker von Format letztendlich nicht erfolgreich sein. Franz Vranitzky etwa wird den Abstieg der österreichischen Sozialdemokratie nicht wirklich aufhalten können und wen auch immer die Volkspartei als Spitzenmann demnächst aus dem Hut zaubern mag, sie wird dem abgenutzten Allerweltskonservativismus unserer Tage keinen neuen Glanz verleihen können.

Nach dem Ende des sozialdemokratischen Jahrzehnts, das in der Folge der soziokulterellen Umwälzungen des Jahres 1968 über Europa hereingebrochen war, vermochte sich, wie bereits angedeutet, in manchen Bereichen zumeist nur kurzfristig, ein Neokonservativismus der allerallgemeinsten Art auch realpolitisch durchzusetzen. Die wertkonservative Renaissance, die es europaweit in geistig-intellektueller Hinsicht seit etwa Mitte der 70er Jahre gegeben hat, bildete dabei keineswegs den ideologischen Hintergrund. Vielmehr stellte dieser realpolitische Wiederaufbau des Konservativismus nur eine Art gegenteiligen Pendelschlag zum sozialdemokratischen Jahrzehnt dar. Der Niedergang der sozialdemokratischen Volksparteien scheint vielmehr von einem parallel ablaufenden Niedergang der christlich-konservativen Volksparteien begleitet zu sein. Zahlreiche Anzeichen deuten darauf hin, daß in den westeuropäischen Demokratien die Stunde eines "Populistischen Liberalismus" (so der sozialdemokratische Vordenker Peter Glotz) geschlagen hat, eines Liberalismus, der bei strikt marktwirtschaftlicher Orientierung die Bürgerängste vor der Entfremdung in der postindustriellen Gesellschaft vor Technokraten- und Bürokratenherrschaft und dem Umwelttod zu verstehen, aufzunehmen und zu kanalisieren weiß. Eines Liberalismus, der individuelle Leistungsbereitschaft und individuelles Selbstverwirklichungsstreben mit dem Bedürfnis nach nationalkultureller und regionaler Verwurzelung zu verbinden weiß.

Daß diese Bedürfnisse von Systemveränderungen marxistischer Herkunft, die sich ein ökologisches Mäntelchen umhängen, nicht befriedigt werden können, liegt auf der Hand. Politische Gruppierungen aber, wie das historisch gewachsene national-liberale Lager Österreichs haben in ihrer hundertjährigen Geschichte - trotz der vielen schrecklichen Irrwege, die diese Lager wie die anderen politischen Lager dieses Landes auch beschritten hat - und in ihren weltanschaulichen Wurzeln in vieler Hinsicht die Ansätze parat zur Lösung der mit diesen neuen Strömungen aufgeworfenen Probleme. So vereinigte dieses historisch gewachsene national-liberale Lager Österreichs von Anbeginn seiner Geschichte die Neigung zu fundamentalem Protest mit der Bereitschaft in staatstragender Verantwortung zur Lösung der Probleme des Gemeinwesens beizutragen. Wenn man die bürgerliche Revolution des Jahres 1848 als die Geburtsstunde dieses Lagers analysiert, so zeigt sich dies bereits überaus augenfällig: Einerseits die revolutionären Ereignisse, Protest, Aufruhr und Umsturz, andererseits das unmittelbar darauffolgende Bemühen, konstruktiv Neues zu schaffen, verfassungsmäßige Zustände, Rechtsstaatlichkeit, die Durchsetzung von Menschenrechten und Bürgerfreiheit.

Analog dazu bedarf es in unseren Tagen für den politischen Erfolg einer Gruppierung, die glaubhaft in der Lage ist, den Systemprotest zu tragen und zu artikulieren, die Fähigkeit zu realistischen Alternativen. Der demokratisch reife und politisch mündige Bürger - daß sie solche sind haben die Österreicher in der zweiten Hälfte dieses Jahrhunderts wohl sattsam bewiesen - will nämlich nicht nur Protest, er will auch sachlich fundierte und politisch umsetzbare Alternativen. Dazu aber ist eine politische Kraft von staatspolitischer Verantwortung und demokratischer Konsensfähigkeit vonnöten. Neulinge, Gesellschaftsveränderer, die von einer "anderen Republik" und vom neuen Menschen träumen und deren Protest weitgehend in Verweigerungshaltungen ausartet, vermögen zwar auch von der hier skizzierten Veränderung der politischen Verhältnisse in Österreich und in Gesamteuropa zu profitieren, glaubwürdig und erstrangig tragen können sie aber solch eine Entwicklung sicher nicht.

Im speziellen, österreichischen Fall ist es zweifellos ein Kuriosum, daß die Freiheitlichen nach einer wenn auch kurzen Regierungsperiode in diese Rolle des innenpolitischen Eisbrechers hineinwachsen konnten. Die Ursache dafür mag daran liegen, daß mit Jörg Haider ein Parteichef an die Spitze kam, der das Unbehagen der Bevölkerung wie kein anderer zu artikulieren vermag. Sie mag aber auch darin liegen, daß mit der Bildung der Großen Koalition, die von vielen Österreichern als Trutz- und Schutzgemeinschaft zur Erhaltung des innenpolitischen Status quo des rot-schwarzen Proporzsystems also verstanden werden mußte, nur mehr die Freiheitlichen eine wirkliche Alternative zu bieten vermochten. Tatsache ist jedenfalls, daß eine Kleinpartei nach dem bloßen Wechsel des Obmannes bei völliger Beibehaltung des Programmes und des Funktionärsapparates innerhalb von wenigen Wochen aus der einigermaßen opportunistischen Rolle des Mehrheitsbeschaffers für eine Koalitionsregierung, in die der systemverändernden Fundamentalopposition zu schlüpfen vermochte.

Jene kaum vier Jahre, die seitdem vergangen sind, reichten, um die österreichische Polit-Landschaft von Grund auf umzukrempeln. Das alte bipolare System, das sich 1918 entwickelte - hie die bürgerliche Reichshälfte, dort die rote Arbeiterschaft - gehört der Vergangenheit an. Vier Parlamentsparteien, bei unterschiedlicher Stärke doch alle bereits als Mittelparteien zu bezeichnen, dominieren die Szenerie, wobei sich das traditionelle Lagerdenken so gut wie aufgelöst hat. Die Entideologisierung der vergangenen Jahrzehnte findet aber in einer mit dieser Entwicklung Hand in Hand gehenden stärkeren inhaltlichen Konturierung ein Korrektiv. Wenn Jörg Haiders Freiheitliche beispielsweise ein ethnisches Bekenntnis in programmatischer, wie auch politischer Hinsicht abgeben, das von den bislang medial und politisch herrschenden Kräften geradezu als staatsfeindlich kriminalisiert wurde, so ist damit eine inhaltliche Markierung gegeben, die es allein schon verhindert, daß sich die Freiheitlichen zu einer österreichischen Allerweltspartei entwickeln.

Wenn also jene beiden Parteien, die sich in den letzten Kriegstagen noch vor der Wiederausrufung der Zweiten Republik konstituiert hatten und die dieses Staatswesen gewissermaßen als ihr Eigentum, als eine Art Selbstbedienungsladen betrachtet hatten, nunmehr ihr proporzmäßig aufgeteiltes Machtmonopol verlieren, so bedeutet dies in innenpolitischer Hinsicht für Österreich tatsächlich das Ende der Nachkriegszeit. Ebenso wie für Europa das Ende des bipolaren Systems, der Teilung in einen östlichen und einen westlichen Machtbereich, das Ende dieser Nachkriegszeit bedeutet.

Das damit verbundene neue Denken, das sich die Österreicher offenbar innerhalb der letzten Jahre recht rasch angewöhnt haben, wird aber zwangsläufig in nächster Zeit auch die Außenpolitik unserer Republik erfassen müssen. Attribute wie "immerwährend" oder "ewig" gehören in den Bereich der Theologie und nicht in jenen der Geschichte und der Politik. Neue Orientierungen für unser Land, die im Rahmen eines sich verstärkt integrierenden Europa unumgänglich sein werden, dürften auch völkerrechtliche Kategorien, die bislang als heilige Kühe betrachtet wurden, obsolent machen. Ob dies im Zuge eines Vollbeitritts Österreichs zur EG vonstatten gehen wird oder bei der Bildung allfälliger Konföderationen im mitteleuropäischen Bereich, wie sie sich heute bereits andeuten, bleibe dahingestellt. Österreichs Neutralität wird jedenfalls innerhalb der EG, oder innerhalb einer Donau-Konföderation, oder eines mitteleuropäischen Staatenbundes, oder auch innerhalb des vielzitierten "Gemeinsamen Europäischen Hauses" eine andere sein, als in den 50er, 60er oder 70er Jahren dieses Jahrhunderts.

Das neue Denken, für das sich die Freiheitlichen in Österreich in den vergangenen Jahren als Eisbrecher bewährt haben, war bis zum Sommer des Jahres 1989 in erster Linie eine innenpolitische Kategorie. Seit der Massenflucht von DDR-Bürgern über Ungarn und das Burgenland in die BRD, beginnt dieses neue Denken auch die Außenpolitik unserer Republik zu erfassen. Ob die Freiheitlichen Jörg Haiders gegenüber den seit Jahrzehnten in eingelaufenen Geleisen allzu erstarrten Außenpolitikern der alten Parteien auch diesbezüglich neue Wege weisen können, muß sich erst vollends zeigen. Naturgemäß kann eine politische Kraft erst nachdem sie sich innenpolitisch durchgesetzt hat, in außenpolitischer Hinsicht wirklich gestaltend wirken. In Bereichen der Diskussionen und der Konzeptionen aber scheint sich bereits jetzt in und um die FPÖ ein neues außenpolitisches Denken durchzusetzen, das in etwa jenem "Europa der konzentrischen Kreise", wie es EG-Kommissionspräsident Jacques Delores skizzierte, entsprechen dürfte: Inmitten das neutrale Österreich, rundherum seine historisch-kulturelle Einbindung in den deutschsprachigen Raum und in den Donaubereich, in Mitteleuropa also, dazu die wirtschaftspolitische Einbindung in den EG-Raum und die Zugehörigkeit zum Kreis der westlichen Demokratien als weiteren Bereich und schließlich als äußeren Kreis das gemeinsame

Europa, dessen Zusammenwachsen kaum mehr zu bremsen sein dürfte.

Abgesehen von solchen Zukunftsperspektiven zeichnet dieses Buch die Entwicklungen eines Zeitraumes von kaum vier Jahren: Beginnend mit dem parteiinternen Umbruch des September 1986 - die Vorgeschichte soll dem Leser natürlich nicht vorenthalten werden - skizziert es den Weg, der nunmehr von Jörg Haider geführten Freiheitlichen Partei Österreichs von der gerade noch in Regierungsverantwortung befindlichen Kleinpartei zur Erneuerungsbewegung für diese Republik. Die äußeren Ereignisse, Wahlkampagnen und Wählerbewegungen, die Arbeit im Parlament und in den Landtagen, die Entwicklung der parteiinternen Strukturen, sowie der politische Weg der maßgeblichen Persönlichkeiten und die entsprechenden Hintergründe sind der Stoff für ein Buch, das aufgrund des geringen Abstandes zu den Ereignissen vielleicht dereinst selbst weniger als Analyse, denn vielmehr als Quelle betrachtet werden wird.

Daß der Autor als Chefredakteur eines FPÖ-eigenen Blattes nicht frei von Parteilichkeit ist, versteht sich. Das Bemühen, sich von der unmittelbar polemischen und erfolgsorientierten Parteisicht zu lösen, wird der Leser hoffentlich erkennen können. Auch die Tatsache, daß dieses Buch auf Wunsch Jörg Haiders geschrieben wurde, mag vielen Kritikern als Beweis für den Mangel an Objektivität erscheinen. Den politischen Konkurrenten wird ohnedies nichts von dieser Meinung abbringen. Der unvoreingenommene Leser sei aber versichert, daß ihm hier nicht ein weiteres Druckwerk mit tagespolitischer Polemik vorgelegt werden soll, sondern eine, wenn auch in vielen Bereichen durchaus subjektive Analyse einer politischen Entwicklung, die, wenn auch längst nicht abgeschlossen, für Österreich insgesamt und für seine Menschen von historischer Bedeutung sein dürfte.

Jörg Haiders Freiheitliche und die Perspektive der politischen Erneuerung haben sich nämlich tatsächlich als Eisbrecher für dieses Land und seine Leute erwiesen.

Der Verfasser, Kärnten im März 1990

DAS DRITTE LAGER.

Österreichs National-Liberale zwischen Georg Ritter von Schönerer und Friedrich Peter

Österreichs National-Liberale zwischen Georg Ritter von Schönerer und Friedrich Peter

Gewissermaßen "gottgewollt" oder "naturgegeben" seien die drei politischen Lager Österreichs, das austromarxistisch-sozialdemokratische, das christlich-konservative und das national-liberale, hatte der Historiker Adam Wandruszka gemeint. Gerade in Anbetracht der fortschreitenden Erosion der traditionellen politischen Lager kann man dieser Aussage aus der Sicht des ausgehenden 20. Jahrhunderts kaum mehr zustimmen. Für gut ein Jahrhundert der österreichischen Geschichte hat sie aber Gültigkeit. Und auch die Betrachtung der österreichischen Freiheitlichen in der Ära Jörg Haiders kann nicht im luftleeren historischen Raum erfolgen. Sie muß die Strukturen des historisch gewachsenen Dritten Lagers in seiner Entwicklung und in seinen Beziehungen zu den anderen politisch-ideologischen Lagern berücksichtigen. Um die Entwicklung und das Wirken der österreichischen Freiheitlichen zwischen 1986 und 1990 zu verstehen, kommt man also nicht umhin, sich die 100jährige Geschichte des national-liberalen Lagers in Österreich, zumindest in groben Umrissen, zu vergegenwärtigen.

In diesem Zusammenhang ist es auch angebracht, sich jenseits aller tagespolitischer Polemik mit dem Schlagwort von den "alten Parteien" und der damit vice versa aufgestellten Behauptung, die FPÖ stelle eine "junge Partei" dar, auseinanderzusetzen: Tatsächlich kann sich ja das national-liberale Lager und damit das politisch-ideologische Umfeld, aus dem die FPÖ stammt, auf die traditionsreichste und am weitesten zurückreichende Geschichte im österreichischen Parteienspektrum berufen. Wurzelnd im Revolutionsjahr 1848, waren es nach der Erlangung der Vereins- und Pressefreiheit in den 60er Jahren des vorigen

Jahrhunderts liberale Klubs und Parteien, die die Entwicklung der zisleithanischen Reichshälfte der Habsburgermonarchie zum konstitutionell organisierten Gemeinwesen prägten. Die im Zuge des Sprachen- und Volkstumskampfes aufkommenden nationalen Strömungen entwickelten sich in und um diese älteren liberalen Gruppierungen und gingen sowohl organisatorisch als auch inhaltlich vielschichtige Symbiosen mit diesen ein. Obwohl sich diese national-liberalen Gruppierungen bis zum Ende der Monarchie niemals zu einer einheitlichen großen Volkspartei formieren konnten, vermochten sie bis zu den letzten Reichsratswahlen im Jahre 1911 in ihren Wahlgemeinschaften die Mehrheit im österreichischen Parlament zu halten.

"Alte Parteien" und "neue Politik"

Die beiden anderen großen politisch-ideologischen Lager Österreichs, die sozialdemokratisch-austromarxistische Gruppierung und die christlich-konservative Richtung, waren hinsichtlich ihrer Entstehungsgeschichte mehr oder weniger Ableger dieses national-liberalen Lagers: Sowohl Karl Lueger, der Gründer der christlich-sozialen Partei, als auch Victor Adler und Engelbert Pernerstorfer, die beiden Begründer der österreichischen Sozialdemokratie, wurden wesentlich von Georg Ritter von Schönerer, dem aus dem altliberalen Bereich stammenden Erzvater der Deutschnationalen, beeinflußt und geprägt. Erst dessen persönliches Abgleiten in Chauvinismus, überspitzten Antiklerikalismus und völlig irrationalen Rassenantisemitismus zeitigte die Distanzierung und das Abrücken von Adler, Pernerstorfer und Lueger von ihrem ursprünglichen Mentor Georg von Schönerer.

Das national-liberale Lager war also in der österreichischen Geschichte früher vorhanden als das christlich-konservative und das sozialistisch-austromarxistische. Es stellt somit die traditionsreichste politisch-ideologische Gruppierung in unserem Lande dar. Im Hinblick auf unser gegenwärtig existierendes Parteienspektrum kann man die Bezeichnung "alte Parteien" für Sozialisten und Christlich-Konservative dennoch nicht als bloß polemischen Rundumschlag Jörg Haiders abtun. Tatsache ist nämlich, daß die SPÖ und die ÖVP bereits vor der Zweiten Republik existierten. Tage vor der Wiederausrufung der Republik konstituierten sie sich im noch kriegsgeschüttelten Wien, um bei der Neugründung der Republik quasi wie zwei Paten an der Wiege ihres eigenen Geschöpfes zu stehen. Dies mag vielleicht auch dafür ausschlaggebend gewesen sein, daß Sozialisten und Volkspartei diese Republik gewissermaßen als ihr Eigentum betrachten und im Zuge des metastasenartig ausufernden Proporzsystems letztendlich als rot-schwarzen Selbstbedienungsladen einrichteten. Zum einen sind also Sozialisten und Volkspartei in der Geschichte der Zweiten Republik wirklich die beiden alten Parteien. Der Verband der Unabhängigen, die erste national-liberale Gruppierung der Zweiten Republik, konstituierte sich bekanntlich erst im Jahre 1949, die FPÖ gar erst 1956. Abgesehen von der Geschichte der politischen Lager, ist die FPÖ also eine an Jahren wesentlich jüngere Partei als ÖVP und SPÖ. Ganz abgesehen davon aber stehen die beiden an Jahren älteren Parteien auch tatsächlich für eine alte Art von Politik und qualifizieren sich somit auch inhaltlich als "alte Parteien": Sie stehen für jenes Patronages-System, mittels dessen sich SPÖ und ÖVP seit 1945 den Staat aufgeteilt haben. Nahezu alle Bereiche des öffentlichen und halböffentlichen Lebens, von der verstaatlichten Wirtschaft bis zur Kultur, von den Bundestheatern bis zur Schule, vom Sport bis zu den Medien, von den großen Versicherungen bis zu den Großbanken, überall ist alles in rote und schwarze Bereiche ab- und eingegrenzt. Dieses durch nahezu ein halbes Jahrhundert geübte Patronages-System, Proporz und Parteibuchwirtschaft, führten zu einer neuen Mediatisierung des Bürgers, zu einer modernen Form von Leibeigenschaft, die in erster Linie das Angriffsziel der freiheitlichen Erneuerungspolitik seit 1986 darstellte. Die fundamentale Kritik an diesen Zuständen weist die Freiheitlichen tatsächlich als junge Partei im Gegensatz zu den beiden alten aus.

Aber auch eine junge, eine offene Partei, wie dies die FPÖ in den wenigen Jahren unter der Obmannschaft Jörg Haiders geworden ist, basiert auf ihrer historischen Substanz, auf ihren historisch gewachsenen Strukturen und Gliederungen, dic sich zum großen Teil in bemerkenswerter Kontinuität über die Jahrzehnte und Generationen erhalten konnten. Auch heute, da die jüngsten Wahlergebnisse und Wählerstromanalysen eine quantitativ wie qualitativ völlig andere Zusammensetzung der freiheitlichen Wählerschaft zeigen, bleiben diese gewachsenen Strukturen des alten Dritten Lagers im eigentlichen Kernbereich der Partei sowohl hinsichtlich des Funktionärskaders als auch hinsichtlich der Wählerschaft wirksam. Wenn sie auch nur einen Teil der freiheitlichen Wählerschaft darstellen mögen, so bleiben die Mitglieder des alten Dritten Lagers, organisiert häufig in den traditionellen Verbänden der Korporationsstudenten, der Turner und der Landsmannschaften, doch ein organisatorisch klar umreißbarer Kernbereich der freiheitlichen Anhängerschaft und ein Faktor, der in seiner Stimmungslage motivierend oder demotivierend weit über den eigenen Kreis hinaus wirken kann. Dies erwies sich besonders in der Endphase der Ära Steger, wo dieser Kernwählerbereich unter dem Stichwort "Wähleraustausch" das Gefühl bekommen hatte, von der eigenen Parteiführung mißachtet und mißverstanden zu werden. Wenn aber einer Partei die Kernwählerschichten davonlaufen, kann sie mit Wechselwählern in größerem Ausmaße schon gar nicht rechnen.

Diese Erkenntnis dürfte für die neue FPÖ-Führung unter Jörg Haider wohl auch der Grund gewesen sein, warum sie neben der Öffnung der Partei und der radikalen Modernisierung des Erscheinungsbildes, was zweifellos auf neue Wählerschichten abgestimmt ist, die Pflege des Kernwählerbereiches niemals vernachlässigte. Man hat dabei aus den letzten Entwicklungen der Ära Steger offenbar Lehren gezogen.

Die Gründerzeit

Seit nunmehr gut hundert Jahren ist also die politische Landschaft Österreichs - bis 1918 jene der deutschen Erbländer des Hauses Habsburg, seitdem jene der Republik - in drei politische Lager geteilt. Christlich-Konservative, Sozialdemokraten und National-Liberale beherrschen die parteipolitische wie weltanschauliche Auseinandersetzung zwischen Bodensee und Neusiedler See. Und obwohl bezüglich der Stärke und Schlagkraft dieser drei Lager, bezüglich ihres Verhältnisses untereinander, im Verlauf der Jahrzehnte mancherlei Schwankungen und Veränderungen aufgetreten sind, kann man diese politisch-ideologische Dreiteilung Österreichs als eigentliche Konstante der österreichischen Innenpolitik bezeichnen.

Aus dem alten Liberalismus hervorgehend, der in der Folge der Revolution von 1848 gegen den absoluten Anspruch von Thron und Altar für Konstitution und Bürgerrechte gekämpft hatte, bildeten die deutsch-nationalen und national-liberalen Gruppierungen im Reichsrat der zisleithanischen Reichshälfte des Habsburgerstaates bis zum Jahre 1918 die stärkste politische Kraft. Zwar vermochten diese Gruppierungen bis zum Ende der Monarchie niemals, sich zu einer geschlossenen, großen Volkspartei zusammenzufinden, in ihren Wahlgemeinschaften jedoch waren sie stets stärker als Christlich Soziale und Sozialisten. Überdies wirkte dieses national-liberale Lager in seiner Frühzeit weit über seine Grenzen hinaus.

Georg Ritter von Schönerer etwa beeinflußte als junger Abgeordneter - wie bereits angedeutet - jene Männer, die später zu den Gründern der österreichischen Sozialdemokratie zählen sollten. So arbeiteten Victor Adler und Engelbert Pernerstorfer, beide Burschenschafter, noch im Jahre 1882 unter der Leitung Schönerers am sogenannten "Linzer Programm", das bis 1918 die Grundlage für die Politik der nationalen Parteien bleiben sollte. Wenige Jahre später waren eben jener Victor Adler und jener Engelbert Pernerstorfer die führenden Köpfe der jungen österreichischen Sozialdemokratie.

Dieses Kalenderblatt zeigt die Vereinigung der altdeutschen Reichsrats-Abgeordneten in der alten Monarchie. Unter dem Wahlspruch "Durch Reinheit zur Einheit" versuchten sie im Zeichen der Farben Schwarz-Rot-Gold den "nationalen Besitzstand" der Deutschen in der Habsburger Monarchie zu wahren.

Trotz dieser politischen Stärke, dieser intellektuellen Strahlkraft, über die das national-liberale Lager in Österreich in seiner Frühzeit verfügte, haftet ihm doch in vielerlei Hinsicht etwas Sektiererisches an. Zum aber ansonsten heftig und haßerfüllt bekriegten. Zum anderen waren es verstiegene weltanschauliche Positionen, wie ein etwas skurriler Germanenkult, der figide Antisemitismus und ein geradezu militanter Antikatholizismus, die die politische Wirksamkeit dieses national-liberalen Lagers behinderten.

Neben sehr gemäßigten, staatstreuen Männern und Gruppierungen gab es in diesem Lager immer jene radikale Randschicht, die in Georg Ritter von Schönerer ihren ersten und wohl auch bedeutendsten Exponenten fand. Wenn man weiß, daß Schönerer nach tumultartigen Szenen von den Saaldienern aus dem Reichsrat getragen werden mußte und daß sein alldeutscher Schüler Karl Hermann Wolf sich mit dem Ministerpräsidenten der Monarchie, dem polnischen Grafen Badeni, duellierte, kann man sich den politischen Stil jener Zeit verbildlichen.

Eigenartig war auch die Basis, aus der heraus sich dieses national-liberale Lager formte. Seit etwa 1860 waren es in erster Linie die studentischen Korporationen, Burschenschaften, Corps, Landsmannschaften etc., die weltanschaulich und personell den Aufbau und die Führung übernahmen. Dazu kamen der Deutsche Turnerbund und in späterer Folge die Schutzvereine, wie der Deutsche Schulverein und der Schulverein Südmark. Diese Verbände bilden bis heute das Rückgrat des national-liberalen Lagers in Österreich, obwohl sie niemals unmittelbar mit den betreffenden politischen Parteien verbunden waren.

In der Gründerzeit dieses nationalen Lagers war es, nach dem 1866 bei Königgrätz erzwungenen Ausscheiden Österreichs aus dem Deutschen Bund, in erster Linie die prekäre Lage der Alpen- und Sudetendeutschen, die die weltanschauliche Richtung und den politischen Stil prägte. Einerseits drängte der vehement aufbrechende Nationalismus der Slawen und Magyaren die Deutschen innerhalb der Donaumonarchie in eine Defensivstellung, aus der sie ihrerseits mit einem in vielerlei Hinsicht aggressiven Nationalismus antworteten. Andererseits neigte dieses junge deutsch-nationale Lager, das in der Tradition von 1848 zum großen Teil republikanisch gesinnt war und das Haus Habsburg ablehnte, zu einer kritiklosen Bewunderung Preußen-Deutschlands, Bismarcks und des Hauses Hohenzollern. Mit einer Art Minderwertigkeitskomplex sahen jene deutschen Österreicher, die durch Jahrhunderte Träger des alten Reichsgedankens und Vormacht in Deutschland gewesen waren, in das nach 1871 aufblühende Wilhelminische Reich. Folgerichtig lehnten sie den habsburgischen Vielvölkerstaat ab, in dem sie nun zur Minderheit geworden waren, um dennoch immer wieder bis zum Zusammenbruch des Jahres 1918 den Mörtel im brüchigen Mauerwerk dieser Monarchie der auseinanderstrebenden Völker zu bilden.

Das national-liberale Lager erlangte bei den letzten Wahlen in der Monarchie im Jahre 1907 und 1911 zwar immerwieder die Mehrheit, weshalb es auch bei der Gründung der Republik im Herbst 1918 eine tragende Rolle spielte. Es war aber in zahlreiche Klubs, Parteien und Gruppierungen aufgesplittert. Hier die Führer der geeinigten deutsch-freiheitlichen Opposition im Jahre 1897.

Während der Nationalismus im Bismarck-Reich zum staatstragenden Patriotismus funktionalisiert wurde und die nationalen Verbände, wie etwa die Deutsche Burschenschaft, die früher geradezu national-revolutionär war, zu gutbürgerlichen, bisweilen geradezu reaktionären Gebilden wurden, war dies in Österreich etwas anderes. Wenn der deutsche Nationalismus in der Monarchie in seiner betont völkischen Ausprägung und der mit ihm verbundene Liberalismus auch einiges von ihrer ehemaligen politischen Weitherzigkeit verloren und manch seltsame Blüten trieben, so blieb ihnen doch jener revolutionäre Schwung zu eigen, der die Wiener Studentenschaft im Sturmjahr 1848 beflügelt hatte. Deutschnational zu sein bedeutete Protest gegen die schlampige und bisweilen gerade deshalb brutale Diktatur der Hofräte und gegen den ignoranten Machtanspruch einer selbsternannten, blasierten Kulturmafia. In mancherlei Hinsicht ist das auch heute noch so.

Mit Franz Dinghofer stellte das national-liberale Lager, eine der dominanten politischen Gestalten der Ersten Republik. Im Herbst 1918 rief er von der Rampe des Parlaments die Republik aus und kann somit als einer, deren Gründerväter gelten.

In der Ersten Republik

An der Wiege der Ersten Republik im Herbst des Jahres 1918 stand noch immer eine Mehrheit von deutsch-nationalen Abgeordneten, die es nun sogar zustande brachten, sich zu zwei einheitlichen Parteien zusammenzuschließen. Die ersten Wahlen nach dem Kriege im Jahre 1919 allerdings ließen diese Parteien auf den dritten Rang in der österreichischen Innenpolitik absinken. Seither gelten die Christlich-Sozialen und die sozialdemokraten als die beiden großen politischen Lager des Landes, die National-Liberalen nahmen den Platz der Dritten Kraft ein.

Das erklärte Ziel der Deutsch-Nationalen Volkspartei und des Landbundes, der zweiten nationalen Gruppierung, die sich vor allem auf die protestantischen, bäuerlichen Regionen Innerösterreichs stützte, war in der Zwischenkriegszeit der Anschluß an das Deutsche Reich. Damit gab es allerdings Nuancen: Während die österreichische Sozialdemokratie uneingeschränkt in gesamtdeutschen Kategorien dachte und - gewissermaßen in der Nachfolge des Revolutionsjahres 1848 - die unteilbare deutsche Republik, von der bereits Karl Marx gesprochen hatte, anstrebte, hatten die Christlich-Konservativen dabei Vorbehalte. Wie dann das Beispiel des klerikal-faschistischen Regimes von Dollfuß und Schuschnigg zeigen sollte, war man hier rasch bereit, das gesamtnationale Interesse der eigenen Parteiraison zu opfern.

Johannes Schober (links), Bundeskanzler und Außenminister der Ersten Republik verkörperte wie kaum ein zweiter das national-liberale Lager. Eigentlich war er parteifrei und kam aus dem Beamtenbereich. Ihm gelang es aber, als Kandidat von Wahlbündnissen die höchsten national-liberalen Wahlergebnisse zu erreichen. Mit Michael Hainisch (rechts) stellte das Dritte Lager der Ersten Republik einen ebenso integren wie international geachteten Bundespräsidenten.

Wäre der Anschlußwille allein ausschlaggebend gewesen, so hätten die national-liberalen Parteien Österreichs in den zwanziger Jahren wohl mit der Sozialdemokratie zusammenarbeiten müssen. Die ideologische und soziale Polarisierung war aber stärker. Auf der einen Seite standen die bürgerlich-konservativen Kräfte, zweigeteilt in Christlich-Soziale und National-Liberale, auf der anderen Seite befand sich der Austromarxismus. Zwischen diesen Fronten schien eine Zusammenarbeit nicht möglich. Folglich koalierten die nationalen Parteien bis 1933 der Landbund sogar bis zum Herbst 1933, mit der Christlich-Sozialen Partei. Der bedeutendste Mann des Dritten Lagers war in diesen Jahren der parteiungebundene Johannes Schober, der das Schicksal der Ersten Republik als Bundeskanzler und Außenminister wesentlich mitbestimmte.

Die Machtergreifung der NSDAP im Reich brachte auch für die österreichische Innenpolitik der Ersten Republik die große Zäsur. Die zunehmenden Erfolge der Nationalsozialisten bei Regionalwahlen veranlaßten die Regierung Dollfuß, ihr Heil in der Diktatur zu suchen. Man fürchtete, daß man bei Abhaltung weiterer Wahlgänge die Mehrheit verlieren würde. Das national-liberale Lager, das als einzige politische Kraft in den Jahren 1918 bis 1933 keine paramilitärischen Formationen unterhalten und sich durch seine liberalen Traditionen in hohem Maße mit der Demokratie identifiziert hatte, sammelte sich spätestens seit der Errichtung der Dollfuß-Diktatur zum großen Teil unter der Fahne des Nationalsozialismus. Dies weniger aus weltanschaulichen Gründen, sondern vor allem deshalb, weil die NSDAP nunmehr der einzige Garant für die Vewirklichung des Anschlusses zu sein schien. Jene Schichten des österreichischen Volkes, die sich dann in der Folge dem Nationalsozialismus zuwandten, gingen allerdings weit über das klassische national-liberale Lager des Landes hinaus. Und insbesondere jene 98 Prozent, die im Frühjahr des Jahres 1938 für den bereits vollzogenen Anschluß stimmten, beweisen wohl, daß dieser schlechthin dem Willen fast aller Österreicher entsprach.

Der Nationalsozialismus, dessen weltanschauliche Grundsubstanz nicht zuletzt von der extrem völkisch orientierten Richtung des Nationalismus österreichischer Prägung beeinflußt war, stellte in der mehr als hundertjährigen Geschichte des nationalen Lagers in den Alpen- und Donauländern aber etwas Atypisches dar. Und dies in mehrerlei Hinsicht.

In organisatorischer Hinsicht war er geradezu das Gegenteil der alten nationalen Parteien. Dies waren klassische Honoratiorenparteien gewesen, die zwar Wähler, dafür aber kaum Untergliederungen auf dem flachen Lande hatten. Die NSDAP hingegen, auch die der "illegalen Zeit" in Österreich in den Jahren zwischen 1933 und 1938, schaffte es relativ rasch, sich sozusagen als "Volkspartei", als "Bewegung" zu etablieren, die alle Schichten der Bevölkerung und alle Bereiche des Lebens zu erfassen suchte. Damit war aber auch jene Entwicklung vorgezeichnet, die dazu führte, daß der Nationalsozialismus nach dem März 1938 all jene Verbände mehr oder weniger zwangsläufig auflöste, die bis dahin den Kern des nationalen Lagers gebildet hatten. Standen beispielsweise Burschenschaften und Corps im sogenannten "Altreich" dem NS-Regime distanziert bis ablehnend gegenüber, was ihr Verbot aus der Sicht der Regierung sozusagen rechtfertigte, so war dies in Österreich geradezu umgekehrt. Hier waren die studentischen Korporationen zu Vorkämpfern des Nationalsozialismus geworden, nicht auf Grund einer aus der Sicht der heute etablierten Historiographie als "rassistisch und imperialistisch" beurteilten Weltanschauung, sondern weil 1933 nur mehr die NSDAP den Anschluß zu garantieren schien. Jener bereits erwähnte revolutionäre Schwung, der insbesondere der nationalen Studentenschaft Österreichs in der Tradition des Jahres 1848 zu eigen war, kam daher dem in die Illegalität gedrängten österreichischen Nationalsozialismus zugute. Da sich überdies dessen Kampf gegen ein diktatorisches Regime, eben jenes der Herren Dollfuß und Schuschnigg, wandte, könnte man zwischen 1933 und 1938 für die NSDAP im Lande ebenso wie für die verbotene Sozialdemokratie aus der Sicht der Betroffenen beinahe so etwas wie ein Notwehrrecht gegen den autoritären Staat annehmen.

Unbestreitbar ist jedenfalls, daß das im Kern bis 1933 zutiefst republikanisch und demokratisch gesinnte nationale Lager Österreichs sich danach im Zeichen des Nationalsozialismus sammelte, um den Anschluß zu verwirklichen, und daß es dabei im Frühjahr 1938 die breite Zustimmung des überwiegenen Teils der österreichischen Bevölkerung erhielt.

Die Parias

Sieben Jahre später wollte man sich daran allerdings nicht mehr erinnern. Nun kamen die Alliierten nicht als Sieger, sondern als "Befreier" ins Land. Österreich war erklärtermaßen das "erste Opfer des imperialistischen Hitlerfaschismus" und gehörte dadurch gewissermaßen zu den Siegermäch-

Herbert Kraus, ein Salzburger Journalist, war einer der beiden Gründer des Verbandes der Unabhängigen. Nur ein politisch völlig unbelasteter Mann konnte das national-liberale Lager am Beginn der Zweiten Republik auf die innenpolitische Bühne zurückführen. Im Bild bei einer Wahlversammlung des VDU.

ten. Um solche Fiktionen nicht allzu lächerlich erscheinen zu lassen, mußte man sich verständlicherweise von einer belastenden Vergangenheit distanzieren - nicht nur vom Nationalsozialismus, sondern von allen Deutschen überhaupt.

Die einzigen, die dies nicht konnten, waren jene nahezu 600.000 Parteimitglieder der NSDAP, die mit ihren Familienmitgliedern damals bestimmt ein Viertel der österreichischen Bevölkerung ausgemacht haben. Ihnen wurden die staatsbürgerlichen Rechte kurzerhand entzogen, Vermögen wurde konfisziert, Berufsverbote ausgesprochen, Zwangsarbeit verhängt.

Viktor Reimann war der zweite Gründer des VDU. Er machte sich in der Folge als Journalist einen Namen.

In dieser Lage gründeten zwei liberale Salzburger Journalisten, Herbert Kraus und Viktor Reimann, die mit dem alten, gewachsenen nationalen Lager allerdings kaum etwas zu tun hatten, den "Verband der Unabhängigen". Damit entstand die einigermaßen paradoxe Situation, daß eine nahezu ausschließlich liberale Spitze die Belange des nationalen Lagers und der ehemaligen Nationalsozialisten vertrat. Darin lag jedoch insofern eine gewisse historische Logik, als es tatsächlich ein klassisches liberales Anliegen war, einer diskriminierten Bevölkerungsgruppe ihre staatsbürgerlichen Rechte wieder zu erkämpfen.

Die österreichischen Sozialisten standen dieser Entwicklung von Anfang an keineswegs ablehnend gegenüber, da sie sich durch das Wiederauferstehen einer zweiten bürgerlichen Partei eine Schwächung oder Spaltung des nichtsozialistischen Wählerbereiches erhofften.

Der anfängliche Erfolg gab diesem "Verband der Unabhängigen" recht. Bei den Nationalratswahlen des Jahres 1949 errang er mit fast 12 Prozent der Wählerstimmen 16 Mandate. Und dies, obwohl er im sowjetisch besetzten Osten Österreichs kaum für sich hatte werben können.

Der Innsbrucker Arzt und Universitätsprofessor Burkhart Breitner vermochte bei den Präsidentschaftswahlen des Jahres 1951 die größte Stimmenanzahl für den Verband der Unabhängigen zu erlangen.

Mit dem Wiedereintritt des national-liberalen Lagers in das innenpolitische Geschehen der Alpenrepublik setzte schlagartig jene Verteufelung ein, die den "Verband der Unabhängigen" und danach seine Nachfolgeorganisation, die Freiheitliche Partei Österreichs, als "nazistisch und faschistoid" denunzierte und als Sammelbekken für alte und neue Nazis darstellen wollte. Unterschlagen wurde dabei stets, daß das Gros der ehemaligen Angehörigen der NSDAP spätestens in den fünfziger Jahren bei den beiden österreichischen Großparteien untergeschlupft war und nur ein kleiner Teil im VDU und in der FPÖ.

Außerdem versuchte man im Zuge dieser Hetze, die Begriffe "national" und "nationalsozialistisch" gleichzusetzen, um so das gesamte nationl-liberale Lager aus dem demokratischen Grundkonsens hinauszudrängen.

Die FPÖ

Bereits gegen Mitte der fünfziger Jahre zeigte der "Verband der Unabhängigen" Auflösungserscheinungen. Die anfänglichen Erfolge konnten die Diskrepanz zwischen der liberalen Spitze und einer mehrheitlich national orientierten unteren Funktionärsschicht nicht auf Dauer überdecken. Daher kam es im April des Jahres 1956 in Wien zur Gründung der Freiheitlichen Partei Österreichs, in die der VDU und andere liberale Gruppierungen zwar Eingang fanden, die sich aber in erster Linie als nationale Partei verstand. Die Wahl Anton Reinthallers, des ehemaligen Staatssekretärs für Bergbauern-Angelegenheiten im Reichsernährungsministerium, zum ersten Bundesparteiobmann sollte dies nach außen dokumentieren.

Am 7. April des Jahres 1956 kam es zum Gründungsparteitag der Freiheitlichen Partei. Mit dem ehemaligen NS-Staatssekretär Reinthaler trat ein bereits von tödlicher Krankheit gezeichneter Mann an die Spitze der Partei.

Die ersten Parlamentswahlen, die die FPÖ im Mai 1956 zu bestreiten hatte, zeigten dann allerdings, daß es eine Illusion war, mit einer großen Renaissance des alten national-liberalen Lagers zu rechnen. Hatte man in der Ersten Republik - etwa bei der Kandidatur des "Schoberblockes" - bis zu 20 Prozent an Wählerstimmen erhalten, so kam man nun mit 6,5 Prozent gerade noch zu sechs Nationalratsmandaten. Ein Jahr nach dem Abschluß des Staatsvertrages, der neben dem Anschluß ja auch jegliche "großdeutsche Propaganda" verbot, war es eben in Österreich höchst schwierig, als deklarierte nationale Partei zu bestehen.

Nach Reinthallers Tod wurde dessen oberösterreichischer Protegé, Friedrich Peter, im September 1958 zum Bundesparteiobmann der FPÖ gewählt. Die Wertschätzung des Parteigründers und seine Vergangenheit als Offizier in der Waffen-SS erschienen den Parteifunktionären seinerzeit zu garantieren, daß der 37jährige, neue Parteiobmann die politische Linie, unter der die FPÖ angetreten war, einhalten würde. In Wahrheit sollte die Ära Friedrich Peters jene Zeit werden, die das national-liberale Lager und die Freiheitliche Partei in wechselseitig bedingtem Schrumpfungsprozeß einer existenzgefährdenden Aufweichung entgegentrieb. Vorläufig aber versuchte man, sich durch geschicktes Taktieren als innenpolitisches Zünglein an der Waage zu etablieren. Vorerst wollte man sich - das Beispiel der Ersten Republik vor Augen - mit der christlich-konservativen ÖVP arrangieren. Als diese der FPÖ die kalte Schulter zeigte, ergab man sich willig dem geheimen Werben der Sozialisten. Erstmals handelten Sozialisten und Freiheitliche gemeinsam gegen die ÖVP, als es wegen der Rückkehrforderung Otto von Habsburgs zu einer innenpolitischen Krise kam. Franz Olah, am Beginn der sechziger Jahre der starke Mann in der SPÖ, verschaffte den Freiheitlichen aus Gewerkschaftsgeldern eine Million Schilling zur Finanzierung ihres Wahlkampfes. Nunmehr stellte sogar der sozialistische Bundespräsident Adolf Schärf der FPÖ das Zeugnis aus, eine demokratische Partei zu sein.

Der taktische Durchbruch gelang den Freiheitlichen allerdings erst im Jahre 1970, als sie für die Duldung von Bruno Kreiskys Minderheitskabinett mit einem neuen, für kleinere Parteien ausgesprochen günstigen Wahlrecht belohnt wurden. Dies gewährleistete, daß die FPÖ nicht ständig fürchten mußte, bei jedem kleineren Wahlverlust überhaupt aus den Vertretungskörpern hinauszufliegen; das neue Wahlrecht darf als einer der bedeutendsten formalen Erfolge der Dritten Kraft nach 1945 verbucht werden.

Über Jahrzehnte prägte Friedrich Peter das Bild der FPÖ. Er übergab für eine kurze Zwischenperiode an den Grazer Bürgermeister Alexander Götz die Parteiführung. Im Bild die beiden freiheitlichen Politiker am Bundesparteitag des Jahres 1987.

Die von Bruno Kreisky erwogene und von Friedrich Peter angestrebte sozialliberale Koalition sollte allerdings erst 13 Jahre später zustande kommen. Vorläufig regierte Wunderrabbi Kreisky allein und mit absoluter Mehrheit.

DIE GESCHEITERTE ANPASSUNG.

Die Steger-FPÖ zwischen Regierungsverantwortung und Selbstaufgabe

Die Steger -FPÖ zwischen Regierungsverantwortung und Selbstaufgabe

Liberale Jungtürken

In dieser Lage formierte sich innerhalb der Partei eine Gruppe von jungen Nachwuchskräften, die sich vornehmlich um den sogenannten "Atterseekreis" scharte. Der im Jahre 1971 durch Friedhelm Frischenschlager gegründete Atterseekreis versteht sich als politisch-wissenschaftliche Arbeitsgemeinschaft der FPÖ. Sein eigener Führungskreis bestand ursprünglich aus Frischenschlager, Norbert Steger, dem Geschäftsführer des Freiheitlichen Bildungswerkes, Lothar Gintersdorfer, und dem Wiener Abgeordneten Hilmar Kabas. Der Atterseekreis nahm *"gegenüber Führungsfunktionären mit betont nationalkonservativer Haltung eine kritische Haltung ein. Er verstärkte erstmals auf breiterer Basis das liberale Element in der Partei"* (so Kurt Piringer in "Die Geschichte der Freiheitlichen"). Größtenteils aus nationalen Familien oder aus den alten Verbänden des nationalen Lagers kommend, begannen sie gleichzeitig mit ihren linken Altersgenossen der Achtundsechzigergeneration den Marsch durch die Institutionen, in ihrem Falle durch jene der FPÖ. Wie leicht und erfolgreich dies im Falle der kleinen Freiheitlichen Partei ging, beweist allein das Beispiel Norbert Steger: Innerhalb weniger Jahre nach seinem Parteieintritt verdrängte er zuerst die lokalen Wiener Funktionäre, um im Alter von 36 Jahren Bundesparteiobmann zu sein. Und mit ihm löste eine mehr oder minder geschlossene Gruppierung von jungen Männern - eben jener Atterseekreis - die altbewährte Garde von freiheitlichen Parlamentariern ab.

Als sich die Vordenker jener Nachwuchsfreiheitlichen in den frühen 70er Jahren Gedanken machten, womit die FPÖ in Zukunft Erfolg haben könnte - und Erfolg haben wollten sie um jeden Preis -, schied für sie das nationale Element von vornherein aus. National, das bedeutete selbst für diese jungen Männer noch immer "nationalsozialistisch", das endete mit 1945. Daß man damit bei der österreichischen Bevölkerung keinen großen Staat machen würde, erschien ihnen einleuchtend. Folglich blieb den Vordenkern dieses Atterseekreises nur das Liberale. Das war zwar inhaltlich höchst unscharf, da jedermann den Anspruch erhob, liberal zu sein. Aber der Begriff war in der öffentlichen Meinung positiv besetzt, er galt als fortschrittlich. Und gerade in jenen Jahren, da pausenlos von "Demokratisierung" und "Transparenz" gesprochen wurde, wollten verständlicherweise auch die freiheitlichen Jungtürken als progressiv gelten.

Junge Gegenkräfte innerhalb der Partei, die eher das nationale Element vertreten hätten, schien es nicht mehr zu geben. Jenen Gruppierungen, aus denen solche Kräfte traditionell hätten kommen können, den akademischen Korporationen beispielsweise, hatte der Zeitgeist offenbar den Todesstoß versetzt. In der Folge des Jahres 1968 fristeten sie ein kümmerliches Dasein und waren - so glaubten die neoliberalen Strategen - ohnehin zum Aussterben verurteilt.

Den unaufhaltsamen Aufstieg dieser jungen Liberalen unterbrach der Grazer FPÖ-Bürgermeister Alexander Götz, der nach seiner Wahl zum Bundesparteiobmann für kurze Zeit im gesamten bürgerlichen Bereich für Aufbruchstimmung sorgte. Unter seiner Führung schien sich erstmals ernsthaft eine Zusammenarbeit zwischen ÖVP und FPÖ anzubahnen. Seine Unschlüssigkeit aber, sein Unwille, sich vom sicheren Sessel des Grazer Bürgermeisters zu trennen, um in die ungewisse Rolle eines

Oppositionsführers zu schlüpfen, machte diese Möglichkeit zunichte.

Damit kam die Chance Norbert Stegers. Unter tatkräftiger Förderung Friedrich Peters, der nach wie vor als graue Eminenz über die Partei herrschte, wurden er und seine liberale Mannschaft in die Parteispitze gehievt. Wenige Jahre später waren sie Mitglieder der Bundesregierung - Vizekanzler, Minister und Staatssekretäre.

Wie es dazu kam, daß diese junge und durchaus dynamische Politikergeneration, die in den angehenden 70er Jahren die Führung der Freiheitlichen Partei übernahm, das nationale Element zu Grabe tragen wollte, ist nicht schwer zu erklären. Die Ursache dafür liegt bei jenen Männern, die in Österreich nach 1945 das nationale Lager wiederaufgebaut hatten. So groß ihre Verdienste in organisatorischer Hinsicht waren, so sehr ihr Bekennermut bewundert werden muß, eines haben sie nicht geschafft - den historisch gewachsenen nationalen Gedanken mit neuen Inhalten und einer zukunftsweisenden Perspektive auszufüllen.

Der weltanschaulichen und politischen Welt der 20er und 30er Jahre entstammend, vermochten sie nur jene Vorstellungen weiterzugeben, die sie selbst geprägt hatten. Und damit konnte man unter den sozialen Bedingungen und den geltenden Gesetzen der Zweiten Republik keine zukunftsweisende Politik machen. Der Anschluß Österreichs an Deutschland - an welches Deutschland überhaupt? - als einziger Inhalt nationaler Politik konnte und sollte nach 1945 nicht propagiert werden. Etwas anderes konnte man sich aber kaum vorstellen. So begnügte man sich dann in den programmatischen Aussagen der jeweiligen parteipolitischen Gruppierung mit einem eher als Randbemerkung aufscheinenden, nur Eingeweihten leicht zu deutenden "Bekenntnis zur deutschen Volks- und Kulturgemeinschaft".

In den Basisgruppierungen des Dritten Lagers, in den diversen Verbänden, den studentischen Korporationen, den Turnvereinen, Kultur- und Traditionsverbänden also, wich man diesem Dilemma aus, indem man sich Ersatzaussagen kultivierte. Von der nationalen Problematik wagte man in der konkreten politischen Arbeit - so man solche überhaupt tätigte - nicht zu sprechen, dafür verlegte man sich auf Heimatpflege und auf Volkstum. Über die folkloristische Selbstdarstellung hoffte man innenpolitisch wieder salonfähig zu werden und stellte das übergeordnete Prinzip der Nation diskret in den Hintergrund. Die andere, ebenso unfruchtbare Verhaltensvariante bestand in der völligen Vergangenheitsfixierung.

Nationales Gedankengut schien für die Vertreter dieser Haltung einzig in der ständigen, mehr oder weniger weinerlichen Erörterung deutscher Größe und Unschuld in der Zeit bis 1945 zu liegen. Die Probleme der Gegenwart vermochten diese Kräfte nur mit den Lösungsmodellen der Vergangenheit zu beantworten, und dort, wo der Druck der systemkonformen Kräfte zu groß, die Geschichtsklitterungen allzu brutal wurden, entwickelte dieser Teil des nationalen Lagers jene Art von Verbalradikalismus, der den professionellen Antifaschisten ständig neue Argumente liefert.

Beide Richtungen, die Verdränger, die es vorzogen, sich in harmloser Volkstumspflege zu ergehen, und die Vergangenheitsfixierten, trugen zur Schwächung des national-liberalen Lagers, zur Aushöhlung des national-liberalen Gedankens in Österreich bei. Jene Partei aber, die im Jahre 1956 zur politischen Vertretung dieses Dritten Lagers ins Leben gerufen worden war, die FPÖ also, hat in mancher Hinsicht auch versagt. Sie hätte nämlich die Pflicht und Schuldigkeit und die materiellen und personellen Mittel gehabt, pädagogisch konstruktiv auf dieses Lager einzuwirken. Sie hätte über die Geldmittel und die Köpfe verfügt, um durch Seminare, Zeitschriften und andere Publikationen dem national-liberalen Lager mittels gezielter Medienpolitik neue Bevölkerungsschichten zuzuführen, um damit ihre eigene Basis zu verbreitern. Statt dessen beklagte sie sich nur ständig, daß das traditionelle Lager schrumpfe, daß es immer weniger Wählerstimmen bringe.

Kurswechsel in die falsche Richtung

"Nazis raus aus der FPÖ", "Wähleraustausch", "National hat keinen Stellenwert" oder "Für ein lupenrein liberales Parteiprogramm" - das waren dann die Schlagworte, die man nach der Übernahme der Parteiführung durch den Wiener Rechtsanwalt Norbert Steger und seine Freunde zu hören bekam. In den ach so progressiven 70er Jahren hatte man

Jene freiheitlichen Nachwuchspolitiker, die um die Mitte der 70er Jahre damit begannen den Parteiapparat aufzurollen - an ihrer Spitze Norbert Steger (links im Bild) und sein Freund Friedhelm Frischenschlager (der dritte von links) - wurzelten in weltanschaulicher Hinsicht im sogenannten "Atterseekreis", der einen neuen Liberalismus zu formulieren versuchte.

sich ja äußerst listig ausgerechnet, daß man durch einen solchen Kurswechsel eine neue, starke Zukunft für die Freiheitliche Partei erobern würde.

Übersehen hatte man dabei allerdings, daß es in Österreich niemals ein eingrenzbares liberales Lager, daß es immer nur ein national-liberales Lager mit stark freisinniger Tradition gegeben hat. Daß dieses Lager bis etwa 1980 an zunehmender Auszehrung litt, war, wie gesagt, nicht zuletzt die Schuld der FPÖ. Gegründet als parlamentarische und politische Vertretung dieses Dritten Lagers, war eben diese Freiheitliche Partei zwar stets bereit, auf dieses Wählerpotential zurückzugreifen, sie sah aber kaum jemals ihre Verpflichtung, auch etwas für den Bestand dieses Lagers zu tun.

Mit einem überaus schwachen Ergebnis vermochte FPÖ-Chef Norbert Steger bei den Nationalratswahlen des Jahres 1983 aufgrund der Gunst der Wahlarithmetik 12 Mandate zu erringen und seine Partei in eine Koalitionsregierung mit den Sozialisten zu führen. Im Bild der neue Kanzler Fred Sinowatz mit dem frisch gebackenen Vizekanzler Norbert Steger bei Bundespräsident Kirschschläger.

Anstatt jenen weltanschaulich - gesellschaftlichen Bereich, für dessen Vertretung die Partei ja ins Leben gerufen wurde, auszubauen und zu stärken, begann man zunehmend, die Partei als Selbstzweck zu betrachten. Und dabei war es dann gleichgültig, wer eine solche Partei wählt; Hauptsache, sie wird gewählt.

Die Rechnung wurde der FPÖ auch prompt präsentiert. Obwohl es Steger mittels der seltsamen Zufälle der Wahlarithmetik glückte, mit dem schlechtesten Wahlergebnis seit der Gründung der Partei, mit 4,9 Prozent der Wählerstimmen nämlich, die bis 1983 höchste Anzahl von 12 Mandaten zu erlangen, war die Zukunft der Freiheitlichen Partei höchst ungewiß. Die Ergebnisse der Regionalwahlen in der Zeit der freiheitlichen Regierungsbildung zeigten katastrophale Ergebnisse, in sechs von neun Bundesländern verlor die FPÖ bis zur Hälfte ihrer Stimmen. Anzunehmen war, daß es sich dabei um eher national orientierte Wähler handelt, die sich durch Stegers Politik nicht mehr vertreten fühlten. Zusätzlich war es die Zusammenarbeit der liberalen FPÖ-Führung mit den Sozialisten, die von vielen traditionellen FPÖ-Wählern abgelehnt wurde. Neue Wählerschichten konnte man als Ausgleich für diesen Vertrauensentzug nicht erobern. Den "lupenrein liberalen" Österreicher hätte man offensichtlich damals erst finden müssen.

Sieben Jahre nach dem Eintritt der Steger-FPÖ in die SPÖ-dominierende Bundesregierung sieht der freiheitliche Parteiobmann Jörg Haider die seinerzeitige Entwicklung völlig illusionslos: *"Durch die Resignation von Alexander Götz wurde ein Vakuum geschaffen, und da hat dann eine wenig FPÖ-orientierte, dafür aber sehr karriereorientierte Truppe das Sagen gehabt"*, meint er und weiter: *" Dadurch sind dann diese ganzen Entscheidungen passiert, die gekoppelt waren mit den Absichten Friedrich Peters, der einfach das persönliche Lebensziel gehabt hat, die FPÖ einmal in der Regierung zu sehen, ganz gleich unter welchen Bedingungen, damit er sagen kann, ich habe die FPÖ in die Regierung geführt oder, wie er einmal gesagt hat, ich werde die alten Nationalen in das liberale Lager führen. Das waren seine Thesen, und dadurch ist also eine relativ schlecht vereinbarte Koalition zustande gekommen, die ja Koalitionsvereinbarungen hatte, wo nichts daringestanden hat. Daher hat die FPÖ von vornherein keine Umsetzungschancen gehabt. Dem lag wieder die typische Steger-Überlegung zugrunde, die er ja überall propagiert hat, wonach man sich in der ersten Periode dem Gegner anpassen müsse, damit man die nächste Koalitionsperiode schafft. Man müßte sich etablieren, und in der zweiten Periode könne man erst anfangen, seine eigenen Ideen einzubringen. Das ist ein wahnsinniges Modell für eine Kleinpartei mit 5 Prozent, die ums Überleben zu kämpfen hat. Bei den Wahlen 1983 war die FPÖ die einzige erfolgreiche Gruppe dann in Kärnten, sonst hat sie überall verloren. Steger aber war der Gewinner der Wahlarithmetik, wobei er sogar Mandate dazugewonnen hat, um diese kleine Koalition zu realisieren, wobei er ganz bewußt von einer Strategie ausgegangen ist, die Erfolgreichen in der FPÖ auszugrenzen und seine schwachen Gegner einzubinden. Harald Ofner etwa, der ein schwacher Landesobmann war, weil er eine schwache Landesgruppe hinter sich gehabt hat, die über keine Verankerung im Landtag oder sonstwo verfügte, wurde also Minister, damit er zur Dankbarkeit verpflichtet war, wissend, daß er eigentlich Stegers Gegenkandidat war."* Soweit Jörg Haider über die Strategie seines Vorgängers als Parteichef.

Und der nationale Flügel des Dritten Lagers?

Während die neoliberale FPÖ-Führung unter Steger auf Grund ihrer aus den 70er Jahren stammenden Beobachtungen und Analysen noch immer glaubte, sie müsse das sinkende Schiff des klassischen national-liberalen Lagers verlassen, um nicht mit ihm unterzugehen, hatte sich in den frühen 50er Jahren ein tiefgreifender Wandel ergeben. Die einzelnen Gliederungen dieses Lagers waren dabei, sich wider Erwarten sowohl in organisatorischer Hinsicht als auch in bezug auf ihre ideellen Inhalte von Grund auf zu erneuern.

Nach einer eher quantitativen Blüte in den Jahren zwischen 1950 und 1970 schienen diese Verbände im Zeitalter der Neuen Linken einfach überholt, zum Aussterben verurteilt. Chronischer Nachwuchsmangel, die Scham, sich öffentlich zu bekennen, und die Unfähigkeit, die eigene ideelle Position überhaupt zu definieren, waren die Zeichen dieses bereits geschilderten Niedergangs.

Der Impuls zur Erneuerung kam mit jener neuen "nationalen Diskussion", die seit dem Jahre 1979, von der Bundesrepublik Deutschland ausgehend, schwelte. Nahezu schlagartig erschien eine Reihe von philosophischen, historischen und politischen Werken, die auch Österreichs national-liberalem Lager eine neue umfassende geistige Basis schufen. Gleichzeitig wurde die Frage nach der deutschen Identität wieder zu einem zentralen Problem der europäischen Politik, und über die Ökologie- und Friedensbewegung entstanden Ansätze zu einem Nationalismus von links.

Diese Häufung von Problemen und Entwick lungen, die die nationale Frage in ihrem Mittelpunkt hatten, bewirkte folgerichtig eine im Ansatz feststellbare Neuformierung jener Verbände, die die Basis des Dritten Lagers in Österreich ausmachen. Ohne sich häufig über den größeren Zusammenhang im klaren zu sein, erfreuten sich Burschenschaften und Corps, der Österreichische Turnerbund und die diversen Kulturvereine wieder zunehmenden Zuspruchs; sie bildeten damit einen neu erstarkenden Kern des Dritten Lagers.

Parallel dazu gab es mehrere andere Entwicklungen, die dem national-liberalen Lager in Österreich Auftrieb veschafften. Obwohl die FPÖ ihrer Aufgabe als politische Vertreterin dieses Dritten Lagers nur bedingt gerecht geworden ist und seit dem Beginn ihrer Regierungsbeteiligung im Jahre 1983 ihre nationalen Wurzeln erst recht schamhaft verborg oder zum Verdorren bringen wollte, hatte die Berufung von sechs freiheitlichen Spitzenfunktionären in Regierungsämter doch einige positive Nebeneffekte. Neben ausgesprochen neoliberal orientierten Politikern, wie etwa Norbert Steger, gab es da nämlich noch Männer wie den Justizminister Harald Ofner oder den Dritten Präsidenten des Nationalrates, Gerulf Stix. Zwar hatten auch sie die neuen Entwicklungen der nationalen Diskussion offenbar kaum mitgestaltet, geschweige denn war von ihnen eine "Gegenreformation" innerhalb der FPÖ zu erwarten, dennoch reichte allein ihr öffentliches Bekenntnis zur deutschen Volks- und Kulturgemeinschaft aus, um den nationalen Gedanken in Österreich zumindest teilweise zu rehabilitieren.

Nach Angriffen der Opposition sah sich der seinerzeitige sozialistische Bundeskanzler Fred Sinowatz noch 1983, ausgerechnet in der Wiener Arbeiterzeitung, dem Zentralorgan der SPÖ, genötigt, seine Koalitionspartner zu verteidigen. "Es gab in Österreich immer Menschen", sagte er, offensichtlich höchst peinlich berührt, "die sich der deutschen Kultur verbunden fühlten". Ihre Loyalität der Republik gegenüber sei aber davon in keiner Weise berührt gewesen. Schamhaft verschwieg Sinowatz, daß es sich dabei bis 1945 auch so ziemlich um alle Sozialdemokraten von Format gehandelt hatte.

Aber auch in der österreichischen Zeitungslandschaft und sogar in den Kreisen der etablierten Historiker wurde die Frage des Verhältnisses Österreichs zur deutschen Nation wieder ein Thema. Da fordert ein durchaus als links einzuordnender junger Publizist in einer Satierezeitschrift *"Enteignet die Nazis"*, um gleich darauf zu sagen: *"Ich bin ein deutscher Österreicher... Ich bin für ein vereintes Deutschland und anständige, deutsche Demokraten."* Und Barbara Coudenhove-Kalergi, die Nichte des Paneuropa-Träumers, stellte damals in einem Wiener Nachrichtenmagazin fest, daß die österreichische Kultur zwei Wurzeln habe, eine deutsche und eine mitteleuropäische. Da die mitteleuropäische zunehmend verlorengehe, bestehe "die Gefahr", daß die deutsche wieder in der Vordergrund tritt, da die zunehmend aktueller werdende deutsche Frage auch auf Österreich Auswirkungen haben müsse. Warum dies eine Gefahr wäre, vergaß sie allerdings zu erklären.

Fred Sinowatz, Bundeskanzler und SPÖ-Chef, sah sich sogar genötigt seinen freiheitlichen Koalitionspartner, im Bild Norbert Steger, in den Medien gegen Angriffe auf das nationale Element innerhalb der FPÖ zu verteidigen.

Was Österreichs Geschichtsforscherzukunft betrifft, so stand sie hinsichtlich der Interpretation der jüngeren Geschichte nahezu völlig unter dem Meinungsdiktat jener Schule, die dem "Dokumentations-Archiv des österreichischen Widerstandes" nahesteht. Und diese glaubte, eine spezifisch "österreichische Nation" bereits in der frühkeltischen Hallstattkultur orten zu können. Zu Beginn der 50er Jahre aber schien es so, als fände Heinrich

Ritter von Srbik in Österreich doch noch späte Schüler. Herausgegeben von dem Klagenfurter Ordinarius für Geschichte der Neuzeit, Helmut Rumpler, und seinem indessen verstorbenen Wiener Kollegen Heinrich Lutz erschien im Jahre 1982 der Sammelband "Österreich und die deutsche Frage im 19. und 20. Jahrhundert". Das Credo der Autoren, alles wohletablierte Historiker, lautete überraschend: " Statt die österreichisch-deutsche Problematik zu verdrängen, sollten wir sie in jenen Mittelpunkt stellen, den sie in Politik, Kultur und Geschichte jahrhundertelang gehabt hat".

Die Diskussion um das neue FPÖ-Parteiprogramm

In genau dieser Lage, da es nicht nur mehr Wunschdenken war, wenn man behauptete, das national-liberale Lager Österreichs beginne sich - zumindest in ideeller Hinsicht - neu zu formieren, trat der FPÖ-Chef und neugebackene Vizekanzler, ebenso forsch wie unvorsichtig, innerhalb seiner Partei in eine Programmdiskussion ein, die in ihrer Folge das Verhältnis zwischen national-liberalem Lager und Freiheitlicher Partei einer neuen Belastung aussetzte.

Er sei der Meinung, erklärte er via Fernsehen, daß die FPÖ sich nun ein scharf liberal akzentuiertes Programm geben müsse. Der Begriff "national" sei bestenfalls noch ein Gefühlswert, den jeder für sich interpretierten könne, wie er wolle, meinte Steger. Dann sagte er wörtlich: *"Das nationale Element ist eine Gefühlssache, Heimatgefühl, Volksverbundenheit, aber nicht auf eine Nation zuzuschreiben. So fühlt sich der Zillertaler als Zillertaler, der Tiroler als Tiroler, der Österreicher als Österreicher, die mit deutscher Zugehörigkeit fühlen sich als solche."*

Bei solch ungeheurem philosophisch-weltanschaulichem Tiefgang wäre man versucht, jede Diskussion abzubrechen. Diese kam aber nun erst recht in Gang, denn nun mußten auch jene in Nibelungentreue bei der FPÖ ausharrenden National-Liberalen erkennen, welches Spiel da getrieben wurde. Entsprechend massiv waren auch die Proteste, die nun allenthalben auf die freiheitliche Parteispitze loshagelten, und entsprechend katastrophal war der Ausgang der unmittelbar danach folgenden Salzburger Landtagswahlen. Dieses Bundesland, das erst am Beginn des vorigen Jahrhunderts, nachdem es fast 1000 Jahre die territoriale Basis des Primas Germaniae, des ersten unter den deutschen Bischöfen, gebildet hatte, zur österreichischen Ländergruppe gestoßen war, hatte nämlich ein traditionell starkes deutsch-national-liberales Wählerpotential. Und das versagte sich nun der sich auf liberal trimmenden FPÖ zum großen Teil.

Verunsichert mußte die freiheitliche Führung nun feststellen, daß das national-liberale Lager doch noch oder schon wieder fähig zu gemeinsamer politischer Willensbildung ist. So verkündete man eilends, daß sich in der Frage des Parteiprogrammes zweifellos ein Kompromiß finden lassen werde.

Tatsächlich haben die auch national orientierten Kräfte, die es innerhalb der FPÖ-Führung noch gab, durch den Protestansturm gegen Stegers Linie ein wenig Luft bekommen.

Nach mehr als einjähriger Arbeit eines Programmausschusses wurde nämlich im Juni 1985 auf einem Sonderparteitag in Salzburg ein neues FPÖ-Programm beschlossen, in dem sich ein Scheitern jener Kräfte manifestierte, die die völlige Abnabelung der Freiheitlichen Partei von ihren national-liberalen Wurzeln gepredigt hatten. Es war wohl die bereits zitierte Serie von Wahlniederlagen ebenso wie die vehementen Proteste aus den nationalen Verbänden und Zeitschriften, die den Marsch von einer "nationalfreiheitlichen" Partei zu einer lupenrein "liberalen" gestoppt haben. Daß eine solche Zielvorgabe ursprünglich vorhanden war und vor allem vom Parteiobmann selbst betrieben wurde, ist kaum zu bezweifeln.

Tatsächlich sind die inhaltlichen Schwerpunkte des neuen Programmes sehr deutlich auf den Liberalismus ausgerichtet: In den zehn Kapiteln der "Grundlegung", des grundsätzlichen Teiles des Programmes, finden sich alle klassischen Vokabeln des Liberalismus - "liberale Gesellschaft", "liberale Ordnung", "liberaler Auftrag", "liberaler Pluralismus", "liberale Kulturpolitik", "liberale Eigentumspolitik" etc. " Freiheit gilt uns als höchster Wert", heißt es am Beginn des Programmtextes. *" Wir wollen ein Leben in Freiheit, gegründet auf Selbstbestimmung und Unabhängigkeit. Freiheitliche Politik erstrebt eine Lebensordnung mit möglichst viel Selbstbestimmung für jeden Menschen und für alle Völker. Der Freiheit des einzelnen Menschen und seiner Würde den höchsten Rang in der Gesellschaftsordnung einzuräumen ist unser nationaler Auftrag. Die Freiheit der Natur zu einer möglichst reichen Entfaltung all ihrer Lebenskräfte vor der totalen Unterwerfung durch den Menschen unter seine technisch-wirtschaftlichen Zwecke zu schützen ist unsere ökologische Aufgabe..."*

Daß man die FPÖ aber nach dem Programmparteitag 1985 weiter als national-liberale Partei einstufen, sie noch immer als parlamentarische Vertreterin des Dritten Lagers in Österreich betrachten mußte, ergibt sich aus den Formulierungen des dritten Kapitels mit dem Titel "Volk und Heimat". Hier heißt es:

" Wir bekennen uns zur demokratischen Republik Österreich als unserem Vaterland, in dem die Werte des

Volkstums und der Heimatliebe hochgehalten werden sollen. Volkstum und Heimat sind für uns unverzichtbare Werte. Wir wollen eine nationale Politik, die den Völkern und Volksgruppen die Wahrung ihrer Lebensrechte und die Entfaltung ihrer Eigenart mit Hilfe liberaler Politik auf friedliche Weise ermöglicht.

Familie und Volk sind organisch gewachsene Gegebenheiten, die in der Politik Berücksichtigung finden müssen. Das Volk als natürliche Gemeinschaft, durch Abstammung und geschichtliche Entwicklung verbunden, hat gemeinsame Sprache und Kultur entwickelt und weist gemeinsame Wesenszüge auf.

Wir halten das Bestehen ethnischer Gemeinschaften für notwendig, auch und gerade in einer Zeit übernationaler und überregionaler Zusammenschlüsse. Diese nationale Standortbestimmung schließt die Forderung mit ein, daß das Neben- und Miteinander der ethnischen Gemeinschaften unabhängig von staatlichen Grenzen von gegenseitiger Achtung und Toleranz getragen werden muß.

Das Bewußtsein der besonderen Wesensart des eigenen Volkes ist nach unserem nationalen Verständnis untrennbar mit der Bereitschaft verknüpft, das Besondere auch in jedem anderen Volk zu achten.

Nationale Überheblichkeit lehnen wir ab. Wir verurteilen jeden Mißbrauch nationaler Gefühle für totalitäre oder imperialistische Ziele. Die tragischen Folgen des Mißbrauches nationaler Ideen insbesondere in diesem Jahrhundert sind abschreckende Beispiele und müssen uns und allen Völkern in der Welt zur Lehre dienen.

Die bei weitem überwiegende Mehrheit der Österreicher gehört der deutschen Volks- und Kulturgemeinschaft an. Diese Tatsache bleibt bestehen, obwohl sie als Folge eines verhängnisvollen Kapitels deutscher Geschichte in Österreich vielfach verdrängt wird. Wir wollen, daß Österreich, eingebettet in den deutschen Volks- und Kulturraum, auch in Zukunft dessen Entwicklung eigenständig mitgestaltet.

Das neue freiheitliche Parteiprogramm sollte ursprünglich wohl den Weg der FPÖ zu einer "lupenrein liberalen" Partei abstützen. Nach heftigen Diskussionen wurde es schließlich ein modernes national-liberales Programm. Im Bild der Dritte Nationalratspräsident Gerulf Stix mit dem seinerzeitigen Verteidigungsminister Friedhelm Frischenschlager bei der öffentlichen Präsentation des neuen Parteiprogrammes.

Wir sind überzeugt, daß das Bekenntnis zum eigenen Volkstum eine Grundvoraussetzung für die Bewahrung und Weiterentwicklung der kulturellen Werte und des historisch-kulturellen Selbstverständnisses jeder ethnischen Gemeinschaft ist. Wir treten dafür ein, daß allen Österreichern ohne jedwede Diskriminierung verbürgt sein soll, sich offen zu ihrer ethnischen Zugehörigkeit zu bekennen.

Als Nationale würdigen wir die Existenz und das Wirken der ethnischen Minderheiten in Österreich als eine wertvolle kulturelle Bereicherung unserer gemeinsamen Heimat. Wir sind weiterhin für einen großzügigen Minderheitenschutz auf der Grundlage des geltenden Volksgruppenrechts."

Von zentraler Bedeutung war und ist bei diesen Aussagen des neuen FPÖ-Programmes die Formulierung: *"Die bei weitem überwiegende Mehrheit der Österreicher gehört der deutschen Volks- und Kulturgemeinschaft an."* Diese bedeutet im Vergleich zum alten "Bekenntnis zur deutschen Volks- und Kulturgemeinschaft" sogar einen wesentlichen Fortschritt, da dies nur das Bekenntnis einer verschwindenden Minderheit, eben der FPÖ-Mitglieder oder FPÖ-Wähler zum deutschen Volk, darstellt. Nun aber begnügt man sich nicht mehr mit einem Bekenntnis im Namen eines geringen Prozentsatzes der Österreicher, sondern man stellt ebenso lakonisch wie zutreffend fest: Die große Mehrheit der Österreicher sind Deutsche ... Eine Feststellung, die man ohne jede Schwierigkeit mit allen ethnischen, historischen und kulturellen Fakten in Einklang weiß.

Mit der Betonung der Tatsache, daß die Österreicher Deutsche sind, bietet man zwar dem seit 1945 gewissermaßen "staatstragenden" Dogma von der "österreichischen Nation" Paroli, eine eigentliche politische Aussage ist damit aber noch nicht getätigt. Eine wirkliche politische Konsequenz aus der Zugehörigkeit der Österreicher zum deutschen Volk ist lediglich mit einem Satz angedeutet: *"Wir wollen, daß Österreich, eingebettet in den deutschen Volks- und Kulturraum, auch in Zukunft dessen Entwicklung eigenständig mitgestaltet."* Nach Aussage eines führenden Mitgliedes des freiheitlichen Programmausschusses, des nochmaligen Klubobmannes im Nationalrat, Norbert Gugerbauer, bedeutet dieser Passus nichts anderes, als daß man langfristig "einen Fuß in der Tür der Deutschlandpolitik behalten" wolle.

Der Regierungspartei ohne Fortune

Auch wenn also die Freiheitliche Partei in programmatischer Hinsicht ihren Traditionslinien treu blieb und weiterhin die Vertreterin des klassisch national-liberalen Gedankenguts darstellte, ging man in der realen Politik andere Wege: Norbert Steger und fünf seiner Parteifreunde avancierten zu Ministern, beziehungsweise zu Staatssekretären. Steger selbst bekleidete das Amt des Handelsministers und Vizekanzlers, sein Intimus Friedhelm Frischenschlager, der mit ihm bereits in der gleichen Studentenverbindung war, wurde Verteidigungsminister, und sein vormaliger parteiinterner Widerpart Harald Ofner wurde Justizminister. Holger Bauer bekleidete das Amt eines Staatssekretärs im Finanzministerium, Gerolf Murer zog als Staatssekretär ins Landwirtschaftsministerium ein, und der Kärntner Mario Ferrari-Brunnenfeld wurde Staatssekretär im Ministerium für Gesundheit und Umweltschutz.

Norbert Steger hatte sich auch mit dem Nachfolger von Fred Sinowatz, mit Franz Vranitzky, arrangiert. Mit Stegers Nachfolger Jörg Haider wollte Vrantizky, daß die Koalition nicht mehr aufrecht erhalten bliebe.

Obwohl die jüngere österreichische Geschichte einen großen Gegensatz zwischen national-liberalem und christlich-konservativem Lager gezeitigt hatte - man denke an die Ereignisse der Dollfuß-Ära - und man daher hätte glauben können, daß ein Regierungsbündnis mit den Sozialisten innerhalb des Dritten Lagers populärer wäre, zeigte die Parteibasis von Anbeginn der sozial-liberalen Koalition wenig Freude. Es mochten dabei noch Traditionen aus der Ersten Republik nachwirken, wo die national-liberalen Parteien, der Landbund

und die Großdeutsche Volkspartei mit den Christlich - Sozialen gegen die Sozialdemokraten koaliert hatten. Es dürfte aber auch die großteils ablehnende Haltung der freiheitlichen Wählerschaft gegenüber der sozialistischen Politik der 70er Jahre unter Bruno Kreisky ihre Auswirkungen gehabt haben. Obwohl Friedrich Peter und die Parteispitze selbst durch die Duldung der sozialistischen Minderheitsregierung im Jahre 1970 das für die FPÖ so günstige neue Wahlrecht erkauft hatten und damit nach Ansicht vieler Zeitgeschichtler mittelfristig der Weg in eine sozialistisch-freiheitliche Koalition vorgezeichnet war, zeigte die Parteibasis, ähnlich wie jene der ÖVP, gegenüber der neulinken, sozialreformerischen Politik der frühen 70er Jahre kein Verständnis. Und im Gegensatz zu den verbalen Ankündigungen Stegers und seiner freiheitlichen Regierungskollegen, wonach die Altlasten aus der Ära Kreisky nun in der Kleinen Koalition beseitigt werden müßten, empfand die Parteibasis die SPÖ-FPÖ-Regierung eher als eine Fortsetzung der alten sozialistischen Alleinregierung, womit die Freiheitlichen auch im innerparteilichen Verständnis sich zu Steigbügelhaltern der Sozialisten degradiert sahen.

Die Regierungsbeteiligung der Steger FPÖ durch die drei FPÖ-Spitzenpolitiker, die zum Minister und drei zu Staatssekretären wurden, wurde von den Steger-Propagandisten als "Höhepunkt freiheitlicher Geschichte" dargestellt. In Wirklichkeit hätte sie beinahe den Untergang der FPÖ verursacht.

Und tatsächlich war das, was die freiheitliche Regierungsbeteiligung an inhaltlichen Akzenten nach sich zu ziehen vermochte, eher dürftig. Stegers mehr oder weniger deutlich ausgesprochenes Konzept lief ja darauf hinaus, sich in einer ersten Legislaturperiode mit dem übermächtigen Partner zu arrangieren und sich damit für diesen gewissermaßen unverzichtbar zu machen. Erst danach in einer zweiten Legislaturperiode hätten dann freiheitliche Inhalte durch- und umgesetzt werden sollen. Dazu kam es aber bekanntlich nicht mehr.

Darüber hinaus konnte sich die neue freiheitliche Regierungsbeteiligung naturgemäß keineswegs der medialen Gunst erfreuen: Während es etwa im Bereich der SPÖ und der ÖVP handfeste Korruptionsskandale gab und die bereits durch Jahrzehnte geübte exzessive Parteibuchwirtschaft ihre ungebrochene Fortsetzung fand, konnte man solches den mitregierenden Freiheitlichen kaum oder nur in geringem Ausmaße vorwerfen. Zwar versuchten auch Steger und seine freiheitlichen Regierungskollegen da oder dort im Bereich ihrer ministeriellen oder staatssekretärlichen Einflußgebiete Parteifreunde oder der FPÖ nahestehende Personen in entsprechende Positionen zu bringen, verglichen mit den sozialistischen Praktiken oder jenen der Volks-

Verteidigungsminister Friedhelm Frischenschlager, im Bild mit führenden Militärs, scheiterte letztlich an den Folgen der Affäre Reder. Diese wurde von den Medien zu einem internationalen Skandal aufgebauscht, worauf die Parteispitze - eine Ausnahme war Kärntens damaliger Landesparteiobmann Jörg Haider - vor dem öffentlichen Druck in die Knie ging.

partei handelt es sich dabei aber nur um unerhebliche Ansätze. Dennoch muß der mitregierenden Steger-FPÖ vorgeworfen werden, daß sie im kleinen Rahmen versuchte, den schwarz-roten Proporz zu einem schwarz-rot-blauen auszubauen. Was aber die Korruptions- und Skandalaffären betrifft, so muß man aus der zeitgeschichtlichen Sicht auch die Steger-FPÖ in Schutz nehmen. Der Handschlag von Verteidigungsminister Frischenschlager mit dem aus langjähriger Kriegsgefangenschaft nach Österreich heimkehrenden ehemaligen Major der Waffen-SS, Reder, wurde von den Medien auf die gleiche Stufe gesetzt mit schwarz-roten Korruptionsskandalen, wo Millionen, wenn nicht gar Milliarden verwirtschaftet wurden. Persönliche Bereicherung und mutmaßliche illegale Parteienfinanzierung wurden von den Medien moralisch auf die gleiche Ebene gestellt mit einer politisch umstrittenen, menschlich aber doch nur zu verständlichen Geste.

Jörg Haider als Kärntner FPÖ-Obmann bei einer Sitzung des Bundesparteivorstandes unter dem Parteiobmann Norbert Steger. Haider zählte zu den schärfsten Kritikern des Anpassungskurses der Steger FPÖ.

Solidarisierungseffekte, wie sie das mediale Kesseltreiben gegen die freiheitlichen Spitzenpolitiker normalerweise bei der Parteibasis und bei den mittleren Funktionären erzeugen, blieben im Zuge der Affäre Reder aus. Allzu schnell und allzu gründlich hatte man sich seitens der FPÖ-Spitze und seitens des betroffenen Ministers Frischenschlager dem Druck der veröffentlichten Meinung gebeugt. Jene wenigen FPÖ-Politiker, wie etwa der damalige Kärntner Landesparteiobmann Jörg Haider, die in dieser Sache konsequent blieben, ernteten dafür innerhalb des Dritten Lagers viel Beifall. Die Partei insgesamt dürfte weiter in der Wählergunst gesunken sein, wobei es nunmehr bereits "ans Eingemachte", also an die Kernwählerschichten der FPÖ, ging. Die fünf der sechs Prozent an Stammwählern, die die Freiheitlichen aus den so beeindruckenden VDU-Gründerjahren herüberzuretten vermocht hatten, schienen gegen Ende der Ära Steger auch abbröckeln zu wollen. Ein deutliches Indiz dafür waren die Präsidentschaftswahlen, aus denen Kurt Waldheim als Sieger hervorging.

Von den meisten politischen Beobachtern wurde es als Zugeständnis an den sozialistischen Koalitionspartner gewertet, daß die Freiheitlichen bei den Präsidentschaftswahlen des Jahres 1986 keinen eigenen Kandidaten aufgestellt hatten. Kurt Waldheim, dem Mann "dem die Welt vertraut" und der von der ÖVP nominiert wurde, stand der vormalige Gesundheitsminister Kurt Steyrer gegenüber. Von grün-alternativer Seite wurde Frau Meissner-Blau aufgestellt. Die "Nationalfreiheitliche Aktion", eine dezidiert rechtsstehende Reformgruppierung innerhalb des Dritten Lagers, stellte den vormaligen Kärntner FPÖ-Nationalratsabgeordneten Primarius Otto Scrinzi auf. Ohne an dieser Stelle auf die Entwicklung und den Gang der Affäre Waldheim eingehen zu wollen, kann doch zweifelsfrei festgestellt werden, daß das Kalkül der Regierung Steger-Sinowatz nicht aufging und daß das Gros der freiheitlichen Sympathisanten keineswegs dem sozialistischen Kandidaten, sondern den international wegen seiner Kriegsvergangenheit angefeindeten ÖVP-Kandidaten Kurt Waldheim wählte. Damit wäre für einen Teil des national-liberalen Wählerpotentials die Hemmschwelle wahrscheinlich überschritten gewesen, und dieser hätte im Falle einer weiteren Obmannschaft Norbert Stegers möglicherweise bei den auf die Präsidentschaftswahlen folgenden Nationalratswahlen die christlichkonservative Volkspartei gewählt. Meinungsforscher und politische Beobachter waren sich jedenfalls einig, daß die Freiheitlichen um die Jahresmitte 1986 bei kaum mehr als drei Prozent der Wähler gestanden seien.

In einer gewissen Art von Realitätsverlust, die offenbar in den hohen Sphären der Macht häufiger auftritt, glaubten Norbert Steger und seine Kollegen in der Parteiführung, daß das ursprüngliche Konzept der "Veränderung durch Anbiederung" (so der nachmalige FPÖ-Klubobmann im Nationalrat, Norbert Gugerbauer) doch noch aufgehen könnte: Auch mit nur drei Prozent der Wählerstimmen würde man bei Nationalratswahlen so viele Mandate machen, daß damit die Fortsetzung der sozialistisch-freiheitlichen Regierung gewährleistet wäre, und in der zweiten Legislaturperiode dann würde man erst in der Lage sein, freiheitliche Inhalte umzusetzen, um damit auch freiheitliche Stimmen neu zu gewinnen bzw. die alten zu stabilisieren.

Vizekanzler Steger mit Kanzler Sinowatz und Bronfmann (Präsident des jüdischen Weltkongresses. Die totale Anpassung der Steger-FPÖ an die Etablierten führte sie an den Rand der politischen Selbstaufgabe.

Als Vorbild dürfte dabei die bundesdeutsche FDP gedient haben, die sich auch weniger durch Erfolge an der Basis und auf dem flachen Lande politisch über Wasser hält, sondern durch ständiges Mitregieren in wechselnden Koalitionen und durch Spitzenpolitiker, die auf diesem Wege zu Popularität und Bekanntheit gelangt sind. Die Spekulationen Norbert Stegers, sich als eine Art österreichischer Graf Lambsdorff oder gar als alpenrepublikanischer Hans-Dietrich Genscher zu profilieren, erwiesen sich allerdings als politische Luftschlösser.

Die Strategie Stegers, sich politisch ähnlich wie die bundesdeutsche FDP auch bei ständigen Wahlniederlagen durch Regierungsbeteiligung zu profilieren, ging nicht auf. Stegers persönliches Kalkül, sich ähnlich wie die FDP-Politiker Graf Lambsdorf oder etwas Hans-Dietrich Genscher (im Bild) innenpolitisch unersetzlich zu machen, erwies sich als politische Traumtänzerei.

EIN

PUTSCH?

**Der folgenschwere
Parteitag vom
September 1986**

Der folgenschwere Parteitag vom September 1986

Der totale Verfall der Freiheitlichen im Hinblick auf die Wählersympathien am Ende der Ära Steger wurde durchaus in breiten Kreisen der Partei registriert. Dies dürfte auch der Grund gewesen sein, warum einzelne regionale Gliederungen der FPÖ ihre jeweiligen Kommunal- oder Landtagswahlkämpfe keineswegs mit Flankenschutz oder gar Unterstützung der Bundesparteispitze, sondern eher gegen diese zu führen versuchten. Am erfolgreichsten war man diesbezüglich in Kärnten, wo Jörg Haider, nach dem Abgang Mario Ferrari-Brunnenfelds als Staatssekretär nach Wien, die Funktion des Landesrates für Tourismus und Gewerbe und in der Folge auch die Landesparteiobmannschaft übernommen hatte. Im Wahlkampf für die Landtagswahlen vom Herbst 1984 verstand es die Kärntner Landesgruppe der FPÖ, sich auch als durchaus eigenständige Kraft zu profilieren, die immer wieder heftige und konsequente Kritik an der Politik der Bundespartei übte. Jörg Haider, der zwischen 1979 und 1983 im Nationalrat das Kärntner FPÖ-Mandat ausgeübt hatte und sich dort als Sozialsprecher und dynamischer Jungabgeordneter zu profilieren vermochte, überraschte seine Kritiker, indem er hohe Sachkompetenz als Fremdenverkehrslandesrat entwickelte. Selbst als die sozialistisch dominierte Landesregierung nach den Landtagswahlen, bei denen die FPÖ mit 16 Prozent ein für die damaligen Verhältnisse überraschend gutes Ergebnis errang, den FPÖ-Landesparteiobmann mit einem Referatswechsel in der Regierung zu bestrafen versuchte, konnte er sich als Straßenbaureferent ebenso rasch einarbeiten und durch sachpolitische Leistungen auszeichnen.

Anfangs hatte Haider und mit ihm die freiheitliche Landesgruppe Kärntens die FPÖ-Regierungsbeteiligung durchaus begrüßt. Als dann aber der Vertrauensverlust bei den

Wählern und das Unvermögen der Bundesparteispitze, freiheitliche Inhalte durchzusetzen, immer deutlicher wurden, wurde die Kritik aus Klagenfurt immer lauter und spürbarer. Dabei hatten die Kärntner Freiheitlichen eine Gratwanderung zu bewältigen, die keineswegs einfach war: Einerseits wollten sie nicht als die Zerstörer der Parteieinheit dastehen, indem sie sich allzu leichtfertig von der Gesamtpartei abkoppelten, andererseits hatte gerade Jörg Haider selbst bei Wahlkämpfen wiederholt den *"geraden Weg"* propagiert und sah sich damit mit seinen Kärntner Parteifreunden dem Wählerwillen verpflichtet. Insbesondere das letzte Jahr der freiheitlichen Regierungsbeteiligung wurde für die Kärntner Exponenten der FPÖ zu einer Art Spießrutenlauf in den Bundesparteigremien. Jörg Haider selbst und sein engster politischer Mitarbeiterkreis mit dem Klubobmann im Landtag, Jörg Freunschlag, mit Landtagsabgeordneter Kriemhild Trattnig und Nationalratsabgeordneten Alois Huber hatten dabei schwierige Situationen zu meistern. Innerhalb der Kärntner Parteibasis aber war die Stimmung bereits derart gespannt, daß man Jörg Haider auf dem Weg zu einer CSU-Lösung, zu einer gewissen Abkoppelung nämlich von der Bundespartei, höchstwahrscheinlich gefolgt wäre. Die in den Medien viel kritisierte Aussage vom außerordentlichen Landesparteitag des Frühjahres 1986, als ein Delegierter

Die Kärntner Freiheitliche, im Bild Nationalratsabgeordneter Alois Huber und Kärntens damaliger Landesparteiobmann Jörg Haider, mußte sich gegen die Bundesparteispitze unter Norbert Steger immer wieder mühsam durchsetzen.

vom Rednerpult aus erklärt hatte, *"mit dem Haider tät ich wieder nach Rußland ziehen, mit dem Steger tät i nit amol auf Urlaub gehn"*, waren das zwar nicht sehr diplomatische, dafür umso deutlichere Zeichen für diese Stimmung an der Parteibasis.

Diese Aversion zwischen der Parteibasis, insbesondere in den Bundesländern und der mit den Sozialisten mitregierenden Bundesparteispitze ging soweit, daß während der ganzen ersten Jahreshälfte 1986 mehr oder weniger deutliche Abspaltungs- und Separierungsdrohungen einzelner Landesorganisationen von der Gesamtpartei im Raum standen. Die treibende Kraft waren diesbezüglich stets die Kärntner, ein wenig auch die Oberösterreicher und wohl die Grazer FPÖ-Organisation. In der Rückschau aus vierjähriger Distanz betont Jörg Haider, der seinerzeitige Kärntner Parteichef zwar, daß die Kärntner FPÖ ihre Regionalwahlerfolge keineswegs zu Lasten des Bundes erkämpft hätte. Es sei nur so gewesen, daß man in immer wiederkehrenden Konferenzen und Besprechungen eine Reihe von Maßnahmen und Forderungen gegenüber der Bundesregierung vereinbart habe, die die Bundesparteispitze dann niemals durchgesetzt oder auch nur entsprechend angesprochen hätte. Jörg Haider meint heute, daß es sich die Kärntner *"nicht leicht gemacht haben, daß sie sich keineswegs an der Bundespartei abgenutzt"* hätten. Andere Bundesländer seien da wesentlich radikaler vorgegangen. Etwa die Tiroler hätten sogar mit Inseraten gegen Steger und seine Mannschaft in Wien den Tiroler Wahlkampf führen wollen. Dies hätte ihnen allerdings kaum etwas gebracht. Gerade die Kärntner hätten hingegen immer wieder Kompromißbereitschaft gezeigt und ihre Unzufriedenheit mit der Stegerschen Regierungspolitik, aber auch mit seiner Art und Weise der Parteiführung, stets mit der deklarierten Bereitschaft zu Konzessionen im Dienste der Gesamtpartei verbunden.

Zwischen Jahresbeginn 1986 und dem darauffolgenden Sommer wurden in der Öffentlichkeit und in den Medien wiederholt Überlegungen über einen Führungswechsel innerhalb der FPÖ angestellt. Daß dabei der erfolgreiche Kärntner Parteichef, der überdies immer populärer wurde, im Mittelpunkt der Spekulationen stand, kann nicht verwundern. Es wurden aber immer wieder Kompromißlösungen ventiliert, die etwa den vormaligen Stegerkonkurrenten im Kampf um die Parteiobmannschaft, Harald Ofner, nannten oder ein Kompromißmodell, wonach Steger zwar Vizekanzler bleiben könnte, die Parteiführung aber von einem anderen übernommen werden müßte. Dies war kurz zuvor von den Sozialisten vorexerziert worden, als Fred Sinowatz seine Funktion als Regierungschef an Franz Vranitzky abtrat. Das Stimmungstief, in dem sich die Sozialisten zu Ende der Ära von Sinowatz befunden hatten, wich in der Folge relativ rasch einem Aufschwung, der zweifellos mit der Telegenität des jugendlich wirkenden, neuen Kanzlers zu tun hatte. Vizekanzler Steger, der verglichen mit dem ständig überfordert scheinenden und alles andere als telegenen Sinowatz zumindest vom Auftreten her relativ gut dagestanden ist, war nun auch diesbezüglich in die Defensive gedrängt. Er, der sich als Handelsminister Wirtschaftskompetenz hatte erwerben wollen, sah sich nun plötzlich vom Exbankier und vormaligen Finanzminister Vranitzky, dem seine Propagandisten das Mäntelchen hoher ökonomischer Kenntnisse umhängen wollten, in die Defensive gedrängt. Für die Partei allerdings war das von dem Sozialisten praktizierte Modell der Funktionstrennung zwischen Sinowatz und Vranitzky durchaus auch ein möglicher Weg für die FPÖ.

Tatsächlich überstürzten sich in den Frühjahrsmonaten des Jahres 1986 die innerparteilichen Ereignisse. Krisensitzungen tagten nahezu in Permanenz, Resolutionen für und wider die zerstrittenen Parteiführer wechselten mit Anschuldigungen und Ausschlußdrohungen. Jene Landesparteiobmänner, die fest auf dem Kurs der von Steger dominierten Bundesparteiführung eingeschworen waren, mußten sich zunehmend gegen die eigene regionale Parteibasis zur Wehr setzen. So wurde etwa Oberösterreichs Parteiobmann Horst Schender von seinen Leuten massiv unter Druck gesetzt. Salzburgs FPÖ-Chef Friedhelm Frischenschlager mußte sich ebenso gegen seine aufbegehrenden engeren Landsleute zur Wehr setzen und in der Steiermark rebellierten insbesondere die Grazer unter dem Götz-Mann Paul Tremmel gegen Landesparteiobmann Rader.

Unterstützt von seinen Kärntner Parteifreunden, im Bild Kriemhild Trattnig und Jörg Freunschlag, entschloß sich Jörg Haider in Innsbruck aufs Ganze zu gehen.

Ende April kündigten dann die Kärntner Freiheitlichen an, daß sie die Beziehungen zur Bundespartei stillegen wollten, worauf der ehemalige Parteiobmann Friedrich Peter in einer Bundesparteivorstandssitzung am 30. April den Ausschluß von Haider forderte. Dieser Antrag wurde nur vom niederösterreichischen Bauernvertreter Josef Hintermayer, einem persönlichen Freund Peters, unterstützt, weshalb der Vorstand gegen die Stimme des steirischen Obmannes Rader beschloß, den Kärntnern ein Ultimatum zu stellen: Entweder werde dieser Stillegungsbescheid zurückgenommen, oder ein Schiedsgerichtsverfahren gegen die Kärntner Freiheitlichen eingeleitet. Daraufhin verlangte die Grazer

FPÖ-Organisation die Einberufung eines Sonderparteitags zur Wahl einer neuen Parteiführung: Jörg Haider biete sich als Kandidat an. Die Kärntner Freiheitlichen ihrerseits wiesen das Ultimatum des Bundesparteivorstandes zurück und kündigten selbst die Anrufung des Schiedsgerichtes an. Und die oberösterreichischen Freiheitlichen beschlossen mit großer Mehrheit, am 5. Mai, in einem Landesparteivorstand, im Bundesparteivorstand darauf hinzuwirken, daß beim kommenden Parteitag, der für den September 1986 geplant war, personelle Entscheidungen getroffen werden müßten, die von dem Vertrauen aller Landesgruppen getragen werden können. Nur einen Tag später erklärte der Landesparteisekretär von Salzburg, Franz Schmiedhuber, namens seiner Parteifreunde, Steger solle Vizekanzler bleiben, aber die Obmannschaft auf den kommenden Parteitag zugunsten Haiders oder eines anderen Kandidaten zurücklegen.

Am gleichen Tag konferierte das Bundesparteipräsidium, wobei man kurz vorher die Klage gegen Haider und die Kärntner Freiheitlichen beim Parteischiedsgericht deponiert hatte. Stegers darauffolgender Aufruf, daß die FPÖ nicht den Eindruck eines *"Komödiantenstadls bieten"* solle und *"alle Personalquerelen sofort einzustellen"* seien, verhallte allerdings bereits völlig fruchtlos. Der oberösterreichische FPÖ-Aufsteiger Norbert Gugerbauer, der beim Obmannwechsel noch eine entscheidende Rolle spielen sollte, erklärte gegenüber der Presse, daß *"in der Partei ein sehr starker Wunsch vorhanden"* sei, *"die Führungsverhältnisse neu zu ordnen."* Die FPÖ brauche eine Gallionsfigur," *die die Partei geschlossen 1987 in die Wahl führen kann. Steger hat sicherlich nicht mehr die Integrationsfähigkeit alle neun Parteiorganisationen hinter sich zu versammeln ..."* Der im Anschluß an diese Ereignisse durch die Presse geisternde Vorschlag, Harald Ofner zum Kompromißkandidaten zu küren, verschwand allerdings recht bald in den Schubladen der FPÖ-Strategen.

Die Kärntner machen mobil

Aus der Distanz von nahezu vier Jahren sieht der nunmehrige Parteiobmann Jörg Haider die Ereignisse des Parteitages von Innsbruck im Jahre 1986 und dessen Vorgeschichte noch immer überaus dramatisch. Wortwörtlich erzählt Haider: *" Steger hat immer gesagt, er würde einmal ein Buch schreiben. Er wird sich aber hüten müssen es zu schreiben... Die ganze Entwicklung war charakterisiert von einer überaus großen Unzufriedenheit seitens der Parteibasis, die gerade von Kärntner Seite immer wieder mit Konzessionsbereitschaft gepaart war. Diese hat die eigene Basis bisweilen sogar zu stark strapaziert. Auf dem außerordentlichen Landesparteitag im Frühjahr 1986 ist das Ganze schon kumuliert und unverhohlen wurde die Ablöse Stegers verlangt. Ferrari wurde aus dem Vorstand geworfen, da er immer die Satellitenrolle Stegers in Kärnten gespielt hatte, also der lupenreine Liberale geworden ist, nachdem er noch Ende der 70er Jahre in den Kärntner-Nachrichten-Artikel verfaßt hat über das Deutschtum der Österreicher".*

Und weiter erzählt Jörg Haider über die dramatische Entwicklung hin zum Innsbrucker Parteitag: *"Dann war die Landesobmännerkonferenz in Salzburg, im Anschluß an diesen außerordentlichen Parteitag, wo in einer nächtelangen Sitzung versucht wurde, wieder einen Kompromiß zustande zu bringen. Ich ließ mich damals breitschlagen, was in Kärnten selbst eine fürchterliche Reaktion ausgelöst hatte. Nachdem sich dann aber im Verhältnis zur Bundespartei weiter nichts besserte, haben wir gesagt, wir machen etwas Neues, wir ziehen uns nach Kärnten zurück, lassen Bund, Bund sein, machen unsere Aufgaben und versuchen auf diese Weise politisch zu überwintern. Als wir uns dann zurückgezogen haben, haben auf einmal die Oberösterrei-*

cher die Initiative ergriffen. Raimund Wimmer ist auf den Plan getreten, hat alle Bezirksobmänner Oberösterreichs unter einen Hut gebracht. Wir müssen verändern, hat er gemeint, sonst geht die Partei zugrunde. Danach hat Wimmer begonnen, bei den Delegierten die Unterschriften für einen außerordentlichen Bundesparteitag zu sammeln, um auf diese Weise auszuloten, wie groß das Potential gegen Steger eigentlich ist. Er hat auch Gugerbauer als Mitstreiter gewonnen, der mit Steger in Konflikt geraten ist, weil man Frischenschlager mit der Position des Klubobmannes versorgte, als er als Minister abgelöst werden mußte, obwohl Gugerbauer der logische Nachfolger gewesen wäre. Er hat vom Zuschnitt her die meiste parlamentarische Erfahrung gehabt. Die Basis in Oberösterreich hat in hohem Ausmaße mitgetan. Von den Delegierten und den Ersatzdelegierten her wurde es auch der oberösterreichischen Landesführung immer schwerer gemacht die Position für Steger zu halten. Daraufhin ist Raimund Wimmer wieder an uns herangetreten, worauf wir in Kärnten erklärten, wir wollten uns nicht mehr mißbrauchen lassen, bevor nicht zwei, drei Bundesländer wirklich für eine Abwahl Stegers offen eintreten. Ansonsten gäbe es überhaupt keine Bereitschaft wieder in die Schlacht zu ziehen. Daraufhin hat Wimmer seine Aktivitäten auch in anderen Bundesländern begonnen. In der Steiermark, wo von Graz ein paar verbale Erklärungen gekommen sind. Der nächste Bereich neben Kärnten und Oberösterreich war dann Salzburg, wo der damalige Landesobmann Frischenschlager alles auf Bundeslinie vergattern wollte."

Tatsächlich entwickelten sich die Umstände innerhalb der Partei, insbesondere die Stimmung im Wählerpotential in eine Richtung, die eine Fortsetzung der Stegerschen Obmannschaft faktisch unmöglich machte. Bei routinemäßigen Meinungsumfragen konnten die Sozialwissenschafter nur mehr 1,5 bis maximal 2 Prozent deklarierter FPÖ-Wähler orten. Anfang September, also kurz vor dem Parteitag des Jahres 1986, sackten die Freiheitlichen bei einer Umfrage gar auf nur mehr 1 Prozent ab. Auch bei Zurechnung der nicht deklarierten und bei einer entsprechenden Hochrechnung hätte die FPÖ damals kaum mehr als 3,5 Prozent der Wähler auf die innenpolitische Waagschale gebracht. Dies mußte für die Freiheitlichen insgesamt ein alarmierender Wert sein, da bereits die Grün-Alternativen damals etwa mit 6 Prozent der Wählerstimmen rechnen konnten. Wenn man diese Meinungszahlen in Mandate umgerechnet hätte, wären die Freiheitlichen auf maximal 6 Nationalratssitze gekommen. Damit wäre die zwölfköpfige Parlamentsmannschaft, zu der Norbert Steger im Jahre 1983 dank der Gunst der Wahlarithmetik gelangte, halbiert gewesen.

Geradezu frivol mutete es da an, daß Noch-Parteiführer Norbert Steger bei einer ORF-Pressestunde die Fortsetzung der sozialistisch-freiheitlichen Koalition ankündigte. Dabei zeigte sich die Differenz zwischen der Parteibasis, den Bundesländern und der Wiener Parteiführung am deutlichsten: Steger wollte mit einer klaren Koalitionsaussage zugunsten der Sozialisten in die Wahl ziehen. Via Television bot er der Öffentlichkeit sogar eine Wette an, die SPÖ werde nicht unter 85 Mandate sinken, die Freiheitlichen könnten ihre Mandatszahl beinahe halbieren und mathematisch hätte die Koalition noch immer die Mehrheit. Auf diese Art und Weise hätte er seinen Sitz als Vizekanzler für weitere vier Jahre gerettet. Damit schloß Steger jegliche Oppositionsvariante aus und verprellte gleichzeitig das eigene Wählerpotential, dem er so deutlich machte, daß er den Verlust der meisten Wähler leicht verschmerzen könne. Für den Bundesparteitag der FPÖ im September 1986 ging Steger mit der relativ klaren Devise in die Schlacht: Er als *"Garant für eine Fortsetzung der fruchtbaren Regierungskoalition"* mit der SPÖ und Jörg Haider als Sicherheit für den Gang in die Opposition. Dies erschien ihm genug, um die

Mehrheit der Parteitagsdelegierten auf seine Seite zu bringen. Er übersah dabei nur, daß die Panik, nach dreieinhalb Jahren Regierungsbeteiligung wieder in die Bedeutungslosigkeit der Opposition gestoßen zu werden, nur bei jenen Spitzenfunktionären vorhanden war, die durch hohe Ämter von der SPÖ-FPÖ-Koalition profitiert hatten. Die Parteibasis, und damit die Parteitagsdelegierten, konnte derlei Ängste kaum nachvollziehen.

Doch lassen wir Parteiobmann Jörg Haider selbst aus vierjähriger Distanz zur weiteren Entwicklung hin zum Innsbrucker Parteitag zu Wort kommen: " *Ich habe diese Entwicklung mitverfolgt,*" erklärt Haider " *und ich bin dann drei Wochen vor dem Parteitag in Salzburg bei Erich Schäffer in einer Salzburger Ortsgruppe zum Stammtisch eingeladen worden, um als Kärntner Landespolitiker einen Vortrag zu halten. Auf konkrete Fragen bezüglich der Zukunft der Partei, sagte ich zu, den Baumeister der FPÖ spielen zu wollen. Darauf explodierte die Entwicklung. Es gab auch noch Gesprächskontakte mit Steger selbst, die schon vor dieser Salzburger Erklärung stattgefunden haben. Ende August wurde ein Termin mit Steger im Wiener Hotel Bristol vereinbart und wir haben ganz vernünftig miteinander geredet. Sein Sekretär Lohrmann war dabei und Gernot Rumpold. Ich muß nicht gerade dein Gegenkandidat sein, aber du bekommst mich als Gegenkandidat, wenn du nicht bereit bist, einen anderen Spitzenkandidaten für die Nationalratswahlen zu finden und das am kommenden Parteitag zu propagieren,*" erklärte ich Steger. " *Du mußt auch erklären, daß dieser Spitzenkandidat im Falle eines Wahlerfolges auch der neue Bundesparteiobmann wird, dein Kredit ist verspielt. Wir stehen nur vor der Wahl, dich politisch überleben zu lassen und die Partei zu ruinieren oder umgekehrt. Steger hat darauf geantwortet, das schade aber seiner Reputation. Er wolle in ein paar Tagen anrufen und mir seinen Entschluß mitteilen. Steger hat nie mehr angerufen, er ist zum Parteitag gekommen mit Ankündigungen, er sei stark genug, es stehe alles hinter ihm."*

Auf Einladung des damaligen Grazer FPÖ-Vizebürgermeisters Paul Tremmel fand sich dann etwa zwei Wochen vor dem Innsbrucker Parteitag, Ende August, im obersteirischen St. Lorenzen jener von Raimund Wimmer aktivierte Kreis von FPÖ-Reformern ein, der den Umbruch auf dem Innsbrucker Parteitag organisieren wollte. Jörg Haider selbst berichtet darüber: *" Ich habe mich auch dann noch lange nicht entschieden. Es ist bekannt geworden, daß wir uns in St. Lorenzen treffen wollten, das Treffen wurde kurzfristig nach Hohentauern verlegt und unter strengster Diskretion durchgeführt. Dort fiel dann die Entscheidung. Ich sagte zu, den Gegenkandidaten zu Steger spielen zu wollen, unter der Voraussetzung, daß Gugerbauer bereit sei, den Generalsekretär zu machen, allein lasse ich mich nicht ins Feuer schicken. Er akzeptierte es für eine befristete Zeit."*

Ein Schicksalsparteitag

Das Fundament der FPÖ sei gut *"nur das Dach ist schadhaft, es muß neu eingedeckt werden!"*, mit dieser Aussage eröffnete Jörg Haider dann wenige Tage vor dem Innsbrucker Parteitag den Kampf um die Zukunft der Dritten Kraft. Daß es am 13. September 1986 in Innsbruck nicht in erster Linie um die Politkarrieren einiger freiheitlicher Spitzenleute ging, sondern schlicht und einfach um das politische Überleben der Partei selbst, darf heute als historisch gesichert betrachtet werden.

Wie bereits skizziert, standen die Freiheitlichen in nahezu allen Umfragen auf Bundesebene überaus schlecht.

Zwar mochte von manchen ÖVP-nahen Medien dabei Zweckpessimismus betrieben und die kleine Regierungspartei totgebetet worden sein, dies änderte aber nichts daran, daß bei den ins Haus stehenden Nationalratswahlen, die regulär im Jahre 1987 stattgefunden hätten, der endgültige Niedergang der Dritten Kraft zur vierten Kraftlosigkeit gedroht hätte. Und dies trotz der Regierungsbeteiligung und trotz des Vizekanzler- und Ministerbonus.

Anstatt sich nun dieser existenzbedrohenden Problematik zu stellen, reduzierte die damalige Bundesparteispitze alles auf die Frage, wie man sich, koste es was es wolle, nach den Nationalratswahlen erneut in eine Regierungskoalition hineintaktieren hätte können. Dem entsprach, wie bereits gesagt, auch Stegers Replik auf die Kampfansage des Kärntner Landesparteiobmannes: " *Mit Jörg Haider tritt ein Vertreter der klassischen Oppositionslinie an, wer für mich als einen der Architekten dieser Koalition stimmt, der ist für die Weiterarbeit der FPÖ in der Regierung."* Die Frage, ob der populäre und kämpferische Jörg Haider der FPÖ nicht mittel- und langfristig zu einem neuen Aufschwung verhelfen könnte, interessierte die Herren in der Wiener Parteizentrale wenig. Sehr wohl waren sie offenbar interessiert, ob der traurige SPÖ-Vorsitzende Fred Sinowatz einen freiheitlichen Obmannwechsel nicht zum Anlaß für den Koalitionsbruch nehmen würde, was ja den Verlust der diversen Ministerwürden bedeutet hätte.

Gerade an dieser Haltung konnte man aber die Fragwürdigkeit der Argumente der Wiener Parteispitze erkennen: In den düstersten Farben malten Steger und Genossen die Folgen eines Umsturzes auf dem Innsbrucker Parteitag an die Wand. Der linke Flügel der SPÖ würde gegen eine Haider-FPÖ revoltieren und die Koalition vorzeitig scheitern. Zwar hörte man aus der SPÖ selbst anderes: Der damals neue Generalsekretär Heinrich Keller erklärte etwa, die Koalition sei mit der FPÖ als Partei, nicht mit dem Obmann geschlossen worden. Und der Kanzlerwechsel von Sinowatz zu Vranitzky sei ja auch ohne Schwierigkeiten über die Bühne gegangen. Die Sozialisten hätten also, wenn die Fortdauer der rot-blauen Koalition in ihr politisches Kalkül gepaßt hätte, sehr wohl auch mit einem Jörg Haider als freiheitlichen Bundesparteichef zusammengearbeitet. Andererseits hätten sie wohl auch einen Parteiobmann Norbert Steger gnadenlos vor die Regierungstür gesetzt, wenn sie sich davon Nutzen versprochen hätten. Dementis, die Heinrich Keller nach dem Innsbrucker Parteitag veröffentlichte, ändern nichts an diesen Tatsachen. Daß dann die Koalition zwischen der SPÖ und der Haider-FPÖ tatsächlich von ersterer aufgekündigt wurde, dürfte aber kaum mit prinzipiellen Überlegungen, sehr wohl aber mit politischer Taktik zusammengehangen haben.

All diese politisch-taktischen Überlegungen mußten aber zweitrangig sein. Nicht ob man gnadenhalber als Mehrheitsbeschaffer für eine der beiden Großparteien fungieren darf, war damals wichtig, sondern allein das Überleben und Neuerstarken des Dritten Lagers und seines politischen Repräsentanten, der FPÖ. Vor dem Innsbrucker Parteitag dürften sich die meisten Delegierten gefragt haben, wer dann in den vergangenen Jahren für die FPÖ überhaupt noch Wähler gewonnen hatte, wer hatte die kritische Jugend ebenso ansprechen können, wie die eher konservativ orientierte Kriegsgeneration, Wirtschaftstreibende und Selbstständige ebenso, wie Arbeitnehmer. Wer hatte bewiesen - zumindest auf Landesebene - daß man in Regierungsfunktion Verantwortung tragen kann, ohne zum Steigbügelhalter der Großparteien zu werden, ohne darauf zu verzichten, das Sprachrohr des Bürgerprotests zu sein. Auf all diese Fragen konnte man damals in den Tagen vor dem Innsbrucker Parteitag nur einen Namen nennen: Jörg Haider.

Noch unmittelbar vor diesem Parteitag war es ungewiß, ob sich die Stimme der Parteibasis, die zweifelsfrei für Jörg Haider war, gegen Norbert Steger durchsetzen würde oder eine dünne Schicht von Funktionären und die Wiener Parteizentrale. Gewiß war allerdings, daß der Obmannwechsel der Dritten Kraft die Chance bieten würde, den Absturz der FPÖ zur politischen Drei-Prozent-Sekte abzufangen und dieses langfristig zu einer wirklich freiheitlichen Volkspartei zu entwickeln.

Jörg Haider selbst hatte es von der Zustimmung der Kärntner Landespartei abhängig gemacht, ob er in Innsbruck wirklich antreten würde. Bei der Kärntner Landesparteileitung im Villacher Gösser Bräu erklärten sich dann 42 von 48 Stimmberechtigten für das Antreten Jörg Haiders. Zwei der Kärntner übten Stimmenthaltung, vier, darunter natürlich der um die Regierungskoalition und seinem Sessel als Staatssekretär bangende Mario Ferrari-Brunnenfeld, deklarierten sich dagegen.

Daß seine engsten Mitarbeiter, der Kärntner Klubobmann im Landtag Jörg Freunschlag, Kriemhild Trattnig, Alois Huber und die anderen Mitglieder der Kärntner Parteiführung ihm ihre Unterstützung zusagten, dürfte psychologisch für Jörg Haider die seinerzeitige Hemmschwelle, sich in das ungewisse Abenteuer der Bundesparteiobmannschaft zu stürzen, wesentlich erniedrigt haben.

Die mathematische Delegiertenmehrheit brachten die Länder Oberösterreich mit 109 Stimmen, Kärnten mit 87 Stimmen, Steiermark mit 78 Stimmen und Salzburg auf die Beine. Jene freiheitlichen Funktionäre, organisiert vom Oberösterreicher Raimund Wimmer und vom Kärntner Haider-Sekretär Gernot Rumpold, wußten kurz vor dem Parteitag mit ziemlicher Gewißheit, daß die Anti-Steger-Stimmung im Westen Österreichs überaus stark war. Von den 26 Tiroler Delegierten und von den 28 Delegierten aus Vorarlberg war kein Eintreten für die alte Wiener Parteiführung zu erwarten. Vorbehaltlos um Steger scharte sich nur die Wiener Partei, die mit 32 Sitzen nicht einmal 10 Prozent der Parteitagsdelegierten auf die Waagschale brachte. Auch die neun Burgenländer Delegierten wurden durch ihren damaligen Landesobmann Paul Schiessler auf Steger eingeschworen. In der Steiermark waren die Lager getrennt. Während der Vizebürgermeister von Graz Paul Tremmel, sich wiederholt öffentlich für Jörg Haider ausgesprochen hatte und auch zu den Organisatoren des Lorenzener-Kreises gehörte, versuchte Landesparteiobmann Ludwig Rader vorerst eine Verlegung des Parteitages zustande zu bringen. Schließlich kam es dazu, daß die 30 Grazer Stimmen mehrheitlich für Haider eintraten und die übrige Steiermark mit 48 Delegierten überwiegend auf betreiben Raders für Norbert Steger.

Eine besondere Rolle spielte Haider-Intimus Gernot Rumpold, (im Bild am Innsbrucker Parteitag), bei der Organisation des Putsches von Innsbruck.

Unmittelbar vor dem Parteitag gab dann Jörg Haider seine Kandidatur offiziell bekannt. Versuche, einen Kompromißkandidaten zwischen Steger und Haider in den Kampf zu schicken, waren aber noch nicht gescheitert. Nach wie vor wurde Justizminister Harald Ofner, Landesparteiobmann von Niederösterreich, genannt, wozu nunmehr im letzten Augenblick auch noch Helmut Krünes kam, der als frischgebackener Verteidigungsminister damals über ein positives Medienecho verfügte. In der den Parteitag vorausgehenden Landesobmännerkonferenz schien Stegers Versuch, Jörg Haider als Untergang der Partei abzustempeln, aufzugehen. Der steirische Obmann Ludwig Rader schlug als Ausweg vor, Helmut Krünes als Spitzenkandidaten für die Nationalratswahlen festzulegen und Steger in den Ämtern als Parteiobmann und Vizekanzler zu belassen. Der Tiroler Parteichef Hermann Eigentler schlug daraufhin vor sowohl Steger als auch Haider sollten ihre Bewerbungen zurückziehen und Krünes sollte Parteiobmann werden. Die zentrale Rolle spielte dabei allerdings Norbert Gugerbauer, der sich allen Versuchen, einen Kompromiß zustande zu bringen, entgegenstemmte. Er war der Meinung, es müsse nun zwischen den beiden Kandidaten ausgetragen werden, wobei er während des Parteitages selbst sich noch kurzfristig mit der Krünesvariante anzufreunden schien.

Im nervenzermürbenden Zweikampf zwischen Steger und Haider beim Innsbrucker Parteitag, wurde der damalige Verteidigungsminister Helmut Krünes kurzfristig als Kompromißkandidat gehandelt.

Die Dramatik der Ereignisse war ungeheuer und die Stimmung bei den Parteitagsdelegierten dementsprechend. Eine eher feindselige Medienberichterstattung versuchte später ein biergeschwängertes Volksfest daraus zu machen. Jörg Haider selbst meint im nachhinein, daß damals am Beginn des eigentlichen Parteitags die Stimmungslage offenkundig besser war, als man ursprünglich von Kärntner Seite angenommen hatte. Noch heute sieht er es als überaus unfairen Versuch, die Abwahl Stegers zu verhindern, indem von Seite der Parteitagsorganisatoren die Vereinbarung gebrochen wurde, daß es unbedruckte Stimmzettel gäbe. Es waren dann bedruckte Stimmzettel, wobei *"Dr. Norbert Steger"* und sonst kein Name darauf stand. Haider ist heute der Meinung, daß er sicherlich bei dieser Wahl deshalb weniger Stimmen bekommen habe, als eigentlich möglich gewesen wären, da man nur jene Stimmzettel für ihn als gültig erklärt hatte, auf denen Steger durchgestrichen war.

Die Auszählung der delegierten Stimmen nach dem Innsbrucker Parteitag (im Bild) zeitigte ein überwältigendes Ergebnis: Mit 9 zu 58 % gewann Jörg Haider die Wahl gegen einen amtierenden Parteiobmann, der noch dazu Vizekanzler und Minister war.

Dennoch war das Ergebnis überwältigend: Mit nahezu 58 Prozent an Delegiertenstimmen gewann Jörg Haider die Wahl gegen einen amtierenden Parteiobmann, der noch dazu Vizekanzler und Minister war. Dies bedeutete tatsächlich einen *"Erdrutschsieg"*, wie es daraufhin in den Medien hieß. Damit hatte sich in der österreichischen Parteilandschaft ein Umbruch vollzogen. Österreichs Dritte Kraft, die sich seit Jahren, zumindest außerhalb Kärntens, von Wahlschlappe zu Wahlschlappe geschlept hatte und von politischen Beobachtern bereits totgesagt war, hatte einen neuen Anfang gesetzt. Nicht das von den Wiener Verfechtern des parteiinternen Status quo prophezeite Auseinanderbrechen der FPÖ war das Ergebnis dieses Innsbrucker Parteitages, sondern ein starker Neubeginn unter Jörg Haider.

Innerhalb der beiden Großparteien war man sich der Bedeutung des Innsbrucker Führungswechsels durchaus bewußt. Wenn Kanzler Vranitzky noch vor dem Parteitag seine *"Präferenz für das Team Steger"* verkündet hatte, dann deshalb, weil er wußte, daß er in der Person Jörg Haiders mit einem keineswegs weniger sachkundigen, dafür aber politisch wesentlich kantigeren Koalitionspartner zu tun gehabt hätte. Dazu erklärt Jörg Haider selbst, aus der vierjährigen Distanz, er habe seinerzeit noch während des Parteitages ein Telefongespräch mit Vranitzky geführt, um auszuloten wie er reagiere. Der Kanzler habe ihm dabei erklärt, daß dies *"die Sache unserer Partei"* sei, die die SPÖ nicht beeinflussen könne. Vranitzky - so Jörg Haider heute - nahm offenbar an, daß Steger sowieso gewinnen würde und der Provinzpolitiker Haider nichts zustande brächte. Als Norbert Steger beim Parteitag also abgewählt war, war den Vertretern des Dritten Lagers wohl weitgehend klar, daß man das politische Heil der FPÖ nicht mehr allein in der bedingungslosen Aufrechterhaltung einer Regierungsbeteiligung, sondern primär in der Durchsetzung freiheitlicher Anliegen und der Stärkung der eigenen Partei auch in der Opposition sehen müßte.

Auch aus ÖVP-Kreisen war vor dem Parteitag keineswegs nur aus Jux und Tollerei zu hören, daß man ja eigentlich für Steger sein müsse, da es dieser *"einem so leicht macht..."*. Nach der Wahl des neuen Parteiobmannes war es nun klar, daß die Freiheitlichen es der christlich-konservativen Volkspartei in Hinkunft wohl nicht mehr so leicht machen würde. Im bürgerlichen Bereich der österreichischen Innenpolitik sollte der neue FPÖ-

Chef den Herren Mock, Busek und Graff und in der Folge deren Amtsnachfolgern Riegler, Schüssel und Kukacka ein ernsthafter Konkurrent werden. Jörg Haiders Eintreten für freie Marktwirtschaft, gegen die verkrusteten Strukturen der verstaatlichten Industrie, für Freiberufler und Gewerbetreibende, sowie für die in ihrer Existenz gefährdeten Bauern war bereits zu jener Zeit auch in betont bürgerlichen Kreisen überaus glaubwürdig. Und die gerade damals im Zuge einer gewissen neo-konservativen Trendwende wiederentdeckten traditionellen Werte, wie Leistungsbereitschaft, Fleiß, Treue und Heimatliebe, die der ÖVP kurz zuvor im Waldheim Wahlkampf laut Meinungsforschung so zugute gekommen waren, waren längst nicht vom christlich-konservativen Lager allein gepachtet. Auch den ÖVP-Parteistrategen war klar, daß Jörg Haiders FPÖ sich dieser neo-konservativen Trends - historisch durchaus legitim - erfolgreich bemächtigen könnte.

Und dann gab und gibt es da noch das Protestwählerpotential, das die Meinungsforscher im Zuge der Ereignisse während der ersten Jahreshälfte 1986 längst bei den Grün-Alternativen sahen. Der Bürgerprotest, der durch die Häufung von Korruption, Steuergeldverschwendung und Mißwirtschaft bereits zu einer stillen Massenbewegung geworden war, wurde - das stellte sich relativ rasch heraus - zu Jörg Haiders größter Chance. Nur wer kompetent in Sachfragen sei, bereit politische Verantwortung zu übernehmen und gleichzeitig für den Unwillen der breiten Bevölkerung gegen die Mißstände der sich offenbar damals auf dem Höhepunkt einer *"Midlife-crisis"* befindlichen Zweiten Republik offen bleiben könnte, werde in Zukunft bürgernahe Politik betreiben können. So die Analyse vieler politischer Beobachter im Anschluß an den Führungswechsel innerhalb der FPÖ beim Innsbrucker Parteitag im September 1986. Wohl kaum zufällig sprach Jörg Haider in seiner Innsbrucker Antrittsrede als Parteiobmann daher davon, daß die FPÖ eine Bürgerinitiative werden müsse.

Was schließlich das traditionelle, historisch gewachsene national-liberale Lager selbst, das allen historisch-politischen Analysen zufolge weit größer ist, als dies die FPÖ Prozentzahlen der Jahre vor 1986 dokumentierten, betraf, so wußte man bereits unmittelbar nach dem Innsbrucker Parteitag, daß hier ein neuer Wind wehen würde. Von Anfang an verstand es der Parteiobmann Jörg Haider, jene heimat- und volkstumsbewußten Menschen, die während der Ära Steger vielfach unverstanden abseits gestanden waren, zur freiheitlichen Bewegung zurückzuführen.

Die Führungsmannschaft der Freiheitlichen unter Norbert Steger - im Bild die beiden Minister Ofner und Krünes mit Jörg Haider - vermochte sich nach dem Innsbrucker Parteitag nur langsam mit dem Gedanken vom Wechsel des Parteiobmannes vertraut zu machen.

Gleichzeitig zeichnete sich bereits damals ab, daß es ihm gelingen würde, jenen durchaus zeitgemäßen Liberalismus, der sich gegen Behördenwillkür und anonyme Manipulation des Menschen richtet, zu verstärkter politischer Bedeutung zu führen.

Zeitungskommentatoren stellten es als Möglichkeit in den Raum, freiheitliche Anhänger hofften es und die politischen Gegner Jörg Haiders sahen es als Flammenzeichen an der Wand: Eine solcherart moderne und von humanitären Vorstellungen durchdrungene national-liberale, im besten Sinne des Wortes freiheitliche Bewegung, deren Heimatbindung nicht zuletzt in ökologischem Bewußtsein bestehen müßte, könnte eine wahre österreichische Bürgerinitiative werden. Und das würde dann wirklich einen Umbruch im politischen Gefüge der Zweiten Republik bedeuten. Eine Perspektive, die sich, wie wir aus vierjähriger Distanz nun wissen, bewahrheitete.

Reaktionen auf den FPÖ-Umbruch

Der überraschende Umsturz innerhalb der FPÖ zeitigte naturgemäß in den Medien, aber auch im übrigen öffentlichen Leben eine Reihe von bemerkenswerten Reaktionen. Die wichtigsten österreichischen Zeitungen und ihre Kommentatoren ahnten bereits damals die wahre innenpolitische Dimension des Führungswechsels von Norbert Steger zu Jörg Haider. So etwa schrieb *"Die Presse"*, daß Jörg Haider ein *"Mann der Basis"* sei. *" Es ist nicht auszuschließen, daß der junge aber erfahrene Populist seiner Partei neuen Schwung verleihen wird, denn für Haider werden sich die Funktionäre die Füße wundlaufen. Nicht zu sehr im Osten Österreichs, aber dort lag ja auch nie das Hoffnungsreservoir der FPÖ. So verbittert auch jene sein mögen, deren Blütenträume von einer ganz neuen Partei mit liberaler Wählerschaft in einer langen Nacht kläglich gewelkt sind, so klar ist aber auch: Das Schlachtopfer könnte nicht ganz vergeblich gewesen sein. Niemand kann sagen, ob die FPÖ mit Haider einen neuen Frühling erleben wird. Außer Zweifel steht aber, daß sie dies mit Steger auf keinen Fall erlebt hätte."*

Bereits hier klingt eine der Anti-Haider-Strategien an, ihn nämlich als *"Populisten"* abzuqualifizieren. Andererseits sah der *"Presse"*-Kommentator überaus deutlich, daß die Freiheitlichen unter Jörg Haider einen neuen Optimismus gewinnen könnten.

In den *"Salzburger Nachrichten"*, der zweiten A-Schichten-Tageszeitung Österreichs, wurde eher die integrative Aufgabe des neuen Parteiführers von dem Kommentarschreiber angesprochen: *" Jörg Haider wird ein gutes Stück Arbeit zu bewältigen haben, wenn er die Brücke zur anderen Fraktion schlagen will. Eine wirkliche Spaltung in zwei eigenständige Parteien, eine liberale und eine national-freitheitliche - oder wie immer man sie nennen möchte - wäre zu befürchten, sollte Haider bei diesem Versuch scheitern. Im Ringen um den Posten des Parteichefs ist Porzellan zerschlagen worden. Es wird eine erste Probe für Haiders diplomatisches Geschick sein, wie er die Scherben wegräumt, die Unversöhnlichen zumindest zur Zusammenarbeit bewegt oder zwingt, und das freiheitliche Fähnlein wieder auf eine Linie bringt."*

Das dabei befürchtete oder gar erhoffte Zerbrechen der FPÖ ließ nach dem Innsbrucker Parteitag bekanntlich auf sich warten. Dem neuen Parteichef gelang es vielmehr derart stark integrierend zu wirken, daß bis auf einige seiner verbortesten, innerparteilichen Gegner nahezu die gesamte Führungspitze hinter Norbert Steger auf Haiders Linie umschwenkte.

Die Kärntner Medien meinten durch den Abgang Jörg Haiders in die Bundespolitik eine geänderte landespolitische Situation diagnostizieren zu können. Die Freiheitlichen würden im Lande einen gravierenden Verlust erleiden, wohingegen die Kärntner Sozialisten aufatmen dürften. Der Kommentator der größten Bundesländerzeitung, der *"Kleinen Zeitung"*, schrieb etwa: *" Mit einer Bundes-FPÖ unter Führung Haiders wird die SPÖ zweifellos nicht viel Freude haben. Ähnliche Emotionen dürften die ÖVP erfüllen, weil diese nun im bürgerlichen Bereich einen ernsthafteren Konkurrenten hat als bisher. Neu ist die Lage natürlich auch für Kärnten. Der Villacher Franz Thaler hat es in der Diskussion klar gesagt, daß eine Kärntner FPÖ ohne Jörg Haider viel weniger stark wäre ..."*

In der *"Kärntner Krone"* meinte man gar, die Chancen des damaligen Landeshauptmannes Leopold Wagner auf eine Wiederwahl seien durch den vermeintlichen völligen Abgang Jörg Haiders in die Bundespolitik gestiegen. Der Kommentator schrieb: *" Beobachter der politischen Szene in Kärnten, denen die Ironie manchen klugen Gedanken einflößt, haben nach dem Ausgang der Innsbrucker FPÖ-Wahlnacht als deren eigentlichen Sieger Landeshauptmann Wagner bezeichnet. Denn dieser, so meinen viele, habe jetzt endlich einen lästigen Konkurrenten vom Hals, der andere Pläne und Sorgen haben werde, als die Brechung der sozialistischen Mehrheit in Kärnten. Ein Jörg Haider, der nach Höherem greife, habe keine Zeit mehr, um einen Kärntner Landeshauptmann das Leben schwer zu machen."* Wie die weitere Entwicklung, insbesondere jene des Jahres 1989 zeigen sollte, war dies eine schwere Fehldiagnose: Leopold Wagner konnte sich keineswegs behaupten. Nach seiner Pensionierung mußte sein Nachfolger Ambrozy dem freiheitlichen Herausforderer Jörg Haider, der sowohl Bundesparteiobmann als auch Kärntner Spitzenkandidat sein konnte, weichen.

Für die internationalen Reaktionen seien zwei konservativ bis liberale bundesdeutsche Tageszeitungen zitiert, die insbesondere die sozialistische Reaktion auf die Kür Jörg Haiders kritisierten. So schrieb etwa der Kommentator der eher christdemokratisch orientierten *"Welt"*: *" So unbeliebt der neue FPÖ-Parteichef im Gegensatz zu seinem geschlagenen Vorgänger Norbert Steger bei den Sozialisten sein mag: Die Angriffe auf ihn sind nur Scheinargumente. Die eigentliche Frage, die sich die führenden Männer der SPÖ ganz nüchtern beantworten werden, lautet: Nützt es den Sozialisten mehr, wenn jetzt gewählt wird - oder sollten sie bis zum April 1987 warten, um mehr Stimmen zu erhalten? Gegen den April-Termin spricht, daß bis dahin, das gesamte Ausmaß der Katastrophe in Österreichs Verstaatlichter Industrie samt Massenentlassungen und Betriebsstillegungen ins Bewußtsein der Wähler durchgeschlagen hätte."* Hier werden die wahren Hintergründe für den Bruch der freiheitlich-sozialistischen Koalition bereits völlig nüchtern klargelegt. Nicht die angebliche Untragbarkeit Jörg Haiders für die SPÖ war es, sondern ausschließlich parteitaktisches Kalkül der Sozialisten.

Der Kommentator der renommierten konservativ-liberalen Tageszeitung *"Frankfurter Allgemeine"* schrieb zum Bruch der sozial-liberalen Koalition: *" In Wien sagt der sozialistische Kanzler Vranitzky, er könne die Koalition mit einer Freiheitlichen Partei nicht fortsetzen, weil dort mit dem Vorsitzendenwechsel von Steger zu Haider das liberale Element sehr stark in den Hintergrund gerückt sei. Aber warum eigentlich, der soeben gestürzte FPÖ Vorsitzende Steger ist links-liberal bis sozial-liberal, sein Nachfolger Haider ist rechts-liberal bis national-liberal. Liberal bleibt die FPÖ auch unter Haider, nur würde sie sich den Sozialisten nicht mehr so eng anschmiegen wie unter Steger. Die Begründung Vranitzkys klingt konstruiert".*

Neben diesen positiven Reaktionen von Teilen der Auslandspresse und der gleichzeitig einsetzenden Anti-Haider-Diffamierung aus den internationalen linken bis links-liberalen Medien war vor allem die Reaktion des neu-gewählten Parteipräsidiums der FPÖ von Interesse. Im September 1986 war es klar, daß die Freiheitlichen die auf sie zukommenden Nationalratswahlen nur überstehen würden, wenn die Zusammenarbeit zumindest in der Parteispitze einigermaßen effektiv wäre. Neben Jörg Haider, der mit 57,7 % zum Bundesparteiobmann gekürt wurde - Steger erhält 39,2 % -wurden Harald Ofner mit 87,2 %, Helmut

Krünes mit 85,1 %, Holger Bauer mit 80,9 %, Gerulf Stix mit 79,4 %, Horst Schender mit 79,2 % und Friedhelm Frischenschlager mit 73,5 % zu Parteiobmann-Stellvertretern gewählt. In den Parteivorstand kamen überdies Siegfried Dillersberger, Helene Partik-Pablé, Helmut Haigermoser und Franz Haitzinger.

Generalsekretär Gugerbauer kündigte gegenüber der Presse unmittelbar nach dem Parteitag an, er würde seine Funktion dazu nützen *"um die Zusammenarbeit aller Kräfte in der Partei zu ermöglichen"*. Er halte nichts von *"Kahlschlägen in der Politik, das gewählte Präsidium präsentiere eine homogene Mannschaft"*, mit der ihm um die Zukunft der Partei nicht bange sei.

Die Wahl Jörg Haiders auf dem Innsbrucker Parteitag zum neuen Parteiobmann, bot den Freiheitlichen die Möglichkeit, zu Beginn der regierenden Erneuerungspolitik, die die gesamte politische Landschaft der Zweiten Republik revolutionieren sollte.

Helmut Krünes, der im dramatischen Verlauf des Parteitags zwischenzeitlich, wie bereits dargestellt, noch einmal als Kompromißkandidat zwischen Haider und Steger aufschien, äußerte unmittelbar nach dem Parteitag im Hinblick auf die Zusammensetzung der Parteiführung: " *Das Führungsgremium der Partei ist meiner Meinung nach so zusammengesetzt, daß nach der Findung eines breiten Konsens, eine positive Arbeit für die*

FPÖ geleistet werden kann." Die Regierungsfähigkeit der Freiheitlichen sei - so Krünes - in den letzten Jahren unter Beweis gestellt worden, ihm bange daher auch nicht um die kommenden Wahlen.

Holger Bauer, der während des Bundesparteitages noch Norbert Steger unterstützt hatte und zu einem der Stellvertreter Jörg Haiders gewählt wurde, erklärte: *" Ich bin nicht für eine Politik der verbrannten Erde und ich glaube, daß es uns gemeinsam auch gelingen wird, Norbert Steger wieder zur Mitarbeit zu gewinnen"* - ein Irrtum, wie wir heute wissen - *" unser Ziel für die Zukunft muß es sein, die Große Koalition zu verhindern".* Dies sollte der neuen Führungsmannschaft der FPÖ, wie sich im November des gleichen Jahres herausstellte, nicht gelingen.

Auch Friedhelm Frischenschlager, der als dezidierter *"Steger-Mann"* galt, erklärte unmittelbar nach dem Innsbrucker Parteitag: *" Für mich ist entscheidend, daß sich zukünftig die Partei in ihrer politischen Orientierung nicht verändert. Die FPÖ muß eine Partei des Fortschritts sein, sie darf nicht in eine konservative Rolle fallen. Ich nehme die Entscheidung der Basis zur Kenntnis, der grundsätzliche Wille zu einer Regierungsbeteiligung darf nicht verlorengehen, denn nur in Regierungsverantwortung können wir auch Gedanken unseres erst vor kurzem erstellten modernen Parteiprogramms verwirklichen. Ein grundsätzliches Wollen zur Arbeit in der FPÖ ist auch unter einem Parteiobmann Haider gegeben."*

Der Tiroler FPÖ-Politiker Siegfried Dillersberger, der ebenfalls in den Bundesparteivorstand einzog, erklärte nach Abschluß des Parteitages: *" Die Delegierten und damit die Basis haben entschieden. Ich akzeptiere diese Entscheidung, obwohl ich einen Kompromiß in der Person eines Bundesparteiobmannes Krünes lieber gesehen hätte. Die Einheit der Partei wäre leichter herzustellen gewesen. Für kommende Wahlen ist die Entscheidung pro Haider aber sicher positiv, da er in der Öffentlichkeit österreichweit ein gutes Image hat. Ich kann mir vorstellen, daß die Entscheidung des Bundesparteitages bereits positive Auswirkungen auf die Landtagswahl in der Steiermark haben wird. Die Bestellung von Gugerbauer zum Generalsekretär, die auf einen Wunsch Haiders erfolgte, ist zu befürworten. Die Existenz des Dritten Lagers ist gesichert..."*. Diese nüchterne und noch von einiger Skepsis in bezug auf dem neuen Parteiobmann getragene Erklärung Dillersbergers sollte sich dennoch als prophetisch erweisen. Tatsächlich bewirkte die Wahl Jörg Haiders zum Parteichef, die Existenzsicherung des Dritten Lagers.

Der neugewählte Obmann selbst rief in seiner Schlußrede am Parteitag alle Delegierten zur Zusammenarbeit auf. Der Parteitag habe gezeigt, daß Österreichs Drittes Lager keine Angst um seine Existenz zu haben brauche, denn die Basis habe in offener Diskussion vor den Augen der Öffentlichkeit innerparteiliche Demokratie demonstriert. Die Wunden, die durch die Kampfabstimmung geschlagen wurden, werde er mit persönlichen Bemühungen zu heilen versuchen, betonte der neue Parteichef. Der Obmannwechsel bedeute keinen Kurswechsel innerhalb der FPÖ. Auch er, Haider, werde sich an die Grundlagen des neuen Parteiprogrammes halten, das von allen gemeinsam im Jahre 1985 erarbeitet wurde. Die Stunde des Aufbruchs des Dritten Lagers in Österreich habe mit seiner Wahl begonnen. Diese Chance müßten die Freiheitlichen nützen, da sonst die Große Koalition oder das *"Gleichgewicht des Schreckens"* in der österreichischen Innenpolitik das Sagen haben werde. Der Staat sei seit Jahrzehnten rotschwarz und der Bürger durch den Parteibuchzwang bevormundet worden. Bis zu den Kindern in den Schulen herrsche diese Unfreiheit. Es müsse die Aufgabe der Freiheitlichen sein, diesen Zustand abzuschaffen, erklärte Jörg Haider als neuer Parteiobmann. Insgesamt betonte er in seiner Schlußrede, daß innerhalb der FPÖ weiterhin das Prinzip der Toleranz vorherrschen werde und daß die Partei unter seiner Führung weiterhin eine Kraft der Reform sein werde. Er persönlich verstehe sich als Anwalt der Bürger und sei damit zuversichtlich, für die kommenden Nationalratswahlen einen Erfolg für die Dritte Kraft in Österreich zu erreichen.

DIE ERNEUE-RUNG.

Der programmatische Wandel zur Heimatbewußten Erneuerungsbewegung

Der programmatische Wandel zur "heimatbewußten Erneuerungsbewegung"

Obwohl Österreichs Freiheitliche nach dem Obmannwechsel vom September 1986 die programmatische Kontinuität in jeder Hinsicht wahrten, konnte die Öffentlichkeit den Eindruck gewinnen, als hätten sich nach dem Abgang Norbert Stegers auch die Inhalte, für die die Partei stand und steht, gewandelt. Dieser Eindruck ist in erster Linie auf die Medienberichterstattung zurückzuführen, aber auch auf die Tatsache, daß die FPÖ bis 1986 in Regierungsverantwortung stand, wohingegen sie sich danach als große Oppositionspartei gegen eine rot-schwarze Koalition zu profilieren hatte. Ungeachtet dessen bleibt es aber eine Tatsache, daß die FPÖ unter Jörg Haider vorbehaltlos zum Parteiprogramm, wie es im Jahre 1985 beschlossen wurde, steht. Die Spannweite und Tragfähigkeit, damit auch die Qualität eines solchen Programmes erweist sich aber offenbar erst dann, wenn innerhalb einer politischen Bewegung die Gewichte verlagert werden, ohne daß die inhaltlichen, weltanschaulichen Rahmenbedingungen deswegen geändert werden müssen. So gesehen scheint sich das neue freiheitliche Parteiprogramm bereits bewährt zu haben. Konstruiert wurde es zweifellos vor dem tagespolitischen Hintergrund einer Regierungsbeteiligung an der Seite einer sozialdemokratischen Partei, die vielerlei Anpassungszwänge und wohl auch Vorsichtsmaßnahmen und Sicherungen in den programmatisch-weltanschaulichen Aussagen erforderte. Gegenwärtig vermag dieses Programm den inhaltlichen Rahmen für eine fundamentale Opposition zu bieten, deren gesellschaftspolitische Aussagen eher als rechts-liberal einzustufen sind. Bereits die seinerzeitige Regierungsbeteiligung an der Seite der SPÖ hat der Steger-FPÖ im Gegensatz dazu bekanntlich einen eher links-liberalen Anstrich gegeben.

Trotz dieser grundlegend geänderten Optik ist es in programmatischer und damit weltanschaulicher Hinsicht dieselbe Partei, die damals Norbert Steger, nunmehr Jörg Haider führt. Auch wenn speziell die Gegner der Freiheitlichen in den letzten vier Jahren häufig den Eindruck erwecken wollten, als habe sich da eine moderne liberale Gruppierung zu einem rechtsextremen Populistenhaufen gewandelt, bleibt die weltanschauliche Kontinuität in der FPÖ somit eine Tatsache. Dies betonen auch die führenden Vertreter der Partei in allen ihren öffentlichen Aussagen.

Dennoch gibt es so etwas wie eine Weiterentwicklung des programmatischen Hintergrundes der politischen Aussagen der Haider-FPÖ. Die normative Kraft der praktischen Politik beeinflußt somit auch weltanschauliche Positionen und zwingt zu deren Weiterentwicklung. Im Gegensatz zu den beiden alten Parteien, die sich im Jahre 1989 zu Programmparteitagen aufrafften, ohne eigentlich klar konturierte neue Inhalte zu präsentieren, denkt man im Rahmen der FPÖ keineswegs daran, in den nächsten Jahren an eine Neufassung des Parteiprogrammes zu gehen. Gewisse Weiterentwicklungen wurden aber doch vorgenommen. Genannt muß in diesem Zusammenhang die *"Villacher Deklaration"* werden, die am Parteitag des Jahres 1988 verabschiedet wurde. Genannt müssen aber auch jene grundsätzlich großen Reden von Parteiobmann Jörg Haider werden, die er ja bei diesem Parteitag oder bei anderen Anlässen, etwa bei seinem Amtsantritt als Kärntner Landeshauptmann, gehalten hat. Genannt müssen auch die *"Blauen Markierungen 2001"* werden, die zwar die inhaltlichen Richtlinien für den Nationalratswahlkampf des Jahres 1990 absteckten, in mancher Hinsicht aber doch realpolitische Interpretationen der freiheitlichen Programmatik darstellen.

Systemkritik als inhaltlicher Angelpunkt

Insgesamt kann gesagt werden, daß die fundamentale Kritik am politischen System des Landes der Ausgangspunkt war, auch für die inhaltliche Weiterentwicklung der FPÖ unter Jörg Haider. Seit den Nationalratswahlen des Jahres 1986 sind die Bürger der Republik in Bewegung gekommen. Jene beiden politischen Lager, die nach 1945 glaubten, sich den Staat aufteilen zu können, brachen zunehmend auf, und insbesondere die junge Generation entzog sich immer mehr der politischen Umarmung von rot und schwarz. Dabei war es offensichtlich die Kluft zwischen Reden und Handeln und der Unterschied zwischen Programm und Wirklichkeit, der für die meisten kritischeren Österreicher unüberbrückbar geworden war. Wieweit die bipolare, vom rot - schwarzen Proporz dominierte Phase der innenpolitischen Geschichte Österreichs der Vergangenheit angehört, bewies nach 1986 gerade die neuformierte Große Koalition. Ihr tagtägliches Gezanke mit der entsprechenden Medienberichterstattung und das Fehlen überzeugender Sanierungsstrategien zeigte den Bürgern mit trauriger Regelmäßigkeit, daß die beiden alten Parteien tatsächlich ausgedient haben. Sie, die als *"Sanie-*

Österreich moralisch und politisch erneuern, lautet die Devise der neuen FPÖ unter Jörg Haider.

rungsgemeinschaft" angetreten waren, wollten offenbar nicht die Republik Österreich, sondern jeweils die eigene Partei sanieren. Die damit verbundenen Praktiken sind den Österreichern aber bereits nur zu gut bekannt. Allzu deutlich wurde den Bürgern der Republik, daß die Macht die beiden Großparteien arrogant und überheblich gemacht hat und daß diese in ihrer Verblendung offenbar glauben, das Land sei ihr persönliches Eigentum und die Menschen nichts anderes als Erfüllungsgehilfen und Untertanen. Aussagen, wie sie von Kanzler Franz Vranitzky nach seiner Übernahme der Parteiobmannschaft der SPÖ getätigt wurden, wonach der Mensch das Maß alller Dinge sei, waren umso unglaubwürdiger, als sich an den Realitäten, die von Parteibuchwirtschaft, politischem Neputismus und Anpassungsdruck gekennzeichnet waren und sind, nichts änderte. Nicht der von den Sozialisten bemühte *"demokratische Humanismus"*, sondern ein herzloser Protektionismus stellten und stellen die eigentlichen Kennzeichen dieses Systems dar.

Sozialisten und Volkspartei erwiesen sich dabei, trotz der neuerlichen proporzgemäßen Aufteilung der Macht, eigentlich als Gefangene ihres eigenen Systems. Denn jetzt, unmttelbar nach der Regierungsbildung des Spätherbstes 1986, zeigte sich, daß für die Große Koalition regieren nicht die Zukunft gestalten bedeutet, sondern vielmehr die kleinliche, tätliche Auseinandersetzung um die Sicherung des jeweiligen Machtanteils. Das, was Jörg Haider bereits im Nationalratswahlkampf des Jahres 1986 bundesweit schonungslos aufgezeigt hatte, nämlich die Auswüchse des rot-schwarzen Proporzes, erwies sich nun für alle Österreicher deutlich sichtbar tagtäglich aufs neue: Da gab und gibt es rote und schwarze Staatsbetriebe, die Aufteilung des Monopolrundfunks ORF in den schwarzen Unterhaltungsbereich und in den roten politischen Bereich, da gibt es rote und schwarze Kammern, rot und schwarz dominierte Staatsbanken, rote und schwarze Autofahrerorganisationen, Versicherungsanstalten, die jeweils der SPÖ oder der ÖVP nahestehen, rote und schwarze Sportorganisationen, rote und schwarze Krankenschwestervereinigungen und ähnliche Kuriositäten mehr.

Wer Machtstrukturen dieser Art schafft und sich selbst mit ihnen dergestalt verquickt, wie dies die beiden alten Parteien seit 1945 getan haben, ist naturgemäß für Reformen nicht zugänglich. Wer solche Verhältnisse akzeptiert, muß darüber hinaus als Feind der bürgerlichen Freiheit bezeichnet werden. Beim Villacher Bundesparteitag der FPÖ im Jahre 1988 konnte Jörg Haider deshalb mit Fug und Recht behaupten: *"Die alten Parteien wollen in Wirklichkeit keine wirksame Entflechtung der Macht, und sie wollen in Wirklichkeit keine echte Kontrolle in der Demokratie, sie wollen vielmehr die totale Kontrolle über die Demokratie und die Bürger."*

Diese Beurteilung der innenpolitischen Lage Österreichs war und ist vielen kritischen Bürgern des Landes aus dem Herzen gesprochen. Diese Lagebeurteilung Jörg Haiders ergibt aber auch die überaus große, geradezu historische politische Verantwortung für Österreichs Freiheitliche. Sie waren damit nach dem Obmannwechsel und den Nationalratswahlen des Jahres 1986 nicht irgendeine politische Opposition, sondern vielmehr der Hoffnungsträger für zahllose enttäuschte Bürger aus allen politischen Lagern. Sie waren und sind damit die Hoffnungsträger für die demokratische Erneuerung des Landes, die Hoffnungsträger für eine offene Gesellschaft in der - Originalton Jörg Haider - *"die persönliche Freiheit auf der Grundlage sozialer Sicherheit gewährleistet"* sein soll.

Am Ende der Legislaturperiode von 1986 bis 1990, in der Jörg Haider einerseits als neuer Parteiführer die inhaltliche und organisatorische Erneuerung der Freiheitlichen Partei zu betreiben hatte und andererseits als Oppositionsführer einer großen Koalition paroli bieten mußte, sieht er selbst die Entwicklung folgendermaßen: *"Beim Parteitag des Jahres 1986 wurde versucht, der FPÖ wieder die Rolle zurückzugeben, die sie bei ihrer Gründung innehatte: Daß sie nämlich die klare Alternative zu den beiden Proporzparteien sein sollte und nicht als kleinerer Nutznießer oder blauer Parasit im rot-schwarzen politischen Geflecht agieren dürfe. Daher haben wir auch den Begriff alte Parteien einerseits gegen die Erneuerungsbewegung, die wir selbst sind, gestellt. Wir meinen, daß dieses Österreich nach 1945 durch Strukturen beherrscht wurde, in denen die beiden großen politischen Lager, Sozialisten einerseits und christlich-soziale-konservative andererseits, sich das Land aufgeteilt haben in Macht- und Einflußbereiche. Das Land wird voll und ganz sozialpartnerschaftlich administriert, wobei es dabei natürlich in Wirklichkeit keine Partnerschaft gibt, sondern einzig den Behauptungswillen der roten und schwarzen Funktionäre im Hinblick auf ihre Machtbereiche. Die Bevölkerungsgruppen und Berufsgruppen, die diesem sozialpartnerschaftlichen System unterworfen sind, haben dies zu akzeptieren, was dort eben ausgehandelt wird. Besonders schmerzlich ist dies bis zum heutigen Tag für die Bauern ausgegangen, da man diese in eine Preispolitik hineingezwängt hat, die ihnen nicht einmal einen angemessenen betriebswirtschaftlichen Gewinn zugestanden hat. Damit wäre letztlich eine ganze Berufsgruppe dem Untergang ausgesetzt, weil sie ja abhängig von Subventionen ist. Das war auch ein Grund, daß in Österreich relativ spät ein ökologisches Verantwortungsgefühl für Umwelt und für den Heimatbereich aufgekommen ist, weil die Frage des Umweltschutzes in der Sozialpartnerschaft keine Rolle gespielt hat. Gegen dieses System begannen wir anzukämpfen, wie ich glaube völlig zu Recht, denn dies hat vielen Bürgern die Möglichkeit gegeben, nicht irgendeine Protestpartei, in diesem Falle die Grün-Alternative, zu wählen, von der man nicht wußte, was überhaupt dabei herauskommt, sondern eine gesellschaftspolitisch klar akzentuierte Gruppierung wie eben die Freiheitlichen."*

Gewissermaßen erleichtert wurde diese fundamentale Kritik am rot-schwarzen Proporzsystem durch die Tatsache, daß die Freiheitlichen nach den Nationalratswahlen des November 1986 in der parlamentarischen Opposition waren. Naturgemäß ist es einfacher, Schwachstellen in der politischen Landschaft anzuprangern, wenn man nicht unmittelbare Regierungsverantwortung zu tragen hat. Das Argument jedoch, die Freiheitlichen würden nur alles schlechtmachen, ohne selbst Alternativen zu bieten, zog und zieht allein schon deshalb nicht, da die FPÖ sehr wohl in einzelnen Landesregierungen in Regierungsverantwortung ist.

Als Opposition und Alternative zu den beiden alten Parteien wollten die Freiheitlichen unter Jörg Haider laut eigener Einschätzung verstärkt Persönlichkeiten in die Politik entsenden, die der verbreiteten Standpunktlosigkeit durch Grundsatztreue entgegentreten und die geistige Mittelmäßigkeit im öffentlichen Leben des Landes nicht als

Ein erfolgreiches Team, Klubomann Norbert Guggerbauer, die Generalsekretäre Heide Schmidt und Mathias Reichhold sowie Parteichef Jörg Haider, treibt die etablierten Parteien vor sich her.

gottgewollt akzeptieren. Die erneuerte FPÖ sollte nicht als Versorgungsanstalt für Karrieristen und Sozialfälle zur Verfügung stehen. Sie sollte - so Jörg Haider - *"eine Gesinnungsgemeinschaft und keine Zugewinn-Gemeinschaft mit beschränkter Haftung"* sein. Dies deshalb, da diejenigen, die verändern wollen, frei sein müssen. Wer überzeugen will, darf überdies nicht in Abhängigkeit stehen.

In diesem Zusammenhang galt es auch, die Rolle der Opposition im Nationalrat, aber auch insgesamt in der innenpolitischen Landschaft mit neuem Inhalt zu füllen. Gerade am Beginn der Legislaturperiode nach den Wahlen von 1986 mußte man bisweilen das Gefühl haben, daß auch die Meinungsmacher den Wert der Opposition geringachteten. Nach freiheitlicher Ansicht wäre dies für das Land gefährlich, nicht zuletzt deshalb, da eine breite Regierungsmehrheit, wie sie die Große Koalition darstellt, jederzeit die Verfassung ändern könnte. Deshalb war es eines der primären freiheitlichen Anliegen, der Öffentlichkeit klarzumachen, daß die Aufgabe der Oppostion in Österreich eine staatspolitische Dimension hat. Dieses Bestreben war offenbar von beachtlichem Erfolg gekrönt, da die Freiheitlichen bekanntlich von Regionalwahl zu Regionalwahl, von Meinungsumfrage zu Meinungsumfrage über mehr Vertrauen innerhalb der Wählerschaft verfügen konnten. Wie der Parteichef daher zwei Jahre nach dem Innsbrucker Parteitag auf dem Parteitag in Villach, im Herbst 1988, sagen konnte, bedeutet für die erneuerte FPÖ *"Opposition nicht Lust zur Ohnmacht, sondern Wille zur Veränderung, das heißt Geduld zur Erneuerung"*.

Freiheitlicher Fundamentalismus?

Die neue inhaltliche Linie der FPÖ seit 1986, die sich in grundsätzlicher Kritik am rot-schwarzen Proporzsystem äußerte, wird von einem der maßgeblichen Programmdenker der Freiheitlichen, vom vormaligen Dritten Präsidenten des Nationalrates, Gerulf Stix, als eine Art *"Freiheitlicher Fundamentalismus"* interpretiert. Nach nahezu vier Jahren freiheitlicher Oppositionspolitik unter Jörg Haider sieht er die programmatische Entwicklung der FPÖ folgendermaßen: *"Ich sehe eine durchgehende inhaltliche Entwicklungslinie der FPÖ. Ich war zufälligerweise schon im Programmausschuß des Bad Ischler-Programms 1968. Da war ich ein junges Parteimitglied. Ich war weiters dabei, als das freiheitliche Manifest zur Gesellschaftspolitik im Jahre 1973 die programmatische Weiterentwicklung bildete. Da hat sehr stark der Atterseekreis mitgewirkt. Ich war einer der stellvertretenden Vorsitzenden bei dem Arbeitskreis, und weil ein enger Zusammenhang zum Atterseekreis bestand, in dem ich auch Mitglied war, sind viele Leute später in der Steger-Ära, und vor allem auch Norbert Steger selbst, schon damals mit dabeigewesen.*

Wie der Verband der Unabhängigen - im Bild VDU-Gründer Herbert Kraus bei der 40-Jahr-Feier - treten die Freiheitlichen unter Jörg Haider gegen die proporzmäßige Aufteilung des Staates in eine rote und schwarze Reichshälfte auf.

Ein Frischenschlager, ein Krünes, die waren also schon alle mit dabei, bei der Erarbeitung des Manifests im Jahre 1973. Im Grunde genommen baut aber das Parteiprogramm von 1985 auf dieses Manifest auf. Es ist entwicklungsmäßig die Fortsetzung und Erweiterung desselben. Viele, die damals mitgearbeitet haben, waren später auch im Programmausschuß für das 85er Programm mit dabei. Insofern ist dieses neue Parteiprogramm von 1985 zwar von Norbert Steger initiiert worden, es ist aber ein wirklich freiheitliches Programm, das nicht von einem Punkt Null aus geschaffen wurde, sondern eben in einer Entwicklungslinie steht.

Wir haben im Programmausschuß, der auf einer relativ breiten Basis gearbeitet hat, damals den Entschluß gefaßt, daß wir kein einseitiges Programm machen wollen, sondern sowohl die nationale wie auch die liberale Komponente zu einer freiheitlichen Symbiose verarbeiten werden. Daher werden die Worte liberal wie auch national jeweils dort im Programm verwendet, wo das betreffende Wort eben einfach paßt. Am schönsten sieht man es im Kapitel über die Kulturpolitik, dort wird nämlich ganz bewußt und mit voller Absicht einmal das Wort liberal gebraucht, zum Beispiel im Zusammenhang mit der individuellen Freiheit, und das Wort national etwa im Zusammenhang mit dem Volkstum und dem Schutz der eigenen Sprache. Wir haben dies ganz bewußt gemacht, wir waren darauf aus, die Symbiose zu schaffen. Es lassen sich zwar die Entstehung des Programmes und die damalige politische Situation nicht trennen. Ich darf daran erinnern, daß wir die Diskussion zwischen liberal, national schon unter Friedrich Peter hatten, das hat uns begleitet ab Beginn der 70er Jahre. Das Parteiprogramm hat sich aber, unbeschadet der Tagespolitik, eigentlich aus innerer Gesetzmäßigkeit heraus weiterentwickelt, und man wird keinen Bruch feststellen können. Wenn man vom Programm des Jahres 1968 ausgeht und die Entwicklung bis zum neuen Parteiprogramm des Jahres 1985 verfolgt und auch die jetzige Politik, wie sie Jörg Haider pointiert und akzentuiert, wird man keine Bruchstellen finden. Das Parteiprogramm enthält eine ziemliche Bandbreite an freiheitlichen Auffassungen und darunter eben auch jene Werte und Ziele, wie sie zum Beispiel schon in der Zeit des VDU vertreten wurden. Stichwort: Sauberkeit und Korruptionsbekämpfung, das sind Grundkonstanten. Auch der Begriff der Leistung stellt eine Grundkonstante dar, wie sie im Parteiprogramm enthalten ist. Das, was Jörg Haider heute macht, ist nach meinem Verständnis im Grunde genommen eine besondere Akzentuierung jener Grundwerte, die während der VDU-Zeit eine große Rolle gespielt haben. In der Steger-Zeit sind zweifellos andere Dinge, eben das liberale Element, stärker betont worden. In aller Bescheidenheit möchte ich aber darauf aufmerksam machen, daß beispielsweise zwischen Leistungsprinzip und liberalem Denken keinerlei Widerspruch besteht."

Im grunde kehrte die FPÖ unter Jörg Haider zurück zu ihren Ursprüngen, nämlich zur Problemstellung des Verbandes der Unabhängigen aus dem Jahre 1949 (im Bild Jörg Haider und ehemaligen VDU-Größen bei der 40-Jahr-Feier).

Dem besonderen Einfluß, den eine dominierende Parteiobmannfigur, wie sie Jörg Haider darstellt, auf die inhaltliche Entwicklung einer Partei ausübt, beurteilt Stix überaus differenziert. Er meint: *"Die FPÖ hat einen Ruck in Richtung Fundamentalismus, in Richtung freiheitlichen Fundamentalismus gemacht. Nicht nur weil sie in Opposition ist, sondern weil sie auch diesen Obmann hat. Der Omann hat eben eine prägende Rolle. Trotzdem ist es für mich ein Phänomen, wenn ich mir im Rückblick die ideologische Entwicklung in der Partei und die Entwicklung der Parteiprogrammatik anschaue, welch ungeheure Kontinuität hier vorliegt. Es ist der gemeinsame Schatz an Wertvorstellungen überhaupt, an Ideen und an Zielen, der hier prägend ist. Zu unterschiedlichen Zeiten wird dieser gemeinsame Schatz, von den verschiedenen Elementen in der Parteizusammensetzung unterschiedlich beeinflußt, aufgenommen, weitergetragen. Das variiert zwar, aber insgesamt wird der gemeinsame Schatz an Vorstellungen und Auffassungen immer von genügend vielen Leuten in der Partei weitergetragen und weiterentwickelt."*

Auch die anderen Führungsleute der FPÖ in der Haider-Ära sind im wesentlich der Meinung, daß die programmatische und inhaltliche Kontinuität, auch über den Bruch des Jahres 1986 hinaus, gewährt wurde. Heide Schmidt etwa, seit 1988 Generalsekretärin und von Jörg Haider an die Spitze der Partei geholt, meint, es sei *"unzulässig"*, von einer neuen Partei seit dem Innsbrucker Parteitag zu sprechen. Sie, die in der öffentlichen Meinung eher als Vertreter des urbanen, liberalen Flügels der Partei gilt, betont vier Jahre nach dem Innsbrucker Parteitag von 1986, ebenso wie Jörg Haider oder Gerulf Stix, daß sich das Programm über den Obmannwechsel hinaus nicht verändert habe. Überdies meint sie auch, daß sich auch in den unteren Strukturen nicht allzuviel verändert habe, da kein Austausch der Funktionäre stattfand. Die wesentliche Änderung besteht nach Ansicht der Generalsekretärin darin, *" daß man innerhalb der FPÖ seit 1986 darangegangen ist, die programmatischen Aussagen auch wirklich umzusetzen und sie so darzustellen, daß der Staatsbürger begreift, worum es geht".* Auch Heide Schmidt sieht den Leistungsgedanken als zentralen Punkt der freiheitlichen Programmatik. Sie meint, daß dieser deshalb mehr denn je gefragt sei, *" weil die Struktur, die wir im Staate haben, leistungsfeindlich ist".* Ein Gutteil der neuen Wähler der FPÖ, die nach 1986 zum Sympathisantenkreis der Partei gestoßen sind, gibt nach Ansicht Schmidts deshalb ihre Stimme für die Freiheitlichen ab, da ihnen dieser Leistungsgedanke wichtig ist. Sie würden mit ihrem Votum für die FPÖ gegen die leistungsfeindliche Atmosphäre in Österreich protestieren. Wert legt Heide Schmidt allerdings darauf, daß die Freiheitlichen nicht nur Protestwähler anziehen. Wörtlich meint sie zu dieser Problematik: *"Natürlich ist ein guter Teil Protestwähler dabei, die sich einfach abwenden von den anderen Parteien und sich daher uns zuwenden. Nur glaube ich, daß man üblicherweise anders protestiert, wenn man keine echte Alternative sieht, man zieht sich dann nämlich einfach zurück, man tut nicht mehr mit und sagt, die können mich alle gern haben da oben, mit denen will ich nichts mehr zu tun haben. Sobald man sich aber entscheidet, jemandem die Stimme zu geben, hat man eine inhaltliche Entscheidung getroffen. Das heißt also, es mag sein, daß das Motiv der Verweigerungshaltung gegenüber den anderen Parteien im Protest liegt. Ein viel stärkeres Motiv liegt aber in der Entscheidung für eine inhaltliche Ausrichtung, in dem Moment, da ich mich entscheide, einer anderen Gruppierung, eben den Freiheitlichen, meine Stimme zu geben."*

Die wesentliche inhaltliche Perspektive, die die Freiheitlichen den kritischen Bürgern der Republik zu geben vermögen, sieht Heide Schmidt darin, daß die FPÖ für eine offene Gesellschaft und gegen die diversen Abhängigkeiten des Staatsbürgers eintritt. Wörtlich meint sie dazu: *"Man muß sich bewußt sein, daß die Freiräume heute mit ganz anderen Mitteln beschnitten werden, als sie früher beschnitten wurden. Man muß daher eine*

Bestandsaufnahme der Instrumente machen, mit welchen solche Abhängigkeiten geschaffen werden. Sobald man diese Instrumente erkannt hat, muß man darangehen, diese Instrumente entweder abzuschaffen oder umzustrukturieren. Ein wesentliches Instrument, das wissen wir alle, ist die Parteizugehörigkeit, ist konkret das Parteibuch, das eben den Ausschlag gibt und sozusagen den freien Zugang zur Wirtschaft, zum Wirtschaftsleben behinderte, den freien Zugang zur Wohnung blockierte. Wenn man hier umstrukturiert, so daß man den Parteien und dem Staat Kompetenzen wegnimmt, so haben wir für den Bürger etwas erreicht, indem wir ihm mehr Bewegungsfreiheit zurückgeben." Als Beispiel nennt Schmidt dafür das Objektivierungsmodell für den öffentlichen Dienst, wie es unter dem neuen Landeshauptmann Jörg Haider in Kärnten geschafften wurde. Neben der Parteientpolitisierung im weitesten Sinne bezeichnet die Generalsekretärin aber die Deregulierung schlechthin als ein wesentliches Anliegen der Freiheitlichen. *"Der Staat hat sich in den letzten Jahren und Jahrzehnten Kompetenzen angeeignet, die ihm meiner Meinung nach nicht zustehen"*, erklärt die freiheitliche Generalsekretärin. *"Wir müssen wieder dort hinkommen, daß der Staat nur jene Aufgaben übernimmt, die der Private nicht besser machen könnte. Ein Zurückdrängen des Staates und Privatisierung ist für mich*

Mit Generalsekretärin Heide Schmidt und Klubomann Norbert Gugerbauer, verfügt Jörg Haider über ein dynamisches Team für die politische Erneuerung Österreichs.

nicht nur ein Mittel der Geldbeschaffung, sondern ein dynamisches Prinzip zu einer freieren Gesellschaft überhaupt."

Auch Norbert Gugerbauer, der in den ersten beiden Jahren der Obmannschaft Jörg Haiders der Partei als Generalsekretär diente und seit 1988 die Führung des Nationalratsklubs innehat, sieht die inhaltliche Kontinuität in der FPÖ über den Parteitag von 1986 hinaus gewahrt. Wenn er die Ära vor dem Innsbrucker Parteitag mit der danach vergleicht, fällt ihm ein *"böser Vergleich"* ein. Er meint, man könne die Politik der bundesdeutschen Sozialdemokraten gegenüber der DDR, die in den vergangenen Jahren allzu lange vom *"Wandel durch Anbiederung"* geprägt war, vergleichen mit jener Strategie, die die österreichischen Freiheitlichen allzulang gegenüber den Altparteien gehandhabt hatten. In der Ära Friedrich Peters und in der Norbert Stegers habe man gemeint, man müßte auf die Sozialistische Partei insbesondere zugehen, um salonfähig zu werden. Wörtlich erklärt Gugerbauer dazu: *"Die Versuche, sich anderen unterzuordnen, haben zuviel an eigener Programmatik verschüttet und damit das eigene Profil weitgehend verschwommen gemacht."* Insgesamt sieht Norbert Gugerbauer, der neben Gerulf Stix und Friedhelm Frischenschlager wohl zu den wesentlichen

Als Oppositionsführer muß Jörg Haider natürlich auch Kontakt zu Repräsentanten des Auslands halten (im Bild bei einem Frühstück mit dem sowjetischen Botschafter in Wien).

Vätern des Parteiprogrammes von 1985 gezählt werden kann, die inhaltliche Linie der FPÖ in größeren historischen und europäischen Dimensionen. Er meint dazu: *"Die Freiheitliche Partei verkörpert die besten Ideen, die die Freiheitsbewegungen in Europa hervorgebracht haben. Wir beziehen uns ja immer wieder und auch bewußt auf die Tradition von 1848. Nun wurde das Jahr 1989 vielfach mit 1848 verglichen. Bei uns geht es primär um die inneren Reformen: Wenn Ungarn, wenn die CSSR oder wenn Polen ihre verstaatlichte Industrie in private Hände überführen, dann ist es völlig unverständlich, daß Österreich einen so großen verstaatlichten Sektor hat. Wenn in der DDR oder in Bulgarien die Vorrechte der bisherigen politischen Bonzen abgeschafft werden, dann ist es unverständlich, warum man in Österreich weiter Multifunktionäre und Privilegienritter an der Macht beläßt. Hier gibt es zweifellos nicht nur historische, sondern auch ganz aktuelle gesamteuropäische Parallelen, und ich glaube, daß die Freiheitliche Partei aus diesen Parallelen auch einiges an Dynamik schöpfen kann."*

"Gedenkjahr" und die Diskussion um eine "Mißgeburt"

Wer die inhaltlich-weltanschauliche Entwicklung der FPÖ unter Jörg Haider in den Jahren zwischen 1986 und 1988 analysieren will, kommt nicht umhin, sich die Aussagen Jörg Haiders und der übrigen Spitzenfreiheitlichen zum *"Gedenkjahr"* 1988 näher anzuschauen. Nachdem die 50. Wiederkehr des Anschlusses Österreichs an das Deutsche Reich im Jahre 1938 von den Regierenden und den etablierten Meinungsmachern sozusagen als Schlußstein der Umerziehung konzipiert worden war, war umso interessanter, wie sich die freiheitliche Opposition dazu äußern würde. Erstens deshalb, da die FPÖ als politische Partei des Dritten Lagers, und damit als Traditionsträger der deutsch-nationalen Ideen im Lande, naturgemäß einen anderen Standpunkt annehmen mußte als Sozialisten, Volkspartei oder gar Grün-Alternative. Zum andern auch deshalb, da die Vorläuferorganisation der Freiheitlichen, der *"Verband der Unabhängigen"*, im Jahre 1949 auch als politische Vertretung jener minderbelasteten ehemaligen Natonalsozialisten ins Leben gerufen worden war, die nach Kriegsende aller bürgerlichen Rechte beraubt wurden. Diese beiden Faktoren machen die FPÖ sui generis zu einer Gruppierung, die gegen das offizielle Geschichtsbild der Zweiten Republik, das Österreich allein als Opfer des Nationalsozialismus darstellt und sich von den Deutschen insgesamt völlig abgrenzt, ankämpfen muß.

Die zentralste und fundierteste Aussage, die von der freiheitlichen Parteispitze zum *"Gedenkjahr"* kam, war zweifellos der Vortrag, den Parteichef Jörg Haider am 2. Februar 1988 im Klagenfurter Konzerthaus bei einer Veranstaltung des von Kriemhild Trattnig präsidierten *"Hanns-Rader-Bildungswerkes"* hielt. Im Wortlaut erklärte Haider damals:

"Gedenken hat für uns in erster Linie etwas mit Nachdenken zu tun. Gedenken nicht im Sinne des Kultivierens von irgendwelchen Schuldzuweisungen, sondern im Sinne von Nachdenken.

Ein Nachdenken über die Frage, was führte denn wirklich zum Verlust der Eigenstaatlichkeit dieser erst 1918 ins Leben gerufenen Republik Österreich, von der man gesagt hatte, sie sei der Rest, der übriggeblieben ist. Was sind denn wirklich die Ursachen für die dunkle und dramatische Entwicklung in diesem Österreich zwischen 1918 und 1938 und im Zuge des Zweiten Weltkrieges? Fragen, die aus vielerlei Gründen nicht einfach beantwortet werden können. Vor allem nicht, wenn wir dazu Stellung nehmen, aus der Sicht des Besserwissers. Man sollte vielmehr den Versuch unternehmen, historisches Material zusammenzutragen, um eine korrekte Auseinandersetzung zu ermöglichen. Dabei gilt es, sich einmal die Frage zu stellen, ob denn Österreich und seine Bürger von den Ereignissen des März 1938 wirklich so überrumpelt wurden, wie heute oft gesagt wird. War es also eine reine Okkupation, die überraschend gekommen ist, die die Österreicher nicht wollten? Sind sie wirklich jene Unschuldslämmer, wie man in der Geschichtsschreibung nach 1945 behauptet hat? Oder war es einfach die Normalität des Praktischen, daß man in einer politisch, sozial und finanziell aussichtslosen Situation die Flucht nach vorne angetreten hat?

Ich glaube, daß man der Betrachtung des Jahres 1938 nur dann gerecht wird, wenn man wirklich bereit ist, nicht aus der politischen Position des einzelnen den Versuch der Rechtfertigung für die eigene Rechtsanschauung und für die eigene politische Gruppe vorzunehmen, sondern wenn man den Mut hat, eine Art Anatomie dieser Ereignisse zu erstellen. Und das ist vielleicht gerade in der derzeit stattfindenden historischen und politischen Bewertung der Ereignisse des Jahres 1938 notwendig. Notwendig ist es auch aus der Sicht der Vertreter des Dritten Lagers in Österreich, weil es eine nicht unbeachtliche Anzahl sehr einflußreicher Persönlichkeiten im wissenschaftlichen, aber auch im parteipolitischen Leben in Österreich gibt, die sich selbst zu so etwas wie Heilsaposteln der österreichischen Geschichte gemacht haben, die nicht Geschichtsbetrachtung im Sinne des Auffindens von historischen Vorgängen und Zusammenhängen vornehmen, sondern die das Gedenken an 1938 ausschließlich dazu benützen, "Trauerarbeit" für die Österreicher zu verordnen oder um sie anzuweisen, ein Büßerkleid anzuziehen, damit es zu einer kollektiven Schuldübernahme kommt. Es ist auch bezeichnend, daß bei den vielen Veranstaltungen, die bisher zum Thema 1938 stattgefunden haben, immer wieder dieselben Gruppierungen jener Vergangenheitsbewältiger auftreten, die Anklage erheben wollen, anstatt sich der historischen Wahrheitsfindung verpflichtet zu fühlen.

Es ist bedenklich, daß nicht die Opfer über diese Zeit reden, sondern daß es vielfach heute bereits die Wohlstandskinder unserer Tage sind, die Anklage erheben. Eine Anklage, als würde man es viel besser wissen, wie man sich zu verhalten gehabt hätte. Otto Schulmeister hat in einem sehr beachtlichen Beitrag in einem Buch, das zu diesem Thema erschienen ist, einmal gesagt, jeder, der heute urteilt, soll doch einmal nachdenken, wie glücklich viele der Generation, die diese Zeit erlebt haben, sind, weil nun die Entscheidung zwischen Leben und Gewissen versöhnlicher gestaltet wird. Ich meine, daß da sehr viel Wahres an dieser Aussage von einem Menschen wie Schulmeister, der es sich selbst ja gerade in der Aufarbeitung der jüngsten Vergangenheit niemals leicht gemacht hat, dran ist.

Vergangenheitsbewältigung hat bedauerlicherweise schon vom Wort her etwas mit Gewalt zu tun. Man will der Vergangenheit, der Geschichte, Gewalt antun. Und genauso scheint es in manchen Beiträgen, die in letzter Zeit erschienen sind oder die auch medial sehr stark behandelt werden, der Fall zu sein. Wir haben zwar einen staatlichen Rundfunk, aber da wird ja peinlich korrigiert zwischen dem, was die Bürger hören dürfen, und dem, was nicht für ihre Ohren bestimmt ist. Diese Vergangenheitsbewältigung im Sinne von Gewalt antun ist nicht das, was wir erstreben. Wir können dem vielleicht entgegensteuern, da es noch sehr viele Zeitzeugen gibt, die zur Verfügung stehen, um aus ihrer Distanz in reifer Betrachtung der Ereignisse für uns Jüngere die richtige Schlußfolgerung zu ziehen. Notwendig ist dies vor allem im Hinblick auf eine Klarstellung gegenüber den Jüngeren, nach-

dem ja die Schule als Bildungsinstitution und bei der Vermittlung historischer Ereignisse und historischen Wissens auf jeden Fall sicherlich kläglich versagt hat.

Wir wollen also nicht Geschichte in unserem Sinne schreiben, wir wollen aber eine Funktion bei der Ermittlung der historischen Wahrheit im Zusammenhang mit den sehr komplexen, tragischen und historisch belasteten Ereignissen wahrnehmen. Man muß daher im Sinne des Auffindens dieser historischen Wahrheit die Bereitschaft haben und, zwar in allen politischen Lagern, die bestehenden Vorurteile über diese Zeit abzubauen, damit man frei urteilen kann. Das heißt, daß man sicherlich auch die Fehler, die Irrtümer richtig deutet, ohne aber mit dem Augenzwinkern die jeweilige politische Gruppierung oder Vorgängerorganisation aussparen zu wollen. Eines aber gilt es zu verhindern, daß aus dem Gedenken an den Anschluß 1938 und die damit zusammenhängenden schweren Konsequenzen für Österreich mehr oder weniger die Veranstaltung eines Femgerichts wird, wie das Frau Prof. Weinzierl offenbar plant, in der die geschichtslose Generation als Geschworene aufgeboten wird. Ich meine also, daß geschichtliche Wahrheit die Chance dieser Republik ist, die Zukunft zu gewinnen und zu gestalten. Eine Zukunft, die auch bei dieser Republik nicht selbstverständlich ist. Was nützt es uns, wenn wir die Geschichte richtig erkennen, aber die gleichen Fehler wieder machen. Gerade die letzten Wochen haben uns das auch deutlich gemacht, wie wenig das moralische Fundament unserer Republik in Ordnung ist.

Da geht es nicht um die Frage, ob Österreich nun ein eigener Staat sein soll oder ob man sich auch ethnisch zu seiner Volksgruppe bekennen darf. Heute geht es auch darum, was denn diese Republik für eine Entwicklung nehmen wird und wieweit die demokratische Legitimation durch den Bürger gegenüber der Republik, den verfassungsmäßigen Einrichtungen, wie Regierung und Parlament, noch gegeben ist. Wenn es zu keiner glücklichen Gesundung an Haupt und Gliedern und zur Beseitigung der vielfältigen Skandale, die ihre tiefen Wurzeln in der Verflechtung von politischer Macht und Wirtschaft haben, wo wir eine politische Schmarotzergesinnung züchten, kommt, dann sieht es kritisch aus für unsere Republik.

Wir werden daher neben der Betrachtung der historischen Ereignisse auch dafür sorgen müssen, daß Österreich eine neue Selbstachtung als Republik, daß aber auch die Vertreter dieser Republik mehr Selbstbewußtsein im öffentlichen Leben und in der politischen Auseinandersetzung brauchen. Dieses Selbstbewußtsein ist notwendig, und die Selbstachtung braucht die Republik, wollen wir sie davor bewahren, so wie seinerzeit die Erste Republik, zum beliebigen Aggressionsobjekt ausländischer Aktivitäten zu werden. Wie immer man zur Person des regierenden Bundespräsidenten steht, ob man ihn gewählt hat oder nicht, ob man ihn, so wie ich, einen schwachen Präsidenten nennt, man kann doch nicht darüber hinweg, daß es offenbar heute möglich ist, ein demokratisch gewähltes Staatsorgan ständig durch Rufmörder und Verleumder herabsetzen zu lassen, ohne daß es einen Aufschrei der Empörung in der österreichischen Öffentlichkeit gibt. Jene, die ja eigentlich die Chance hätten, als Gestalter der Medien auch einmal ein mutiges Wort an die Adresse jener ausländischen Akteure zu richten, die ja immer nur mit Unwahrheiten den Ruf dieses Landes am Beispiel unseres Staatsoberhauptes herabgesetzt haben, versagen kläglich. Daher gibt es die Gefahr einer Staatsverdrossenheit ganz besonderer Art, die letztlich schon einmal dazu geführt hat, daß diesen Staat niemand mehr haben wollte, weil man in der Politik keine Problemlösung entwickeln konnte. Daher gilt es, Ordnung im Jahre 1988, Ordnung im politischen System, aber auch Ordnung in der eigenen Geschichte zu schaffen.

Das Jahr 1938 und die Ereignisse danach können nicht betrachtet werden, ohne den größeren historischen Zusammenhang mit den Jahren davor bis 1918, ja sogar bis zur bürgerlichen Revolution 1848 darzustellen. Denn wir wissen, daß diese Erste Republik im Jahre 1918 für viele ein Fremdkörper gewesen ist. Der Zerfall der Monarchie, das Überbleiben der deutschen Kronländer, die sich mehr oder weniger durch freiwillige Akte der Landtage zu einem gemeinsamen Staat zusammengefunden haben, waren nicht von großer Legitimität getragen. Wir wissen, daß dieser Staat der Rest eines Weltreiches, eines Nationalitätenstaates war, in dem durch Jahrhunderte hindurch die deutschen Kaiser, das deutsche Kaiserhaus der Habsburger geherrscht hat. Bis zum Jahre 1806 hatte dieses Österreich auch eine weit über seine eigentlichen Hoheitsgebiete hinausgehende Funktion in der gesamtdeutschen Entwicklung übernommen. Österreich, das bis zum Jahre 1866, und das darf man nicht vergessen, im Deutschen Bund eine führende Rolle gehabt hat, zeitigte dadurch auch bei den Menschen in Restösterreich nach 1918 ein anderes Selbstverständnis von den Zusammenhängen und von der Geschichte.

1918 war dann nur mehr ein isolierter Kleinstaat übriggeblieben, dem es an der Identität mangelte, weil in dieser Zeit eine starke Tendenz zur Bildung von Nationalstaaten vorhanden war. Jeder wollte seinen eigenen nationalen Staat nach dem Zerfall der Monarchie haben, wodurch man sich zwangsläufig auch in Österreich daran erinnerte, welch wesentliche Funktion auch führende Österreicher, wie ein Erzherzog Johann 1848 in der Paulskirche, beim ersten Versuch der großen Einigungsbewegung, gespielt haben. So gab es nach 1918 wieder eine Belebung jener Tradition, die man dadurch beschreiben könnte, daß nun die Reichsidee, die durch Jahrhunderte das Bewußtsein der Menschen geprägt hatte, wieder als verheißungsvolle Vision auferstand und daß man diesem Reich gegen den Bolschewismus auch eine Bollwerkfunktion zuordnen wollte.

Der Salzburger Historiker Professor Fellner sagt, hätte sich der Anschluß als Folge eines katholischen Universalismus vollzogen oder wäre er in Ausführung einer sozialdemokratischen Revolution verwirklicht worden, Geschichtswissenschaftler hätten heute keine Schwierigkeiten, die nationalpolitische Diskussion der Zwischenkriegszeit historisch einzuordnen. Die Faszination des Reichsgedankens hatte alle politischen Lager und Parteien nach 1918 erfaßt. So ist es etwa eine Tatsache, die in wenigen historischen Büchern bisher verankert worden ist, daß der österreichische Gesandte in Berlin im Jahre 1918 Protest bei der Regierung der Weimarer Republik erhoben hat, weil ursprünglich daran gedacht war, der Weimarer Republik die kleindeutschen Farben als Staatsfarben zu verordnen, das waren die preußischen Farben. Der österreichische Gesandte hat es als einen unfreundlichen Akt gegenüber Österreich bezeichnet, wenn man die kleindeutschen Farben als Reichsfarben in der Weimarer Verfassung erklären würde. Es hat daher dann auch eine Änderung gegeben, und man ist wieder zu den Farben der bürgerlichen Revolution von 1848 zurückgekehrt, wie sie heute noch in den Staatsfarben der Bundesrepublik erhalten sind.

Er war kein Geringerer als Otto Bauer, der in der sozialistischen Tradition so hochgelobt wird, der erklärte, daß die Sozialdemokratie nichts zu schaffen habe mit dem Spuk des aus einem Gemisch aus Habsburgertradition und Barockkultur zusammengebrauten österreichischen Menschen. Und es war jener Otto Bauer, der aus Protest im Jahre 1919, als die Siegermächte das Anschlußverbot erzwungen haben, seine Funktion als Staatssekretär niederlegte, weil er damit nicht einverstanden gewesen ist.

Es war aber nicht nur das gemeinsame Anschlußdenken in allen Parteien, sondern auch eine Unfähigkeit der damaligen politischen Gruppierungen, mit der Demokratie ein Instrument der Problemlösung zu entwickeln, was zu den Ereignissen von 1938 führte. Die Demokratien in Europa waren wenig erfolgreich, etwa im Bekämpfen der Arbeitslosigkeit und rundherum gab es eher autoritäre Tendenzen.

Eine weitere Ursache waren die Reserviertheit der Sozialisten und der Druck des großdeutschen Lagers gegenüber dem Ständestaat, ein Ständestaat, der, man müßte fast sagen, so etwas wie das Aushängeschild des katholisch-konservativen Lagers war.

Die Weltwirtschaftskrise verschärfte auch das soziale Klima. Eine halbe Million Arbeitslose, eine wachsende Anzahl Ausgesteuerter, der Verlust der Bauernhöfe und das Infragestellen der demokratischen Institution prägten die Lage nach dem Beginn des Ständestaates im Jahre 1933, und nach der Ausschaltung des Parlaments gab es ja eigentlich nicht einmal mehr das gemeinsame demokratische Fundament in dieser Republik. Es ist daher notwendig aufzuzeigen, daß gerade im Zusammenhang mit der Ausschaltung der Demokratie in Österreich auch die Rolle des Dritten Lagers, also jener Vorgängerbewegung der heutigen Freiheitlichen Partei, neu interpretiert werden müßte. Sehr ungern erwähnen es parteipolitisch orientierte Historiker, daß dieses Dritte Lager eigentlich eine sehr demokratische Rolle gespielt hat. Das Dritte Lager hatte keine paramilitärischen Verbände gegründet. Es gab keinen Schutzbund wie bei den Sozialisten, es gab keine Heimwehr wie bei der Christlich-Sozialen Partei, das Dritte Lager hatte keine Bürgerkriegsformationen. Unsere Vorläufer waren es auch, die bis zum Schluß die Demokratie in Österreich wiederzubeleben versuchten. Ich darf daran erinnern, daß der Dritte Na-

tionalratspräsident, der großdeutsche Abgeordnete Straffner, am 15. März 1933 noch einen Versuch gemacht hat, das Parlament, das nach Hause geschickt wurde, wieder einzuberufen, um die Demokratie gegenüber dem Dollfußregime in Gang zu halten. Damals waren es die Entscheidungen eines Dollfuß, die es ermöglicht haben, daß die Polizeigewalt in Österreich das Regiment übernahm.

Will man die Haltung der Österreicher beim Anschluß selbst beurteilen, ist es interessant, wie sich auch vor der Abstimmung der frühere Staatskanzler Dr. Renner, der spätere Bundespräsident der Zweiten Republik, geäußert hat. Seine Erklärung, für den Anschluß zu stimmen, war zweifellos für viele Österreicher sozialdemokratischer Prägung maßgeblich.

Aber es ist auch interessant, welche Überzeugung die Bischöfe geäußert haben. Wenn die Bischöfe vor der entscheidenden Volksabstimmung im April 1938 eine feierliche Erklärung veröffentlicht haben, die von Kardinal Innitzer mit "Heil Hitler" unterzeichnet wurde, so wird das für die Katholiken des Landes von großer Bedeutung gewesen sein.

Es ist ja verständlich, wenn in geschichtlichen Darstellungen dann gesagt wird, daß der Anschluß zwar mit militärischen Mitteln erfolgt ist, daß er aber eigentlich ein Blumenfeldzug war.

Das alles rundet das Bild ab und verdeutlicht, warum eigentlich die Ereignisse von 1938 nicht in eine Schuldzuweisung an das eine oder andere politische Lager ausarten, sondern nur in einer gerechten Beurteilung der Vorgänge und damit auch der menschlichen Situation bestehen sollte. Zuerst hat Öster-

reich die Demokratie preisgegeben, und dann ist es in sich selbst zerfallen.

Auch ist bedeutsam, wie wenig international dieser Anschluß die einstmals so energisch auf das Anschlußverbot bestehenden Siegermächte berührte. Als er vollzogen war, protestierte offiziell nur Mexiko. Dann Chile ein paar Tage später, wieder ein paar Tage später China und die UdSSR. Gratulationen kamen von Italien und Jugoslawien. Bereits am 2. April 1938 meldete sich der britische Botschafter Henderson in Wien und überbrachte Hitler die Note der britischen Regierung, die darin bestand, daß man die Auflösung Österreichs diplomatisch zur Kenntnis nahm und gleichzeitig die damals noch bestehende Gesandtschaft in ein Generalkonsulat umwandelte, weil das ja der untergeordneten Funktion der Ostmark nun entsprach.

Wir haben heute eine große Chance: Diese Zweite Republik ist heute ein Staat, den jeder will. Ein Staat, der nicht mehr von seiner Notwendigkeit, aber auch nicht als Gemeinwesen für alle, die darin leben, in Frage gestellt wird. In Frage gestellt wird allerdings die Identität, die die Österreicher mit diesem Staat verbindet. Wiederholt bin ich in der letzten Zeit von ausländischen Journalisten gefragt worden, ja was sagen Sie zur Identitätskrise Österreichs? Ich habe immer gesagt, wir haben keine Identitätskrise, denn wir sind überzeugt, daß es keine Alternativen zur Demokratie gibt. Wir sind überzeugt, daß die Legitimation unseres politischen Systems nur darin bestehen kann, daß es neben der rechtsstaatlichen Verfassung auch eine ausgewogene Sozialordnung gibt.

Ich bin aber überzeugt, daß gleichzeitig mit der richtigen Aufarbeitung der historischen Vorgänge bis zum Untergang der Ersten Republik ein neues Selbstbewußtsein und eine neue Zukunftsorientierung für unsere heutige Republik aufgebaut werden muß, eine Zukunftsorientierung, die auch so etwas wie einen Patriotismus umfassen muß. Einen Patriotismus, den man aber nicht verordnen kann, der wachsen muß mit der Überzeugung, daß es wieder verläßliche Institutionen und politische Einrichtungen, daß es wieder Sauberkeit und Ordnung in diesem Land als Grundprinzip für unsere Zukunft gibt. Und das muß vor allem auch eine Anerkennung der Leistung jener Österreicher beinhalten, die viel für die Republik getan haben, und nicht für jene, die etwa auf die Loslösung eines wesentlichen Teiles der Republik hingearbeitet haben, die aber in den letzten Jahren zu Hunderten mit Orden vom Bundespräsidenten ausgezeichnet wurden.

Gelingt uns dies, dann sind wir nicht jene "Delogierten aus der eigenen Geschichte", wie es uns schon einmal unterstellt wurde. Österreich hat immer im Zusammenhang mit dem Werden und Untergehen des gemeinsamen Europa eine Sonderrolle gespielt. Wir haben in früheren Zeiten eine große Sonderrolle gespielt. Wir können heute als gefestigte kleine Demokratie inmitten Europa eine kleine Sonderrolle spielen. In Richtung des Aufbaues eines gemeinsamen Europas, das mehr ist als nur eine wirtschaftliche Organisation, ein Europa, das wirklich das Ziel hat, vom Atlantik bis zum Ural in Freiheit und Rechtsstaatlichkeit zu bestehen."

Insgesamt brachte das *"Gedenkjahr"* 1988 viele betuliche Sonntagsreden, eine erschreckend große Anzahl von unhistorischen Sprachregelungen, ein mediales Trommelfeuer der Vergangenheitsbewältigung und schließlich eine Unmenge polemischer Anschuldigungen gegen das Dritte, nämlich nationalliberale Lager des Landes. Die Aussagen von freiheitlichen Spitzenfunktionären, daß die FPÖ nicht der *"Ex-offo-Verteidiger"* des

Dritten Reiches sei, ist zweifellos zuzustimmen. Andererseits enthielten sich gerade die FPÖ und das Dritte Lager auch im Jahre 1988 der Versuchung, in die gerade damals überaus modische Diffamierung der Kriegsgeneration miteinzustimmen. Man versuchte, einen Mittelweg zu finden, indem man den historischen Gegebenheiten einerseits entsprechen wollte und die Tragödie des zeitgeschichtlichen Geschehens nicht verniedlichte und andererseits als Freiheitliche, als Österreicher, aber auch als Angehörige der deutschen Volks- und Kulturgemeinschaft sich den eigenen historischen Traditionen nicht entfremden lassen wollte.

Die Versuchung war für Angehörige des Dritten Lagers in diesem *"Gedenkjahr"* groß, auf pauschale Angriffe mit gleicher Münze zu antworten. Wer etwa aus Dollfuß einen Märtyrer machen wollte - sein Bild hängt bekanntlich im Zeichen der Traditionspflege nach wie vor in den Parlamentsräumen der ÖVP -, sollte dies vielleicht sogar unwidersprochen tun können. Er sollte allerdings nicht vergessen, daß gerade für Dollfuß die Begriffe *"deutsch"* und *"nationalsozialistisch"* nicht identisch waren. Man sollte dann auch nicht vergessen, daß es gerade Dollfuß war, der dafür eingetreten war, daß Österreich seine Mission als zweiter, als besserer deutscher Staat erfüllen müsse.

Worum es den Freiheitlichen also in diesem Jahre ging, war es, vor allem den Boden aufzubereiten für jene dringend notwendige Differenzierung im Umgang mit historischen und politischen Begriffen, die gerne unterschiedslos in einen Topf geworfen wurden. Also: Wer sich von seiner nationalen Identität als Deutscher her begriff, muß deshalb noch lange nicht ein Befürworter des Anschlusses sein, wie er im Jahre 1938 vollzogen wurde. So mußte man etwa der Legende entgegenwirken, der seinerzeitige Anschluß an Deutschland wäre bloß ein aus wirtschaftlicher Not geborenes Trugbild der Ersten Republik gewesen.

Er war für die Zeitgenossen vielmehr nach dem Zerfall der alten Monarchie eine Selbstverständlichkeit gegen die allenfalls jene Bedenken hegten, die hofften, das Habsburgerreich könnte doch noch eine Restauration erfahren. Gerade diese Legitimisten hatten aber nicht von einer *"österreichischen Nation"* gesprochen, sondern von einem supranationalen österreichischen Staats- und Reichsgedanken. Es war eine Leistung der NS-Propaganda, derer sich die Umerzieher nach 1945 allzu gerne bedienten, unterschwellig den Eindruck verbreitet zu haben, wer den Anschluß wirklich wolle, müsse auch den Nationalsozialismus bejahen. National und schon gar nicht national-liberal war und ist allerdings alles andere als nationalsozialistisch.

Die Frage der "nationalen Identität" thematisiert

Den Höhepunkt dieser Diskussion zeitigte dann die Aussage Jörg Haiders in den *"Sommergesprächen"* des *"Inlandsreports"*, wonach die *"Österreichische Nation"* als *"ideologische Mißgeburt"* betrachtet werden müsse. Am Tag nach diesen umstrittenen Äußerungen erklärte der FPÖ-Chef in Klagenfurt auf einer Pressekonferenz: *"Wenn es einem Kärntner Slowenen erlaubt ist, sich als Angehöriger des slowenischen Volkes zu fühlen und dennoch ein guter Österreicher zu sein, wenn es einem Fred Sinowatz gestattet ist, sich als Kroate zu fühlen und doch als guter Österreicher, so muß es einem Jörg Haider erlaubt sein, sich als Angehöriger der deutschen Volks- und Kulturgemeinschaft zu fühlen und dennoch ein guter Österreicher sein zu dürfen."*

Diese ebenso maßvolle wie logisch erscheinende Aussage des FPÖ-Chefs konnte jedoch nichts an jenen mehr oder weniger unsachlichen Attacken ändern, die die Zeitungsschlagzeilen danach dominierten: Haider beleidige die Österreicher, Haider *"rührt an Grundfesten unserer Existenz"* usw. usw. Hingewiesen wurde dabei von den Gegnern der Freiheitlichen immer wieder auf das Gedenkjahr 1988, in dem man solch Dinge um Gottes willen nicht aussprechen dürfe, und auf Meinungsumfragen, wonach mehr als 90 Prozent der Bürger des Landes sich als *"Österreichische Nation"* verstünden. Weitgehend unbemerkt lief damals überdies über Monate hinaus seitens verschiedener staatlicher und insbesondere vereinspolizeilicher Organe eine Kampagne, die bei diversen Vereinen und Organisationen allein schon ein Bekenntnis zur deutschen Kultur als *"neonazistische Anschlußpropaganda"* inkriminierte. War und ist es also tatsächlich ein Verbrechen, sich als *"deutscher Österreicher"* zu bezeichnen?

Gegen die Lebenslüge der Zweiten Republik wonach man sich aus der Deutschen Geschichte einfach hinweg spielen könnte, trat Haider immer wieder mutig auf.

Was steht in der österreichischen Bundesverfassung über die Ethnie, also die Volkszugehörigkeit der Österreicher. Im Artikel 8 heißt es: *"Die deutsche Sprache ist unbeschadet der den sprachlichen Minderheiten bundesgesetzlich eingeräumten Rechte die Staatssprache der Republik."* Dies ist die einzige Aussage, aus der man zumindest von der sprachlichen Zugehörigkeit auf eine kulturnationale Identität der Mehrheit der Österreicher schließen kann. Als einzige im Nationalrat vertretene politische Partei haben die Freiheitlichen ein klares ethnisch-kulturelles Bekenntnis. In ihrem Parteiprogramm, das bekanntlich während der Regierungsbeteiligung der FPÖ beschlossen wurde, heißt es: *"Die bei weitem überwiegende Mehrheit der Österreicher gehört der deutschen Volks- und Kulturgemeinschaft an."*

Wenige Tage nach den Aussagen Jörg Haiders wurde dann in der Presse Bundespräsident Kurt Waldheim mit der Aussage zitiert: *"Haider hat mit diesen Aussagen die Grundfeste unserer Existenz angegriffen."* Abgesehen davon, daß Kurt Waldheim als junger Mann in seiner Doktorarbeit - sei es Opportunismus gegenüber dem NS-Regime oder war er der Überzeugung gewesen - engagiert großdeutsche Aussagen tätigte, konnte man in diesem Zusammenhang wohl fragen, wie der Bundespräsident nun also im Gedenkjahr 1988 zur Frage der deutschen Kulturnation stand. Unmittelbar vor den Präsidentschaftswahlen gab Waldheim der Zeitschrift der Freiheitlichen Akademiker-Verbände, der *"AULA"*, ein Interview, in dem er auf die Frage, wie er denn zum *"deutschen Volks- und Kulturbewußtsein"* vieler Österreicher stehe, folgendes antwortete: *"Die Bewahrung dieses Bewußtseins halte ich für richtig, weil es einen Teil der österreichischen geistigen und kulturellen Geschichte darstellt."* Damit hatte der nachmalige Bundespräsident in anderen Worten mehr oder weniger das ausgesagt, was Jörg Haider im Sommer 1988 dann betonte: *"Die Volkszugehörigkeit ist eine Sache, die Staatszugehörigkeit ist eine andere Sache."*

Es braucht an dieser Stelle nicht noch einmal betont zu werden, daß sich Jörg Haider und die Freiheitlichen als loyale Bürger der Republik Österreich und hundertprozentige Verfechter der Souveränität und Integrität ihres Heimatlandes bekennen. Dies konnte sie damals und kann sie heute aber nicht daran hindern, sich im Bewußtsein historischer, kultureller und ethnischer Gemeinsamkeiten als Angehörige der deutschen Volks- und Kulturgemeinschaft zu fühlen.

Von völligem Mangel an Geschichtsbewußtsein zeugte hingegen damals die wohl dümmste Aussage, die im Zuge der Diskussion nach Haiders Inlandsreport-Aussagen getätigt wurde: Ein sozialistischer Nationalratsabgeordneter, dessen Namen gnädig dem Vergessen anheim gestellt werde, erklärte öffentlich, er verstehe nicht, warum Haider überhaupt noch im Nationalrat sitze, wenn er die österreichische Nation ablehne. Daß dieser heutige österreichische Nationalrat im Jahre 1918 als Nationalrat der Deutschen in der Habsburger Monarchie ins Leben gerufen wurde und ihm gegenüber tschechische, ungarische, slowakische etc. Nationalräte stehen hätten sollen, daß das Wort *"national"* im Begriff Nationalrat sich also auf die deutschen Österreicher bezieht - Otto Bauer, Karl Renner, Friedrich Adler, schauts oba -, war diesem famosen Sozialdemokraten natürlich entgangen. Kaiser Karl hatte im Bestreben, den Zusammenbruch der Monarchie zu verhindern, nämlich seine Völker aufgerufen, im Rahmen des K. u. K.-Reiches Nationalräte zu bilden. Die Tschechen, die Slowaken, die Ungarn, die Kroaten und wie sie alle heißen mochten, und natürlich auch die Deutschen. Jene provisorische Nationalversammlung, die da also im Herbst 1918 im niederösterreichischen Landtag in Wien zusammentrat und die dann später den Namen Nationalrat annahm, war also der Nationalrat der Deutschen in Österreich.

Aber auch die in der Presse in der Folge der Haider-Aussagen getätigte Kritik, der steirische FPÖ-Chef Klaus Turek beispielsweise, berufe sich auf das *"Tausendjährige Reich"*, wenn er erklärte: *"Der Versuch, eine eigene österreichische Nation zu schaffen, ist der untaugliche Versuch sich von der gemeinsamen tausendjährigen Geschichte des deutschen Volkes zu verabschieden"*, war von kaum zu überbietender Infamie. Dabei sah man nämlich die wahre Absicht der meisten Verfechter jener separaten *"österreichischen Nation"*: Es ging ihnen gar nicht um die Identität der Republik und ihrer Bürger, sondern einzig und allein um die Diffamierung des politischen Gegners. Jeder der sich zur eigenen Geschichte und Kultur bekannte und bekennt, wurde und wird einfach zum *"Nazi"* gestempelt.

Dem sollte wohl auch ein *"Club 2"* dienen, den das Österreichische Fernsehen wenige Tage nach der haiderschen Äußerung von der österreichischen Nation als *"Mißgeburt"* veranstaltete. Da allem Anschein nach das Interesse an der von zweifelhaften *"Patrioten"* der linken Reichshälfte in den USA angeregten Fernsehserie *"Waldheim the Butcher"* auch beim ohnehin nicht verwöhnten Fußvolk der Alpenrepublik erloschen war, sollte eine neue Produktion her: Ungewollt sicher gab Jörg Haider das Stichwort dazu: *"Ideologische Mißgeburt"*. Andere machten sich flugs daran, um um das flott, aber treffend hingeworfene Wort ein Gruseldrehbuch zu ranken und daraus - so war es zumindest geplant - eine möglichst medienwirksame Serie zu gestalten, die mit einer Hinrichtung des freiheitlichen Oppositionsführers in der Fernseh-Talk-Show beginnen sollte.

Bereits die Zusammensetzung der Diskussionsrunde und die Auswahl des Moderators waren eher kurios: Es ist anzunehmen, daß der in so seltenem, gepflegtem Bühnendeutsch moderierende Axel Corti nach diesem *"Club 2"* kaum noch einmal die Lust geäußert hat, mit dem freiheitlichen Ketzer Jörg Haider die Klingen zu kreuzen. Wer immer mit Corti im ORF die Auswahl der seinerzeitigen Diskutanten getroffen haben mag, wird sich nachträglich an den Kopf gegriffen haben. Keineswegs zufällig hat der damalige sozialistische Zentralsekretär Heinrich Keller nach dem betreffenden *"Club 2"* gemeint, daß es ein journalistischer Skandal sei, daß Jörg Haider die Gelegenheit gegeben worden sei, über drei Stunden lang für seine Meinung vor einem breiten Publikum argumentieren zu können. Die betreffende Diskussion war jedenfalls summa summarum für den geschichtlich noch nicht völlig chloroformierten *"Österreichischen Fernseher Deutscher Nation"* von A bis Z ein Vergnügen, da alle, auch die gut vorbereiteten aber, schlecht gemeinten Unterbegriffe und Fangfragen gegenüber dem freiheitlichen Oppositionsführer nicht griffen.

Auch dort, wo in der *"Club 2"*-Diskussion die Argumente von Mitdiskutanten der Erörterung wert waren, etwa die des Historikers Gerald Stourzh, der eine Abgrenzungstendenz bis zu einer eigenen *"Österreichischen Nation"* hin zu erkennen glaubte und vertrat, war bestenfalls Meinung gegen Meinung gesetzt. Keineswegs jedoch kam es zu einer Widerlegung der haiderschen Argumente von der formenden Kraft der gemeinsamen Sprachen, der gemeinsamen Abstammung und Geschichte. Ein Gast aus der Schweiz, Francois Bondy, verstand überhaupt nicht, daß in Österreich über Selbstverständlichkeiten wie die ethnische Gemeinsamkeit mit den Deutschen derartiger Lärm gemacht werde, wo es doch für einen Deutschschweizer ganz klar wäre, daß er nun einmal ein Deutschschweizer ist und ein Genfer ein Französischschweizer. Ihm bleibe es unerfindlich, was an einem *"Deutschösterreicher"* besonders inkriminierendes dran sein sollte. Der junge Historiker Lothar Höbelt, der als einziger dem freiheitlichen Parteichef Flankenschutz gewährte, bemühte sich - vergeblich - um eine Begriffserklärung der Nation und ging danach wohl mit der Erfahrung nach Hause, daß eine entsprechende Klärung nicht von einer solchen medialen Auseinandersetzung erwartet werden kann. Klärung schien ja damals wie heute das letzte zu sein, was Verfechter einer eigenständigen *"Österreichischen Na-*

tion" brauchen könnten. So etwa die von der österreichischen Widerstandsbewegung ins Treffen geschickte Historikerin Helene Maimann, die Jörg Haider bei der *"Club 2"*-Diskussion mit glühenden Augen wohl am liebsten gefressen hätte, wenn sie nicht in ihrer Nervosität dauernd nach den Zigaretten gefummelt hätte. Ihr Eifer kam aber eher dem FPÖ-Chef zugute, da Haß kein wissenschaftliches Argument, sondern eben eine Emotion darstellt. Die beste Schützenhilfe bekam Jörg Haider allerdings aus einer Ekke, aus der sie keiner erwartet hätte. Jedesmal wenn Alfred Hrdlicka, nach eigener Aussage linientreuer Stalinist, zum Worte drängte, sagte er offen, was die Konstruktion *"Österreichische Nation"* so suspekt macht: Die These des linken Widerstands von der Befreiung Österreichs, die Hrdlicka bis zur Peinlichkeit hartnäckig vertrat - *" Stalin hat Österreich befreit, was er sonst getan haben mag, geht uns nix an"* -, bestätigte einerseits Hrdlickas goldenes Wiener Herz und andererseits zeigte es, was alles für angeheiratete Verwandte an der Wiege der *"Österreichischen Nation"* interessiert herumgestanden waren. Wohlvorbereitet vermochte Jörg Haider mittels zahlloser Zitate zu belegen, daß die deutsche Identität der Österreicher bis vor wenigen Jahren noch für Politiker aller Couleur eine Selbstverständlichkeit war. So etwa konnte er auf den seinerzeitigen Vorsitzenden der SPÖ, Bruno Pittermann, verweisen, der noch im Jahre 1964 vor dem Bund

Jörg Haider bei seiner ORF-Pressestunde im Herbst 1986 - Medien versuchten den Freiheitlichen immer wieder ein "braunes Mäntelchen" umzuhängen.

Sozialistischer Akademiker bekannt hatte: *"Auf die Frage, ob wir Deutsche oder Österreicher sind, wird die Mehrheit der Österreicher wie 1918 antworten: deutsche Österreicher. Wie es auch slowenische, kroatische, tschechische und magarische Österreicher gibt."* Mit Recht verwies der freiheitliche Oppositionsführer daher darauf, daß der *"österreichische Österreicher"* ein zu abstraktes Wesen wäre, um ernstgenommen zu werden. Es wäre eine *"Disneyland-Nation"*, die man einer Bevölkerung vorgaukeln kann, aber keinem Volk. Den Vogel abgeschossen hat der FPÖ-Chef aber dann, als er einen amtlichen Fragebogen präsentieren konnte, auf dem sich auch Simon Wiesenthal in den 50er Jahren als Angehöriger der Deutschen Nation und des deutschen Volkes bekannte. Telefonisch spätnachts befragt, konnte dies der Leiter des *"Jüdischen Dokumentationszentrums"* nur bestätigen. Insgesamt ergab der *"Club 2"*, daß man nicht einmal Haiders Wortwahl - die Aussage von der *"Mißgeburt"* - kritisieren kann, hat sie doch einen Medienaufwand von größtem Ausmaß verursacht, der nach dem ORF-Werbetarif einfach unbezahlbar wäre. Und Jörg Haider hatte dabei auf allen Linien gepunktet.

Der Wiener Korrespondent einer der größten bundesdeutschen konservativen Tageszeitungen (*"Die Welt"*) schrieb dazu folgendes: *"Mitten in die Wiener politische Sommerflaute hat der Vorsitzende der Freiheitlichen Partei, Jörg Haider, einen Stein geworfen, der beträchtliche Wellen verursachte. Er hat den Begriff der Österreichischen Nation als eine ideologische Mißgeburt bezeichnet. Haider ließ keinen Zweifel, daß er die Österreicher ihrer Volkszugehörigkeit nach selbstverständlich als Deutsche betrachte. Er vergaß aber nicht zu betonen, daß er und seine Partei sich natürlich zur Eigenstaatlichkeit Österreichs bekennen. Dennoch fielen die Sozialisten, Christdemokraten, Grünen und Kommunisten postwendend einträchtig über Haider her: Er sei ein ewig Gestriger und Rechtsradikaler. Die Jugendorganisa-*

tion der ÖVP, töricht genug, forderte ihn sogar auf, sich für dieses Sakrileg zu entschuldigen. Nun besteht kein Zweifel, daß die Frage, ob sie sich als Nation fühlen oder nicht - und wenn ja als welche -, ausschließlich von den Österreichern selber entschieden werden kann. In diesem Sinne ist die Nationalität, wie einst ein Franzose sagte, tatsächlich ein tägliches Plebiszit. Gerade wenn das so ist, bleibt festzuhalten, daß die Österreicher sich bis in die jüngste Vergangenheit durch und durch als Deutsche gefühlt - und historisch als solche gehandelt haben. Noch zu Beginn des 19. Jahrhunderts galt Wien als die Hauptstadt der Deutschen - und Österreich war bis zu seinen durch Bismarck erzwungenen Ausscheiden 1866 Führungsmacht des Deutschen Bundes. Kaiser Franz Joseph bezeichnete sich als deutscher Fürst, und die österreichische Sozialdemokratie betrachtete sich bis in den Zweiten Weltkrieg hinein als Teil der deutschen Arbeiterbewegung. Wo also will man hier deutsch von österreichisch trennen? Es gibt in Österreich eine sudetendeutsche Landsmannschaft - und niemand würde behaupten, ihre Mitglieder seien keine guten Österreicher. Selbst wenn sie Nordtiroler als Angehörige der österreichischen Nation empfinden sollten - die Südtiroler Bauern und Bürger jenseits der Brennergrenze bezeichnen sich als Tiroler - und als Deutsche, kaum aber als Österreicher. Die deutschsprechenden Bewohner Kärntens nennen sich Deutschkärntner im Unterschied zu den Kärntner Slowenen. Den Österreichern kann niemand ihr eigenes Nationalgefühl und das Recht auf einen eigenen Staat nehmen. Es wäre allerdings absurd, sollte man Österreichs Zugehörigkeit zur deutschen Geschichte bezweifeln."

Und Otto Schulmeister, damals noch Herausgeber der renomiertesten österreichischen Tageszeitung und Doyen der österreichischen Journalistik, äußerte in einem Kommentar, *"daß der ambitionierte Jungpolitiker ein heikles Thema berührte. Dabei wirkt jener Begriffsstreit um Volks- oder Staatsnation hinter dem Horizont der EG, auf die man zustrebt, anachronistisch. Doch davon ist unsere Innenpolitik randvoll. Was erklärt also die Überreaktion? Denn daß die Österreicher heute ihren Staat wollen, wer kann das im ernst bezweifeln? ... Von Anfang an trägt die österreichische Nation den Geburtsmakel des Opportunismus an sich, so gut es jene gemeint haben mögen, die glaubten, damit einen Schlußstrich unter unsere Vergangenheit von 1848 bis 1938 zu ziehen. Als letztproklamierte Nation in Späteuropa schied man sich ja auch von dem, was an Haß, Selbsthaß und Beihilfe zum Massenmord von Altösterreichs Untergang ausgegangen ist.*

Die Toten sollten Tote begraben? Nun haben sie uns eingeholt ... Jetzt kommt wieder ein Stück Lebenslüge zum Vorschein. Auch das Jahrtausend von Größe und Elend inmitten der deutschen Welt wollte man wie einen Schatten verkaufen. Die DDR auf sozialistisch, wir als austriakisch-national fanden es bequem, Bonn bekennen und zahlen zu lassen. Ein Schöpfungsakt ist da und dort nicht daraus geworden. Die Menschen in Österreich haben so nie gelebt, auch nie überlebt. Heftpflaster ist keine Therapie mit Erfolg. Um frei zu werden, müssen wir ernster mit der Wahrheit umgehen."

Daß Jörg Haider mit seiner Aussage, wonach die *"Österreichische Nation"* eine *"ideologische Mißgeburt"* sei, diesen Drang der Österreicher, gerade im *"Bedenkjahr"* 1988 ernster mit der historischen Wahrheit umzugehen, getroffen hatte, bewiesen die zahllosen positiven Reaktionen auf seine Argumentation. Resümierend erklärte er selbst dazu wenige Wochen später auf dem Villacher Parteitag im Oktober 1988: *"Ich weiß schon, es gab viele schwierige Situationen in den zwei Jahren. Manchmal haben auch die Funktionäre zu Recht gezittert, haben gesagt, na, was macht er denn jetzt schon wieder, dieser Parteiobmann, wenn das nur gutgeht. Ich gebe es schon zu, auch die Diskussion um die*

Österreichische Nation war eine solche Frage. Aber erstmals nach 40 Jahren, meine Freunde, haben wir doch die Gelegenheit gehabt, in umfassender Weise, wenn auch in einer harten Auseinandersetzung, deutlich zu machen, was wir unter unserem Volkstumsbekenntnis verstehen. Und es muß doch möglich sein, daß man ein guter, vorbildlicher Österreicher ist, wenn man sich gleichzeitig zu seiner deutschen Volks- und Kulturgemeinschaft bekennt. Das darf doch nicht verboten sein. Ich bin Jahrgang 1950. An meinem Bekenntnis zu Österreich und zu diesem Land braucht doch wirklich niemand einen Zweifel zu haben. Das war das Problem einer anderen Generation, die in der Ersten Republik in einem Staat lebte, den eigentlich keiner wollte. Ich, wir alle wollen dieses Österreich und nichts anderes. Aber was wir wollen ist, daß wir in diesem Land in wirklicher Freiheit Bekenntnisse ablegen dürfen, die der stolzen Tradition und der geschichtlichen Auffassung dieses Landes entsprechen. Sagen wir es klipp und klar: Unsere Sorge, unsere Liebe gilt diesem Österreich. Wir sind stolz, daß wir für diese Heimat Verantwortung tragen dürfen. Wir sind stolz auf dieses Österreich und seine Menschen, die einen festen Platz in der deutschen Kulturgeschichte haben und auch in Zukunft einen eigenständigen Beitrag schreiben sollten. Wir tragen dieses Österreich zum Unterschied von manchen anderen, die mächtiger sind, nicht auf den Lippen, wir tragen es im Herzen, und wir werden es beweisen. Wenn daher der Generalsekretär der Österreichischen Volkspartei dies als rechtsradikal einstuft, dann hat er sich sicherlich damit nicht qualifiziert. Denn das beweist, daß Kukazka nicht nur ein schlechter Schüler gewesen ist, daß er auch seither nichts dazugelernt hat. Denn, meine Freunde, nicht die Frage eines Begriffes und einer Definition um den Nationsbegriff ist entscheidend, entscheidend ist, daß Politiker den Mut haben, in diesem Land sich zur jahrhundertelangen Geschichte Österreichs im Rahmen der deutschen Kulturgemeinschaft zu bekennen und sich nicht aus dieser Gemeinschaft davonzustehlen, nur weil es mitunter auch düstere Perioden gegeben hat. Dieses Land ist viel zu schön und zu wertvoll, ist kulturell viel mehr als die heutigen Grenzen darstellen. Wir haben allen Anspruch darauf, dies auch vor der geschichtlichen Wirklichkeit darzustellen."

Liberalismus der Tat

Neben der so zentralen Frage nach der nationalen Identität der Österreicher war es aber immer das Streben nach einer politischen und moralischen Erneuerung der österreichischen Politik in einem vernünftigen, liberalen Sinne, die Jörg Haiders Strategie seit 1986 beherrscht. Bereits unmittelbar nach dem Parteitag in Innsbruck, im September 1986, wurde aber, wie bereits gesagt, bezweifelt, ob Österreichs Freiheitliche denn überhaupt noch als liberal zu bezeichnen seien. So kamen zu Ende des Jahres 1986 gar Emissäre der Liberalen Internationale nach Österreich, um die FPÖ zu überprüfen. Man stelle sich nun vor, die Sozialistische Internationale würde beispielsweise eine Kommission nach Österreich entsenden, um das widerproletarische Wohlverhalten der SPÖ in einem Wahlkampf zu überprüfen. Man hätte diversen Zeitungsberichten dann zweifellos entnehmen können, daß der Spitzenkandidat der SPÖ im Jahre 1986, Franz Vranitzky, durchaus kapitalistischen Wirtschaftsmodellen das Wort rede und daß er mit Vorliebe maßgeschneiderte Nadelstreifanzüge getragen habe. Hätte die entsandte Kommission dies verifizieren müssen, so hätte die SPÖ womöglich mit einem Ausschluß aus der Sozialistischen Internationale rechnen müssen. Die Empörung über solch selbstgerechte Einmischung in innerösterreichische Verhältnisse wäre dann wohl allgemein gewesen. Österreichs Arbeiterbewegung hätte sich zweifellos ähnlich geschlossen hinter ihre neue Nadelstreif-

Führung gestellt, wie dies die bürgerliche Reichshälfte im Fall Kurt Waldheims kurz zuvor getan hatte.

Bei jener Kommission, die die Liberale Internationale nun zur Überprüfung der Freiheitlichen und Jörg Haiders Ende 1986 ins Land schickte, lag der Fall freilich ein wenig anders: Diese Beobachtungsmission wurde ja - so der damals neugewählte neue Vizepräsident der Liberalen Internationale, Holger Bauer - um des lieben Friedens willen von der FPÖ selbst vorgeschlagen. Dennoch hatte das Ganze einen üblen Beigeschmack, da Österreich in den damaligen Monaten in der Weltöffentlichkeit so häufig und so unfair diffamiert wurde. Man konnte also damals nur hoffen, daß die Emissäre der Liberalen Internationale sich ihren Blick nicht durch Vorurteile oder mediale Hetze trüben lassen würden.

Welche Art von Liberalismus fand die LI-Kommission dann in der Haiderschen FPÖ tatsächlich vor? Sicher nicht jenen der unverbindlichen Wiener *"In-Beisel-Schickeria"*, sicher nicht jenen bindungslosen, der statt Dienst an der Gemeinschaft bloße Libertinage darstellt, sicher auch nicht jenen vordergründigen, der diversen Karrieristen als ideologisches Karrieremäntelchen diente. Nachdem die Abgesandten der Liberalen Internationale aber offenen Auges durch Österreich gingen, konnten sie in der freiheitlichen Politik der erneuerten FPÖ unter Jörg Haider einen Liberalismus der Tat erkennen, der in einem erstarrten politischen System zum einzigen Anwalt des Bürgers gegen Bürokratie, Mißwirtschaft und Ausbeutung geworden war. Wer damals wie heute gegen die maßlosen Privilegien einer neuen Funktionärskaste ankämpfte und ankämpft, steht und stand für das Recht der Bürger, handelte und handelt nach wie vor liberal. Wer für das Überleben des Bauernstandes, der Gewerbetreibenden und für die Zukunftschancen der leistungswilligen Jugend kämpft, steht für das Recht der Bürger, handelt liberal. Wer gegen mediale Manipulation und Geschichtsklitterung kämpft, steht für das Recht der Bürger auf Wahrheit und handelt ebenso liberal. Wer für die Erhaltung der heimatlichen Umwelt eintritt, um kommenden Generationen einen menschenwürdigen Lebensraum zu sichern, steht ebenso für das Recht der Bürger und handelt liberal.

All dies waren seit 1986 die Schwerpunkte freiheitlicher Politik unter Jörg Haider. Das liberale Streben nach Menschenrecht und Bürgerfreiheit ist ihnen bis heute allen gemein. Den holländischen Liberalen, die in den vergangenen vier Jahren immer wieder innerhalb der Liberalen Internationale gegen die Freiheitlichen agitierten, da sie das nationale Element in der FPÖ und das Bekenntnis zur deutschen Volks- und Kulturgemeinschaft offenbar als rechtsextrem betrachten, konnte man damals wie heute eine Aussage des liberalen Altmeisters und Nobelpreisträgers August Friedrich von Hayek entgegenhalten: Dieser behauptet bekanntlich in einem seiner Werke, daß *"der Abstieg der liberalen Bewegung"* einsetzte, *"als sie ihre Verbindung zur nationalen Bewegung verlor"*.

Im Mittelpunkt dieses Liberalismus der Tat stand immer wieder der freiheitliche Kampf um den Privilegienabbau. Erzwungen durch ein eigenes Anti-Privilegien-Volksbegehren der FPÖ, entschlossen sich dann die Großkoalitionäre in der ersten Hälfte des Jahres 1988, ein Maßnahmenpaket zur Eindämmung der Politikerprivilegien in Kraft zu setzen. Damit erwies sich, daß sich eine große Zahl der freiheitlichen Forderungen zum Abbau ungerechtfertigter Privilegien in den parlamentarischen Verhandlungen durchsetzen ließ. Wesentlich waren dabei die Durchsetzung von Höchstgrenzen für die Bezüge der Multifunktionäre in der Politik, der Wegfall der Politikerbezüge aus Aufsichtsratsfunktionen, öffentlichen Unternehmungen und der Wegfall der Verdoppelung der Abfertigungen.

All das mag eher trocken und wenig spektakulär klingen. Tatsache ist aber, daß damit wahrscheinlich die Spitze der Privilegienpyramide gekappt wurde. Die Politiker, insbesondere jene der beiden alten Parteien, stellten nämlich jene Kaste dar, die ihre Bezüge und dienstrechtlichen Regelungen relativ selbstherrlich nach eigenem Ermessen festlegen konnten. Ohne ständigen Druck von außen - und die Freiheitlichen unter Jörg Haider stehen dem Selbstverständnis nach außerhalb dieses politischen Selbstbedienungsladens - gab es eben keine Selbstbeschränkung dieser Mentalität des Handaufhaltens. Dennoch war damit natürlich nur die Spitze des Privilegieneisberges unter Beschuß genommen worden. Neben weiteren Politikerprivilegien, etwa im Bereich des Pensionsrechts, galt es, den im Laufe von Jahrzehnten angemaßten Pfründen der selbsternannten Nomenklatura dieser Zweiten Republik an den Leib zu rücken. Kammern, Sozialversicherungen, verstaatlichte Industrie, Großbanken, ÖGB und andere Privilegienparadiese waren jene Augiasställe, die mit eisernen Besen ausgemistet werden sollten. Diese Aufgabe stellte und stellt zweifellos einen wesentlichen Teil der politischen Daseinsberechtigung der Freiheitlichen Partei dar.

Als politische Gruppierung, die bei der totalen Aufteilung der Republik Österreich unter die Herrschaft der Parteisekretariate ganz einfach zu spät gekommen war und überdies ihrer freisinnigen Tradition nach gegen die völlige Vereinnahmung des Bürgers eintritt, waren die Freiheitlichen natürlich die berufenen Vorkämpfer dieses Privilegienabbaus, sie sind es bis heute geblieben. Auch wenn gegnerische Medien ätzend von den *"selbsternannten Saubermännern"* sprechen und da und dort tatsächlich auch schwarze Schafe im blauen Kleid agierten und agieren, bleibt dies eine unbestreitbare Tatsache. Dabei sind Österreichs Freiheitliche nicht besonders gehässige Neidgenossen, sondern tatsächlich bewußte Träger eines liberalen Erbes, die einfach konsequent für die Gleichberechtigung aller Bürger kämpfen. Gegen das zynische Motto *"Alle sind gleich, nur manche sind gleicher"*, das von den heimischen Privilegienrittern bis zur Perfektion ausgelebt wird, konnte bereits damals und kann auch heute nicht laut genug angeredet und angeschrieben werden.

Die großen liberalen Aufgaben des vorigen Jahrhunderts, das Streben nach verfassungsmäßig garantierten Bürgerrechten und rechtsstaatlicher Ordnung gegen die absolutistischen Kräfte von Thron und Altar können in einer solchen Politik ihre sinnvolle und zeitgemäße Fortsetzung finden. Die Privilegierung von Bonzen und Bürokraten, die schrankenlose Bevorteilung von Proporzgewinnlern und Parteibuchprotektionisten sind mit dem freiheitlichen Rechtsstaat nämlich ebenso unvereinbar wie seinerzeit das Gottesgnadentum der absoluten Monarchie und die Geblütsrechte der Aristokratie. Privilegienabbau war und ist somit tätiger Liberalismus, der sich an den gesellschaftlichen Notwendigkeiten dieser Zweiten Republik orientiert. Wer ihn, wie manche Gegner der FPÖ, als *"billigen Populismus"* abzuqualifizieren versuchte, darf zu Recht verdächtigt werden, mehr oder weniger im Solde der privilegierten Kaste zu stehen.

Befragt, was er denn eigentlich selbst unter der von im propagierten *"politischen und moralischen Erneuerung"* verstehe, erklärte der freiheitliche Oppositionsführer etwa zu jener Zeit, als das freiheitliche Anti-Privilegien-Volksbegehren ablief: *"Ich verstehe darunter in erster Linie die Bewußtseinsbildung im öffentlichen Leben, aber auch im privaten Bereich des einzelnen, daß die Moral im Verhalten der anderen und der Gemeinschaft gegenüber wieder einen gebührenden Stellenwert ein-*

nehmen muß. Österreich als Staat ist in den letzten beiden Jahrzehnten zunehmend in eine Krise des Selbstverständnisses geraten, die ihre Ursache in der mangelnden Ehrlichkeit und Offenheit, besonders des politischen Lebens, hat. Die Aufteilung des Staates in Machtbereiche der Großparteien, gepaart mit der Pfründewirtschaft gewissenloser Funktionäre, die sich nicht Österreich, sondern nur mehr ihrer Partei und ihren Portemonnaies verpflichtet fühlen. Die Mißwirtschaft mit öffentlichen Geldern durch parteipolitisch ausgewählte Manager hat eine tiefe Vertrauenskrise zwischen den Bürgern und ihrem Staat verursacht. In diesen Bereichen muß daher Ordnung geschaffen werden, damit Österreich wieder attraktiv wird und damit demokratiepolitisch überlebensfähig bleibt. Ich meine, daß die Zeit der starren Dogmen, der kompromißlosen Propagierung von Weltanschauungen vorbei ist. Es ist heute nötig, ja sogar notwendig, die alten Ideologien, die teilweise auf Verhältnisse zurückgehen, die hundert und zweihundert Jahre zurückliegen, auf ihre Relevanz zu überprüfen. So glaube ich, daß zum Beispiel der Marxismus als soziale Heilslehre, damit aber auch seine Abkömmlinge wie der Sozialismus in Gestalt der heutigen Sozialdemokratie, jede Daseinsberechtigung verloren hat. Aber auch andere Positionen werden sich der Überprüfung und gegebenenfalls der Modifizierung unterziehen müssen. Eine politische Ideologie als Grundsatz einer politischen Partei kann aber - eben weil die historischen Vertreter dieser Anliegen heute keinen Anspruch auf Realitätsnähe mehr haben - ohne eine soziale Komponente nicht auskommen. Es muß legitim sein im, Rahmen einer freiheitlichen Weltanschauung, einer freiheitlichen Partei auch an der Besserstellung der sozial Schwachen zu arbeiten. Sozialer Ausgleich kann aber nur auf der Basis erfolgreicher Wirtschaft, für die der Grundsatz der liberalen Marktwirtschaft gilt, bewirkt werden."

Insgesamt erwiesen sich Jörg Haider und die unter ihm erneuerte Freiheitliche Partei als ein Fokus prinzipieller Unzufriedenheiten. Selbst ein solch großes politisches Naturtalent, wie es Jörg Haider ist, hätte sicher nicht diesen erstaunlichen Erfolg, wenn nicht die allgemeine Unzufriedenheit auf deren Artikulierung durch einen Berufenen schon lange gewartet hätte. Der ebenso läppische wie erfolglose Versuch, Jörg Haider als Populisten nach allen Regeln der Verleumdungskunst und mit allen sich dazu hergebenden Medien in einem Dauerfeuer zu verteufeln, zeugt dabei von völliger Verkennung der Ursachen des Zulaufes zu Jörg Haiders Freiheitlichen. Österreichs Parteienwirklichkeit und das langjährige Agieren der beiden Großparteien fern der Bürgerbasis hat diesen Erosionsprozeß selbst in Gang gebracht, der obendrein durch ein von den Großen beschlossenes minderheitenfreundliches Wahlrecht, wie es seit Beginn der Ära Kreisky in Österreich gilt, kaum mehr umzukehren ist. Der große Irrtum der beiden *"staatstragenden"* Altparteien war die Einbildung der Kader aller Ebenen, selbst eigentlich der Staat zu sein und sich so immer unverschämter und direkter vom Diener des Staates zum Selbstbediener am Staate zu entwickeln. Diese Perversion des Parteizwecks, sich einfach alles Machtrelevante unter den Nagel zu reißen, stieß und mußte einmal an die Grenzen der Akzeptanz auch durch den geduldigsten Bürger und Wähler stoßen. Immer mehr der Zwangsbeglückten sind aber mit ihren Gönnern unzufrieden und halten die Hundeleinen des Parteibuches für eine allzu arge Zumutung an einen freien Staatsbürger, der nicht fremdbeherrscht und protegiert werden, sondern nach seiner Leistung anerkannt und eingestuft werden will.

Der in den letzten Jahren sichtbare Wählerschwund der Altparteien wird darüber hinaus von einem Mitgliederschwund begleitet, der nicht mit dem angeblichen Populismus eines Jörg Haider wegerklärt werden kann und der zu längst fälligem und schöpferischem Nachdenken zwingen sollte, wenn die überalterten Garnituren von rot und schwarz dazu überhaupt noch fähig sein sollten. Bisher aber prügelte man vielmehr Jörg Haider, wo immer es ging, wobei sowohl die SPÖ-Führung als auch ihr ÖVP-Pendant einen überaus getrübten Horizont bewiesen.

Zweifellos wäre es zuviel verlangt, wenn die im Regen stehenden Parteiruinen von ÖVP und SPÖ Jörg Haider dankbar wären, daß er ihnen sagte und sagt, wo dem Volk der Schuh drückt. Aber es wäre vielleicht taktisch klüger, mit Haider und seinem realen Stellenwert in der zukünftigen österreichischen Innenpolitik zu rechnen. Die Voraussetzungen für seine politische Karriere und den Aufstieg der Freiheitlichen hat nicht er geschaffen, sondern eben die Altparteien mit Ausbeutung des Staates und damit der Bürger selbst. Allerdings kommen zu der Grundvoraussetzung des politisch aufbereiteten Bodens auch eine persönliche Dynamik, eine Kontaktfreudigkeit und eine absolute Souveränität in der politischen Argumentation, sei es gegenüber medialen Fallenstellern, sei es gegenüber dem Wähler oder sei es als Regierungschef. Dabei stehen die Sterne nach wie vor günstig für Jörg Haider, und es zeichnet sich ab, daß er sich als Landeshauptmann von Kärnten voll bewährt. Zweifellos ist es für ihn eine reizvolle Aufgabe, aus diesem Land *"eine kleine Welt zu machen, in der die größere ihre Probe hält"*. Das heißt, in Kärnten jene Reformen im staatsbürgerlich, freiheitlichen Sinne im Rahmen der ihm zustehenden Kompetenzen einzuleiten und vorzumachen, die dann im übrigen Österreich Schule machen könnten. Der Sympathie der großen Mehrheit der Kärntner kann er sich jedenfalls sicher sein, daß sie sich noch gut an den *"Stalinismus"* Kärntner SPÖ-Ausprägung erinnern.

Wie sehr Kärnten zum Modellfall für die politische Erneuerung in Österreich insgesamt werden könnte, sieht man am besten in der Regierungserklärung Jörg Haiders als Kärntner Landeshauptmann. Wörtlich erklärte er dabei am 30. Mai des Jahres 1989:

"Wir sind entschlossen, in diesem Lande ein offenes Meinungsklima zu gewährleisten, wie es eben in einer Gemeinschaftsordnung mündiger Bürger üblich ist. Alte Fehler dürfen in neuen Zeiten nicht wieder gemacht werden. Denn die Zeit muß endgültig vorbei sein, wo mit Steuerschillingen von der Politik abhängige Künstler, mit Parteibüchern unterdrückte Arbeitnehmer und mit Subventionen bevormundete Unternehmer erzeugt wurden. Kärnten ist nicht und soll nicht das Produkt des Eigentums der politischen Parteien sein, Kärnten muß und soll die Heimat unabhängiger und selbstbewußter Bürger werden.

Landeshauptmann Jörg Haider hielt eine von der internationalen Presse überaus positiv bewertete und viel beachtete pragmatische Rede zu seiner Angelobung zum Landeshauptmann von Kärnten.

Daher muß auch mit einer für viele unerträglichen Parteibuchwirtschaft bei der Besetzung von Positionen im öffentlichen Dienst und bei der Vergabe von Wohnungen aufgeräumt werden. Wir werden daher auch für das übrige Österreich vorbildlich das Bemühen nach einem Objektivierungsgesetz setzen, das dem Bürger als Bewerber um öffentliche Positionen wirklich gleiche Chancen gibt und wo Befähigung und Ausbildung im Vordergrund der Entscheidung stehen und nicht Protektion oder Günstlingswirtschaft.

Auch bei der Bestellung von Schuldirektoren streben wir die verstärkte Mitwirkung von Eltern und Lehrern an, anstatt diese Frage, wie bisher oftmals, zum politischen Zankapfel von Parteisekretariaten zu machen.

Sagen wir nicht, daß die Parteibuchwirtschaft in anderen Bundesländern noch viel ärger ist. Das hilft unseren Landsleuten überhaupt nicht! Führen wir diesen Befreiungsschlag gegen die politische Verfilzung, die in allen Parteien dieses Hohen Hauses in den letzten Jahren Unbehagen hervorgerufen hat.

Meine Damen und Herren, ein offenes Meinungsklima in Kärnten setzt aber auch einen partnerschaftlichen Umgang mit unserer slowenischen Volksgruppe voraus. So sehr diese Frage oftmals das politische Klima in der Vergangenheit belastet hat, so gut stehen heute die Chancen, zu einem qualitativen Fortschritt im Verhältnis zwischen slowenischer Volksgruppe einerseits und Mehrheitsbevölkerung andererseits zu kommen. Die langen Verhandlungen um die Reform des Minderheitenschulgesetzes haben nämlich eines bewirkt, daß unter den Vernünftigen latente Vorurteile schrittweise, aber erfolgreich abgebaut wurden. Es war ein langer Weg von der Konfrontation zum gegenseitigen Respekt. Behutsam wird die Kärntner Landespolitik auf diesem Weg aber voranschreiten müssen. Wem die gemeinsame Heimat wirklich ein Anliegen ist, der wird uns auf diesem Weg folgen.

In dieser gemeinsamen Verantwortung kann es keinen Unterschied zwischen Kärntner slowenischer und Kärntner deutscher Volkszugehörigkeit geben. Das Zusammenrücken *der Völker und Staaten Europas hat auch die Volksgruppenfrage in ein anderes Licht gerückt. Volkstum und kulturelle Identität haben plötzlich an Bedeutung gewonnen.*

Die Vorstellung von einem Europa als einem kulturellen Einheitsbrei ist für heimat- und volkstumsbewußte Menschen letztlich eine Schreckensversion. Daher muß die Vielfalt der Volkstümer, und seien ihre Repräsentanten auch noch so klein, auf der Grundlage eines europäischen Volksgruppenrechtes das Ziel sein.

Kärnten mit seinen deutschen, slowenischen und windischen Menschen hat, so gesehen, einen kulturellen Reichtum, um den uns andere bald beneiden werden und den es zu verteidigen gilt. Oder formulieren wir es mit Peter Rosegger, einem überzeugten Österreicher, der sagt: "Freilich muß jeder sich wehren, um sich und das Seine. Jeder halte fest an seiner Artung und Überzeugung, aber er dulde und achte auch die anderen. Das nenne ich Kultur." Das Freiheitsbewußtsein der Kärntner Bürger wird nicht zuletzt durch den toleranten Umgang der Angehörigen verschiedener Volkstumsbekenntnisse miteinander bestimmt werden...

Wenden wir uns aber auch einem weiteren Zukunftsthema zu, dem Umweltschutz. Lärm, Abgase, verseuchte Böden, verschmutztes Wasser sind die Geiseln der Menschheit auch im 21. Jahrhundert.

Kärnten muß seine Chance, durch eine offensive Umweltschutzpolitik den Weg aus der Gefahr ökologischer Apokalypse zu finden, nützen.

Vieles wurde in den letzten Jahren begonnen. Es gilt, die Harmonie zwischen Kultur- und Naturlandschaft herzustellen und zu erkennen, daß Ökologie - richtig verstanden - zugleich Zukunftsökonomie ist. Umweltschutz bringt nicht nur für die Seelen der Menschen etwas, sondern sie hat auch für die Wirtschaft Bedeutung. Unser Ziel muß es sein, die Heimat von den Betonfesseln zu befreien, Städten und Dörfern wieder einen menschlichen Zuschnitt zu geben, die Straßen nicht die Natur auffressen zu lassen, die Böden zu entgiften, die Luft atembar zu machen, um unseren Kindern chronische Erkrankungen zu ersparen, und das Waldsterben wirksam zu bekämpfen, denn ohne Wald gibt es kein Wasser, ohne Wasser gibt es kein Brot und ohne Brot kein Leben. Als vordringliche Maßnahmen seinen daher beispielsweise erwähnt:

- Die Sicherung der großen Trinkwasservorkommen, einschließlich jener in den Karawanken und Karnischen Alpen; die Vorarbeiten dazu sind entsprechend eingeleitet:

- Ein Bodenschutzgesetz mit der Regelung der Klärschlammverbrennung; die Reinigung der Fließgewässer; der rasche Erlaß einer Verordnung zum Kärntner Abfallbeseitigungsgesetz; die Vorlage eines Sondermüllentsorgungsgesetzes für Kärnten und die Ausarbeitung einer landesweiten Strategie zur Absenkung der Luftbelastung auf die Werte der fünfziger Jahre durch Wärmeisolierung; Vorlage eines Energiesparkonzeptes und vieles andere mehr.

Um eine konsequente Durchsetzung der Umweltpolitik auch den Behörden und Betrieben gegenüber durchzusetzen, wird ein weisungsfreier Umweltanwalt eingerichtet werden, der zugleich auch eine Anlaufstelle für alle umweltrelevanten Bürgerinitiativen ist.

Neben der Gründung eines eigenen Kärntner Umweltfonds soll auch ein Kärntner Natur- und Umweltschutz-Preis geschaffen werden. Dieser hat den Zweck, den Bürger als Partner auf dem Weg zu einer sauberen Umwelt zu gewinnen. Umweltschutz braucht nämlich wieder Idole unter den Bürgern; Idole etwa in der Person glaubwürdiger Politiker, die nicht mit der Seilbahn auf Berge fahren, um dort Nationalparks zu verkünden, sondern die die Berge persönlich noch zu Fuß bezwingen. Idole in der Form von Umweltschützern, die bislang oft als Spinner abgetan werden, weil sie wiederverwertbaren Müll sammeln, anstatt alles in die Mülltonne zu stopfen. Oder Idole in der Person von Hausfrauen, die gerne als schrullig bezeichnet werden, nur weil sie den Verpackungswahnsinn in ihrem persönlichen täglichen Handeln bekämpfen und statt Plastiktaschen beim Einkaufen Papiersäcke verlangen.

Umweltschutz braucht diese vielen kleinen Vorbilder. Dabei werden wir und sollten wir das Bündnis mit den Jugendlichen in den Kärntner Schulen suchen. Der Dichter Hölderlin hat dazu treffend formuliert, wenn er sagt: "Wächst die Gefahr, wächst auch das Rettende."

Erfüllen wir daher die Hoffnungen und Erwartungen vieler unserer Mitbürger in diesen Fragen! Verordnen wir einer oberflächlichen Zivilisationsgesellschaft ein entscheidendes, schrittweises Umdenken! Sichern wir unseren Kindern und Enkelkindern durch eine Rückkehr zu ganzheitlichem Denken, frei von jedem Gruppenegoismus, auch so etwas wie das Recht auf Wildnis in ihrer Um- und Lebenswelt!

Partner auf diesem Weg der politischen Erneuerung auf der Grundlage eines ganzheitlichen Denkens ist aber auch der Bauer. Er ist auf die Harmonie mit der Natur angewiesen.

Bodenverbundenes Wirtschaften muß dem Bauernstand wieder stärker möglich gemacht werden.

Unsere besondere Sorge gilt daher der Erhaltung des bäuerlichen Familienbetriebes als Vollerwerbsbetrieb.

Die bäuerliche Jugend muß wieder Optimismus schöpfen können und die Abwanderung von den Höfen gestoppt werden. Dies erscheint vielfach durch eine Abkehr von traditionellen und bürokratischen agrarpolitischen Maßnahmen möglich.

Man kann sich oft vielfach des Eindruckes nicht erwehren, daß die Agrarpolitik in manchen Bereichen im Interesse jener erfolgt, die an der Landwirtschaft verdienen, anstatt zum Wohle jener, die von der Landwirtschaft leben oder in der Landwirtschaft arbeiten müssen.

Vorrangig erscheint es daher, einen Ausbau des Direktförderungssystems zu machen. Wir wollen daher für die Bergbauern in Kärnten die Landschaftserhaltungs- und Pflegeprämie verdoppeln, die land- und forstwirtschaftlichen Förderungen im Laufe dieser Periode dem besseren Niveau anderer Bundesländer schrittweise anpassen, ein Grenzland- und Problemgebiets-Förderungsprogramm entwickeln, um existenzgefährdeten Betrieben auch in Tallagen zu helfen. Wir wollen einen Güterwege-Erhaltungsfonds im Laufe der Legislaturperiode unter Beteiligung der Gemeinden, so wie ihn das Land Salzburg sehr erfolgreich vor Jahren errichtet hat, durchführen. Besonderes Augenmerk ist daher auch auf die Errichtung einer privatwirtschaftlich organisierten Agrarmarketing-Stelle zu richten, die für den besseren Vertrieb der heimischen Agrarprodukte Sorge zu tragen hat.

Im Bereich des Grundverkehrs wird ein Besitzstruktur-Fonds zur Erhaltung landwirtschaftlichen Grundvermögens notwendig und die Österreichischen Bundesforste zu veranlassen sein, ihre Aufkaufsstrategie von Kärntner Bauernwald zu mäßigen und zurückzunehmen. Freilich soll dabei nicht vergessen werden, daß es auch eine Frage der Einschränkung des Ausländergrundverkehrs geben muß, um hier den Ausverkauf wertvollen Landes in Kärnten in der Zukunft zu verhindern.

Nicht vergessen werden darf eine Verbesserung der bäuerlichen Sozialhilfe durch gut ausgebildete Betriebs- und Dorfhelferinnen.

Im Zusammenhang damit gilt es auch, neue Akzente im Naturschutz zu setzen. Die Naturschutzbestimmungen haben den Vorrang für eine zeitgemäße land- und forstwirtschaftliche Nutzung zu verankern. Anzustreben ist aber auch ein Programm im Sinne eines Biotopmanagements nach dem Vorbild Bayerns. Darüber hinaus ist zu prüfen, ob es nicht sinnvoll wäre, Überschußflächen, die uns heute in der Landwirtschaft große Probleme machen, durch das Land oder andere öffentliche Institutionen direkt pachten zu lassen und damit großräumige Naturschutzgebiete vorbildhaft für das übrige Österreich zu schaffen und gleichzeitig dem Überschuß in der Agrarproduktion Einhalt zu gebieten. Die Patenschaft über solche Naturschutzgebiete, wie in anderen europäischen Staaten schon vorbildlich praktiziert, könnten Kärntner Jugend- und Umweltschutzorganisationen übernehmen.

Eine Novelle zum Nationalparkgesetz soll den im Nationalpark wirtschaftenden Bauern die Erschwernisse abgelten.

Neuer Akzente bedarf es aber auch in der Wirtschafts- und Beschäftigungspolitik. Auf der Basis des gemeinsam verabschiedeten Kärntner Wirtschaftsförderungsgesetzes sind die Erneuerung der Wirtschaftsstruktur und der Aufbau zukunftsorientierter Betriebseinheiten verstärkt voranzutreiben.

Ohne eine nachhaltige Modernisierung der Kärntner Wirtschaftsstrukturen ist aber eine Verbesserung der Einkommenssituation der Arbeitnehmer in unserem Land nicht zu erzielen und die Schaffung von zukunftsorientierten Arbeitsplätzen für unsere jungen Menschen nicht gewährleistet.

Die Kärntner Arbeitnehmer sind bedauerlicherweise in der Einkommenssituation gegenüber dem österreichischen Durchschnitt stark im Nachteil - vereinfacht gesagt: die Preise sind zu hoch, die Löhne zu tief.

Kärnten ist so etwas wie ein Modell für die politische Erneuerung Österreichs geworden. Während unter dem vormaligen SPÖ-Landeshauptmann Leopold Wagner (Bild oben) der sozialistische Parteibuchdruck über dem Lande wie ein Alptraum lastete, konnte FPÖ-Chef Jörg Haider nach der Ablösung von Wagner-Nachfolger Peter Ambrozy (Bild unten) ein groß angelegtes Erneuerungsprogramm für Österreichs südlichstes Bundesland starten.

Wirtschafts- und Sozialpolitik muß daher in einem Zusammenhang gesehen werden. Dem wollen wir uns nicht entziehen und haben daher auch im Regierungsprogramm und im

Arbeitsübereinkommen eine Reihe von entscheidenden sozialpolitischen Maßnahmen, von der Familie bis zum Wohnen, von der Gesundheit bis zur Arbeitsplatzpolitik, verankert. Daran werden wir letztlich gemessen werden. Ob wir in der persönlichen Freiheits- und Einkommensentwicklung der Bürger Fortschritte durch gemeinsamrs konsequentes Handel erzielen werden...

Eine weitere Wachstums- und Zukunftsbranche der Kärntner Wirtschaft ist aber auch der Tourismus. Für den Tourismus haben wir in den letzten Jahren günstige Voraussetzungen aufgrund der Probleme im ökologischen Bereich bei unserem südlichen Nachbarn. Daher sollten wir die Rahmenbedingungen verbessern, eine Privatisierung des Tourismus auch auf Gemeindeebene einleiten, eine Mautpolitik, die Kärntenurlauber begünstigt, gemeinsam engagiert verlangen, eine Sommermilliarde zur Investition der Infrastruktur-maßnahmen mit dem Bund in Verhandlung ziehen, die Vereinfachung und Vereinheitlichung fremdenverkehrsbezogener Abgaben im Lande vornehmen, um Bürokratie zu vermeiden, und letztlich auch eine Sozialpolitik für das besser qualifizierte Personal im Tourismus erreichen. Ich könnte mir vorstellen, daß wir etwa ganz besonders den Wohnbereich für Mitarbeiter ins Auge fassen, weil das mit ein Grund ist, warum vielfach zuwenig qualifiziertes Personal im Tourismus zur Verfügung steht.

Reale Freiheit der Bürger braucht aber auch eine materielle Basis. Die Erneuerung der Sozial- und Gesundheitspolitik ist in Kärnten ein Gebot der Stunde. Zentralistisch-bürokratische Lösungen, parteipolitische Günstlingswirtschaft, verbunden mit fachlicher Inkompetenz, haben nicht nur auch in unserem Lande, sondern anderenorts zu oft unmenschlichen Lösungen geführt, wie sich dies in der jüngsten Vergangenheit herausgestellt hat und einen sozial- und gesundheitspolitischen Nachholbedarf entstehen hat lassen. Diese Sorge ist, glaube ich, auch allen politischen Gruppen im Haus gemeinsam. Denn mehr als 100.000 Menschen sind alleine in Kärnten mit dem Problem der neuen Armut konfrontiert, darunter viele Familien im Arbeitnehmerbereich, ältere Menschen, behinderte Mitbürger und gesellschaftliche Randgruppen ...

Kärnten ist aber auch ein Kulturland. Die lebendige Volks- und Hochkulturszene in unserem Landes war in der Vergangenheit immer wieder auch mit dem Versuch konfrontiert, parteipolitische Abhängigkeit zu schaffen. Dieser Tendenz ist dauerhaft ein Riegel vorzuschieben und sind die Eigenständigkeit und Eigenverantwortlichkeit der Verbände und Vereine durch ein modernes Kulturnetz zu gewährleisten. Kultur ist nicht die Spielwiese für Parteipolitik. Die schöpferischen Begabungen der Bevölkerung sind nach den Leitsätzen von Toleranz und Offenheit, Achtung der Menschenwürde und in Respekt vor der Freiheit der Wissenschaft und Kunst freizusetzen. Künstlerische Kritik in unserer Gesellschaft entspricht ebenso dem Selbstverständnis einer demokratischen und offenen Gesellschaft, wie die finanzielle und politische Abhängigkeit im künstlerischen Bereich schlechthin unvereinbar erscheint ...

Überhaupt soll die politische Erneuerung in Kärnten eine Abkehr vom traditionellen Politikverständnis bringen. Die Politik war und ist nach wie vor zu stark verteilungs- und zuwenig zukunftsorientiert. Sicherlich scheint es für manchen Politiker nach wie vor erstrebenswert, Feuerwehrautos oder Golfplätze unter Verwendung von Steuermitteln gleichsam als sein persönliches Geschenk zu überbringen. Wichtiger sind aber ein Befassen mit den Rahmenbedingungen für die Lösung der Zukunftsfragen und die Erarbeitung entsprechender Maßnahmen.

In Japan gibt es seit Jahren eine Gesellschaft der Freunde des 21. Jahrhunderts, die sich mit der Erarbeitung von Impulsen für eine zukunftsorientierte Politik auseinandersetzen. Wir Kärntner sollten eine solche Gesellschaft der Freunde des 21. Jahrhunderts gründen, die die Grundlagen und Anforderungen für den Wechsel Kärntens ins nächste Jahrtausend auf wissenschaftlicher Basis erarbeitet und Handlungsaufträge an die Politik abgibt. An Persönlichkeiten des wissenschaftlichen und kulturellen Lebens für diese Arbeit mangelt es uns in Kärnten nicht. Nach einer für viele ohnedies zu destruktiv angelegten Vergangenheitsbewältigung ist eine Hinwendung an die Zukunft sicherlich am Platz.

Große Aufgaben und viel Arbeit, meine Damen und Herren, liegen vor uns. Jeder, dem es zuerst um Kärnten und nicht um die eigene Partei geht, ist eingeladen und aufgerufen, sich am gemeinsamen Weg der politischen Erneuerung zu beteiligen. Diese zuerst das gemeinsame Kärnten sehende Gesinnung ist unseren Landsleuten ohnedies nicht fremd. Der Patriotismus für Österreich entstand aus der Heimatverbundenheit der Kärntnerinnen und Kärntner mit ihrem Land ..."

Kernbereiche der politischen Erneuerung

Wenn man insgesamt versucht, die von Jörg Haider seit 1986 proklamierte politische und moralische Erneuerung auf einige wenige Kernsätze zu reduzieren, so muß man zwangsläufig den Mut haben, sich auf die wichtigsten Fragenkomplexe zu beschränken. Geht man die freiheitliche Werteskala durch, so gilt es naturgemäß, sich zuerst mit dem Begriff Freiheit auseinanderzusetzen.

Nach wie vor gilt das Postulat, daß Freiheit den Freiheitlichen als größtes Gut gilt. Die individuelle Freiheit soll dabei nach wie vor der Entfaltung der Begabungen und Neigungen des einzelnen dienen und sich weitestgehend von Einschränkungen durch äußere Zwänge und Unterdrückung zu lösen vermögen. Die kollektive Freiheit ist im Bereich der Völker durch das Selbstbestimmungsrecht gekennzeichnet. Die persönliche Freiheit findet dort ihre Grenzen, wo ethische Grundwerte dadurch gefährdet werden könnten. Insgesamt zeichnete sich durch die reale Politik Jörg Haiders ab, daß sich das Freiheitsideal der FPÖ grundlegend von den Schlagworten der Französischen Revolution, von der dabei propagierten *"Liberté"*, unterscheiden. Die vorgegebenen Unterschiede und Begabungen, Fähigkeiten und Neigungen werden als Spannungsfeld akzeptiert, in dessen Rahmen sich kulturelle und gesellschaftliche Entwicklungen darstellen. Politik, Staat und Wirtschaft haben den Menschen zu dienen und dürfen nicht zum Selbstzweck erhoben werden.

Jörg Haiders blauer Schal wurde entgegen allen Diffamierungsversuchen - im Bild wird er im Lukona-Untersuchungsausschuß zu einem angeblichen Wahlverhältnis zu Udo Proksch befragt - gesamt österreichisch geradezu ein Symbol der politischen Erneuerung.

Damit ist man beim Bereich der politischen Parteien: Immer wieder hat sich Jörg Haider dafür ausgesprochen, daß politische Parteien, Gesinnungsgemeinschaften darzustellen haben und nicht *"Zugewinn-Gemeinschaften"* werden dürfen. Dabei propagierte der FPÖ-Chef insbesondere ein verschärftes Anforderungsprofil für Mandatare. Diese müßten verstärkt persönliches Vorbild abgeben und weltanschauliches sowie moralisches Rückgrat beweisen.

Zum Thema Volkstum und Heimat sind die freiheitlichen Stellungnahmen seit der Obmannschaft Jörg Haiders überaus häufig und vielfältig. Insgesamt kristallisiert sich heraus, daß den neuen Freiheitlichen selbstverständnisgemäß Volk und Heimat das entscheidende Bezugsfeld für den Einzelmenschen darstellen. Jeder Mensch habe das Recht, sich frei zu seinem Volkstum zu bekennen, dieses zu pflegen; dieses Recht schließe aber die Pflicht zum Schutz ethnischer Minderheiten und deren Traditionen ein. Multikulturelle Gesellschaften, die Nivellierung der gewachsenen Volkstümer lehnt man dabei dezidiert ab. Betont wird immer wieder auch das Bekenntnis zur deutschen Volks- und Kulturgemeinschaft, was keineswegs als Widerspruch zur Eigenstaatlichkeit und Souveränität des immerwährend neutralen Österreichs gesehen wird.

Bezüglich der Familienpolitik betrachten die Freiheitlichen nach wie vor die Familie als kleinste und wichtigste Zelle einer gesunden Gesellschaft. Dabei gilt es, insbesondere Mehrkinderfamilien und Alleinverdienerfamilien materiell, steuerlich, aber auch moralisch zu unterstützen. Freiheitlichen Vorstellungen widerspricht es dabei offenbar, wenn das Geburtendefizit, wie es in Österreich seit Jahren und Jahrzehnten vorhanden ist, durch die allzu rasche Einbürgerung von Ausländern wettgemacht werden soll.

Hinsichtlich der Kulturpolitik behaupten die Gegner der Haider-FPÖ, daß sich der freiheitliche Oppositionsführer allzu oft zum Sprecher der *"dumpfen Volksmeinung"* gemacht habe. Tatsächlich treten die Freiheitlichen dafür ein, daß sich die Kultur und die Kunst frei entwickeln sollen, solange sie Sitte und Brauchtum nicht gröblich verletzen. Grundsätzlich tritt man für eine Kulturförderung auf allen Ebenen, von der Volkskultur bis zur Hochkultur, ein. Im bezug auf die Bildungspolitik streben die Freiheitlichen nach einer verstärkten Eliteförderung, mit entsprechender Unterstützung von Hochbegabten. Hinsichtlich der Universitäten ist man für die Freiheit von Forschung und Lehre unter Einhaltung der Prinzipien der Wissenschaftlichkeit. Schule und Universität sind von parteipolitischer Einflußnahme zu befreien. Bildungsinstitutionen dieser Art sollen sich allerdings nicht zum Tummelplatz für diverse Extremisten entwickeln.

Einen besonderen Schwerpunkt hat die Haider-FPÖ seit 1986 auf den Bereich des Umweltschutzes gelegt. Wortwörtlich hat der Parteichef auf dem Villacher Parteitag des Jahres 1986 erklärt: *"Nur die geistig heimat- und vaterlandslosen Gesellen sind fähig, einer menschenverachtenden Fortschrittsideologie und Umweltzerstörung zu dienen."* Aus dieser Erkenntnis heraus propagiert man innerhalb der FPÖ ein Umweltbewußtsein, das auf Heimatliebe fußt. Die Verantwortung für die kommenden Generationen verbietet jeden Raubbau an der Natur und die Vermarktung derselben. Der Grundsatz *"Ökologie vor Ökonomie"* stellt sich den Freiheitlichen somit als Voraussetzung des Überlebens nicht nur unserer Heimat, sondern der gesamten Menschheit dar.

Im Bereich der Agrarpolitik treten die Freiheitlichen für die Erhaltung des bäuerlichen Vollerwerbsbetriebes und damit für einen gesunden Bauernstand ein. Dies nicht nur unter der Maßgabe, daß dieser zur Erhaltung der Nahrungsmittelproduktion wichtig ist, sondern auch im Hinblick auf seine umweltschützerische Funktion als Landschaftsgärtner.

Beispielhaft für ganz Österreich soll dabei Jörg Haiders Eintreten für eine biologische Landwirtschaft in Kärnten werden. Neben dem kurz- und mittelfristigen Grundsatz der Direktförderung der Bauern, um deren Überleben zu sichern, soll nach freiheitlicher Ansicht langfristig ein System mit betriebswirtschaftlich kalkulierten Preisen, mit gerechten Gewinnen für die Bauern angestrebt werden. Dabei muß die Landwirtschaft vor Dumping-Importen oft minderwertiger Produkte geschützt werden.

Im Bereich der Wirtschaftspolitik dominiert natürlich das freiheitliche Bekenntnis zur Leistung. Dabei betont man aber immer wieder, daß die Ökonomie ökologische Notwendigkeiten und ethischen Erfordernissen entsprechen müsse. Die Kräfte des freien Marktes sollten zwar möglichst ohne staatlichen Einfluß das Wirtschaftsleben beherrschen, die Privatwirtschaft soll dabei grundsätzlich Priorität haben. Dabei tritt man aber für den Schutz des sozial Schwachen und für den Schutz der Umwelt ein.

Sozialpolitisch ist es nach wie vor das Ziel der sozialen Volksgemeinschaft, das im Mittelpunkt der freiheitlichen Überlegungen steht. Klassenkampf, Generationskonflikte, berufsständische Auseinandersetzungen und ähnliches lehnen die Freiheitlichen ab. Sie treten vielmehr für ein ausgewogenes Maß an Rechten und Pflichten des einzelnen Staatsbürgers gegenüber der Gemeinschaft ein. Der *"fordernde Gruppenegoismus"* als gestaltendes Element der österreichischen Gesellschaft müsse abgebaut werden. Als beste Sozialpolitik bezeichnete Jörg Haider selbst die Strategie *"die Tüchtigen nicht zu entmutigen und die Faulen nicht zu fördern"*.

Hinsichtlich der Landesverteidigung tritt man für einen glaubwürdigen Neutralitätsschutz ein. Gerade die jüngste Diskussion um die österreichische Landesverteidigung allerdings bewirkte auch innerhalb der FPÖ-Reihen eine gegensätzliche Debatte, ob nicht doch auch ein Berufsheer statt der allgemeinen Wehrpflicht diesem Ziel entsprechen könnte. Um eine allzu starke Auslandsabhängigkeit zu vermeiden, tritt man für eine eigene österreichische Waffenproduktion sowie auch für entsprechend gesetzlich geregelte Waffenexporte ein.

Die außenpolitischen Überlegungen der FPÖ sind primär nach wie vor von der Frage des EG-Beitritts beherrscht. Dabei soll der Grundsatz der souveränen Neutralität der Republik verfolgt werden, die nach Schweizer Muster zu interpretieren sei. Die europäische Ausrichtung und die Tatsache der Zugehörigkeit zum deutschen Volks- und Kulturraum und die daraus resultierenden Verpflichtungen gegenüber den deutschen Minderheiten auf dem Boden der ehemaligen Habsburger Monarchie sind weitere Prinzipien der freiheitlichen Außenpolitik.

Wahrung und Weiterentwicklung der Rechtsstaatlichkeit sind Prinzipien, die die Freiheitlichen auch unter Jörg Haider gemäß ihrer großen, alten freiheitlichen Tradition verfolgen. Recht und Ordnung werden als notwendige Rahmenbedingungen im modernen Staat vollinhaltlich akzeptiert. Im Hinblick auf die Kriminalitätsbekämpfung soll nach freiheitlicher Ansicht eher das Opfer als der Täter im Mittelpunkt des Interesses stehen. Den freiheitlichen Rechtsstaat gilt es insbesondere dort zu schützen, wo politische Korruption, Nepotismus und der unmenschliche Druck der Parteibuchwirtschaft Bürgerrechte und Menschenwürde mit Füßen treten.

DIE MITTEL-PARTEI.

Erdrutschwahlsiege und neue Wählerpotentiale

Erdrutschwahlsiege und neue Wählerpotentiale

Der 23. November des Jahres 1986 geht als historische Zäsur in die österreichische Geschichte ein, die sowohl für die innenpolitische Landschaft insgesamt als auch insbesondere für die Entwicklung der Freiheitlichen Partei von Bedeutung ist. Nahezu ein Viertel der Österreicher - jene 10 Prozent für Jörg Haider und die Freiheitlichen, die gut 4 Prozent der Grünen und die 11 Prozent Nichtwähler - distanzierte sich demonstrativ von jenen beiden alten Parteien, die sich die Republik seit 1945 als Proporz- und Pfründe-Selbstbedienungsladen eingerichtet hatten. Die medialen Jubelberichterstatter der beiden (Noch-)Großparteien mochten zwar lauthals darauf hinweisen, daß sich noch immer zwei Drittel der Bürger für Rot und Schwarz und damit für die große Koalition ausgesprochen hatten. Bedenkt man aber die starren Strukturen des politischen Gefüges Österreichs und das traditionelle Lagerdenken, so bedeutete dieses eine Viertel, das sich den Großkoalitionären verweigerte, bereits den Beginn einer echten Revolution. Jener Erdrutschsieg, den Jörg Haider und seine erneuerte FPÖ verbuchen konnten, war somit die wahre Wende der österreichischen Innenpolitik und dies in mehrerer Hinsicht: Zum einen war da, wie bereits skizziert die radikale Abkehr von den alten Parteien. Zum anderen stellte man mit freudiger Verwunderung fest, daß der österreichische Bürger sich zunehmend von der übermächtigten Meinungsmache der rot-schwarz dominierten Medien emanzipiert hatte. Und schließlich erwies sich Österreichs traditionelles Drittes Lager, auf der Basis seines überkommenen, die historisch-kulturelle, ethnische Identität betreffenden nationalen Bekenntnisses fähig, wirklich eine soziale und liberale Erneuerungsbewegung zu werden. Bereits damals, unmittelbar nach der Wahl, zeichnete sich ab, daß Jörg Haider die Rolle des Anwalts, des Bürgers und des kleinen Mannes überzeugend und durchschlagkräftig ausfüllen würde. Der Kampf für neue Freiräume des Menschen gegenüber dem alles überwuchernden rot-schwarzen Parteienstaat mochte *"populistisch"* genannt werden, er war und ist auf jeden Fall eine zutiefst liberale Aufgabe. Das Eintreten für soziale Gerechtigkeit gegenüber den Bereicherungsmechanismen einer neuen privilegierten Kaste mochte ebenfalls als populistisch abqualifiziert werden, es war und ist jedoch ein echtes soziales Anliegen. Und das unbefangene Eintreten für die eigene ethnisch-kulturelle Identität, wurde und wird immer wieder von den sattsam bekannten Antifaschisten und ewig gestrigen *"Nazijägern"* als nationalistisch diffamiert, was nichts an der Berechtigung eines vernünftigen und maßvollen Nationalbewußtseins ändert.

Oppositionsführer Haider zog nach den Nationalratswahlen vom 23. November 1986 als Klubobmann in das Parlament ein. Nach den Jahren zwischen 1979 und 1983 war dies seine zweite Legislaturperiode als Nationalratsabgeordneter.

Diese drei inhaltlichen Schwerpunkte, gepaart mit einer dynamischen Umweltpolitik, die auf Heimatverbundenheit basiert und den sinnvollen Einsatz moderner Technologien forciert, sollten Jörg Haiders Freiheitlicher Partei auch künftig den Aufwind sichern. So gesehen war der 23. November erst der Beginn einer Entwicklung, die Österreichs politische Landschaft grundlegend revolutioniert. Nun aber trat die große Koalition der beiden großen Verlierer auf den Plan - mit dem Ziel die politische Erneuerung der Zweiten Republik mit aller Macht zu verhindern. Daß diese rot-schwarze *"Proporz-Regierung"* im Grund nur mehr der Konkursverwalter des längst bankrotten bipolaren Systems wurde, konnte der Bürger unschwer erkennen. Wille und Fähigkeit zur wirklichen politischen Umkehr mußte dieser großen Koalition zwangsläufig fehlen.

Vorläufig aber war da der Wahltag selbst: Als am Abend des 23. November 1986 in der Wiener Hauptwahlbehörde vom Innenminister das Endergebnis der österreichischen Parlamentswahl bekanntgegeben wurde, stand fest, daß sich das Parteiengefüge grundlegend revolutioniert hatte. Mit einer Verdoppelung der Stimmen auf nahezu 500.000 und beinahe 10 Prozent hatte der Volkstribun Jörg Haider das beste Wahlergebnis in der Geschichte der Freiheitlichen Partei erreicht und den beiden Großparteien nachhaltig das Fürchten gelehrt. Zwar konnten die Sozialisten, die seit dem Jahre 1970 an der Regierungsmacht waren, ihre relative Mehrheit trotz gewaltiger Stimmenverluste mit mageren 43 Prozent gerade noch über die Runden bringen, die christlich-konservative Volkspartei aber, die allen Meinungsumfragen nach nun wieder vor dem Sprung in eine Regierungsmehrheit gestanden war, geriet mit nur 41 Prozent der Wählerstimmen in die politische Defensive. Die Grün-Alternativen der Freda Meissner-Blau erreichten mit 4,6 Prozent den

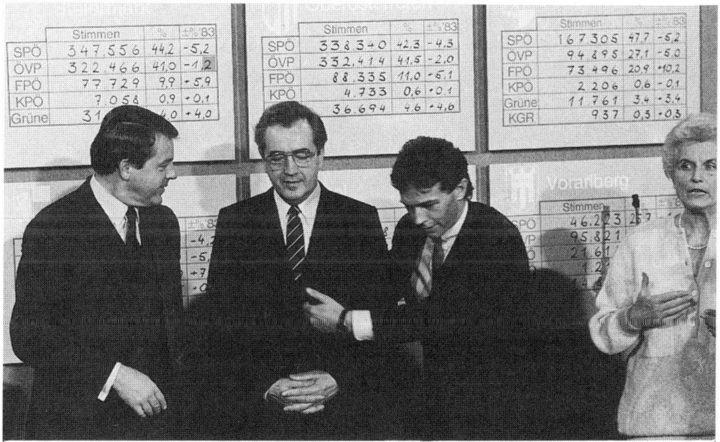

In der Wahlbehörde mußte nach den Nationalratswahlen vom 23. November 1986 der große Verlierer des Wahltages ÖVP-Chef Alois Mock von Jörg Haider gestützt werden.

Einzug ins Parlament. Die wahre Sensation aber war das Abschneiden Jörg Haiders mit seinen Freiheitlichen.

Geht man von jenem Stand der innenpolitischen Gewichte aus, wie er bis zum Ende der Ära Steger im September 1986 gegeben war, so gelang Jörg Haider mit dem Ergebnis dieser Nationalratswahlen eine Verfünffachung der vormals bei Meinungsumfragen gerade noch registrierten zwei Prozent. Im Vergleich zum Ergebnis der Nationalratswahlen von 1983 wurde der freiheitliche Wählerstand immerhin noch verdoppelt. Das Ausmaß dieses Wahlerfolges war weder von den politischen Gegnern der FPÖ noch von den Meinungsforschern erwartet worden. Dies nicht zuletzt deshalb, da es politische Erdrutsche dieser Art in der Zweiten Republik vorher noch nicht gegeben hatte. Jörg Haider selbst bezeichnete dieses Wahlergebnis auch für ihn als überraschend. Offenbar aber gehöre die Zukunft der Koalition mit jenen Bürgern, die sich aus dem *"Korsett"* der schwarz-roten *"Zwangsbevormundung"* befreien wollen.

Große Koalition als FP-Wahlhelfer

Das vor den Nationalratswahlen von 23. November 1986 prognostizierte Kopf-an-Kopf-Rennen der beiden Großparteien und ihrer Kanzlerkandidaten war völlig ausgeblieben. Die schweren Verluste der Sozialisten hinderten den damaligen SPÖ-Chef Fred Sinowatz nicht daran, die Wahrung der relativen Mehrheit als Erfolg zu bezeichnen. Dennoch änderte dies nichts daran, daß auch die SPÖ eines der schlechtesten Ergebnisse ihrer jüngeren Geschichte verbuchen mußte. In solch unglaubwürdigen Zweckoptimismus vermochte sich die Volkspartei und ihr Kandidat nicht zu flüchten: Ein schwer angeschlagener Alois

Mock mußte seine Niederlage offen eingestehen. Dennoch war man sich bereits am Wahltag sicher, daß es zur Koalition der Verlierer kommen mußte. SPÖ Kandidat Vranitzky mußte seine Vorwahl-Absage an eine Zusammenarbeit mit Jörg Haider und die Freiheitlichen zwangsläufig erneuern und in der ÖVP wurden mit dem Wiener Busek und dem Burgenländer Robert Graff unüberhörbar jene Stimmen laut, die lieber in die bis 1966 gewohnte *"Proporz-Pakelei"* mit den Sozialisten zurückkehren wollten, als in einer Zusammenarbeit mit den Freiheitlichen eine echte politische Wende zu vollziehen. Den Wahlsieger Jörg Haider ließ dies sichtlich unbeeindruckt. Er erklärte vielmehr, daß die Freiheitlichen auch aus der Opposition heraus mit Volksbegehren und anderen direktdemokratischen Initiativen aktiv werden würden, um die *"beiden alten Parteien vor sich herzutreiben"*.

Die Grün-Alternativen von Freda Meissner-Blau sollten mit immerhin acht Mandaten in das Hohe Haus einziehen. Ihre Aktivitäten sollten allerdings kaum umweltpolitische Relevanz erlangen, hingegen zu einer neuen ultralinken und marxistischen Präsenz im Wiener Parlament führen. *"Unsere vordringlichste Aufgabe"*, erklärte einer der führenden Männer der Grün-Alternativen gleich nach der Wahl, *"wird es scheinbar sein, eine Opposition zur Opposition darzustellen..."* Damit war die Hauptstoßrichtung der Grün-Alternativen im Nationalrat bereits klar: Weniger für den Umweltschutz als vielmehr gegen Jörg Haider und seine national-liberale Partei zu agieren.

Die auf die Nationalratswahlen von 23. November folgende Regierungsbildung zeigte bereits deutlich, daß die große Koalition zum besten Wahlhelfer für die freiheitliche Opposition werden würde: Noch während des Wahlkampfes hatte es geheißen, Österreich brauche *"eine Regierung der besten Köpfe"*. Die christlich-konservative Volkspartei hatte von der *"Wende"* geschwärmt, die Sozialisten von einem *"Neubeginn für Österreich"*, der dem Land einen *"Reformschub"* bringen sollte. Dann sah es allerdings so aus, als hätten die beiden alten Parteien, ihr letztes Aufgebot in Marsch gesetzt, um in Form einer großen Koalition eine tatsächliche Erneuerung des politischen Lebens der Zweiten Republik zu verhindern. Nach siebzehn Jahren saßen nun wieder erstmals ÖVP-Minister in der österreichischen Bundesregierung. Nach dem dürren Jahren der Opposition hatten sich Österreichs Christlich-Konservative die Rückkehr an die Futtertröge der Macht allerdings ein wenig anders vorgestellt. Nicht als führende Kraft, die den Kanzler stellte und die seit Jahren geforderte *"Neue Politik"* verwirklichte, sondern als Juniorpartner der sozialistischen Machtroutiniers traten sie in die Wiener Regierung ein. Diese einigermaßen klägliche Rückkehr in die Regierungsverantwortung war auf zwei Faktoren zurückzuführen. Hauptsächlich wurde den ÖVP-Politikern der bereits zum Greifen nahe erscheinende Wahlsieg durch ihre allzu offene Ankündigung genommen, sie würden eine große Koalition mit den Sozialisten anstreben. Allein dies mußte jedem kritischen Bürger klar machen, daß hier zumindest 50 Prozent wenn nicht mehr, der sozialistischen Politik weitergeführt werden sollten. Der freiheitliche Herausforderer Jörg Haider

Das Anwachsen der Haider-FPÖ machte diese in erster Linie zum schweren Konkurrenten für die ÖVP im bürgerlichen Lager. Dennoch war die Gesprächsbasis zwischen Jörg Haider und dem vormaligen ÖVP-Chef Alois Mock einigermaßen positiv.

verstand es da wesentlich besser, den Österreichern die Perspektive einer politischen und moralischen Erneuerung des Landes zu vermitteln. Die von der ÖVP ausgegebene Losung von der *"Wende"* vermochte hingegen kaum mehr glaubwürdig zu erscheinen. Das zweite Problem der Volkspartei war der bereits ein Dreivierteljahr als Kanzler amtierende Franz Vranitzky, der - in Umkehr der 16jährigen sozialistischen Politik unter Kreisky und Sinowatz - so etwas wie eine konservative Wendung der SPÖ-Politik in Gang setzte. Die Christlich-Konservativen konnten sich von den Sozialisten kaum mehr abheben, verkündete doch Franz Vranitzky selbst ein quasi konservatives Programm, das auf Leistung, Wirtschaftlichkeit, Rationalität und Sanierungswillen aufbaute. Der so völlig unsozialistische, so bürgerlich wirkende, stets tadellos gekleidete Bankdirektor und Spitzenkandidat der SPÖ mochte vielen Wählern aus der bürgerlichen Reichshälfte durchaus akzeptabel erscheinen, und überdies konnte man ihm ökonomische Kompetenz kaum absprechen. Daß aber ein Mann wie

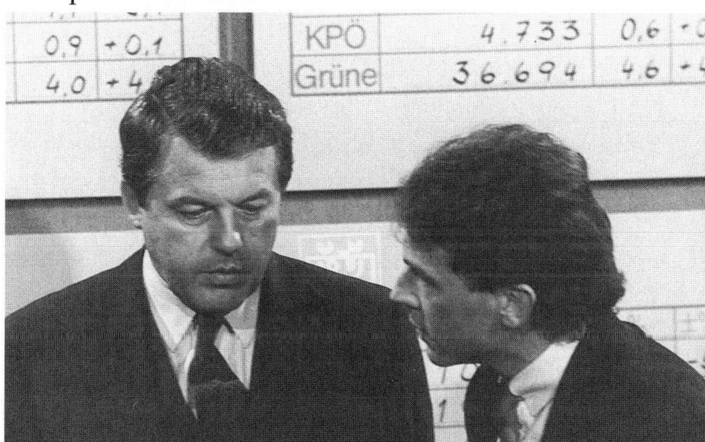

Das Wahlergebnis der Nationalratswahlen vom 23. November 1986, kannte nur einen Sieger: FPÖ-Chef Jörg Haider (im Bild mit Kanzler Franz Vranitzky).

Vranitzky an die Spitze der österreichischen Sozialisten treten konnte, war seinerseits wieder nur möglich, weil diese in den letzten Jahren zunehmend an Substanz und ideologischem Selbstvertrauen verloren hatten. Der linke Flügel der Partei hätte einen solchen Mann wohl kaum an ihrer Spitze geduldet, wenn nicht klar gewesen wäre, daß ohne einen solchen Führungswechsel der schwere Gang in die Opposition unvermeidbar geworden wäre.

Die Verfechter der rot-schwarzen großen Koalition erklärten nun, daß diese die einzige Regierungsform sei, in der eine Lösung der schweren österreichischen Probleme möglich wäre. Tatsächlich gab es im Finanz- und Wirtschaftsbereich bald so unlösbare Aufgaben: Die explodierenden Haushaltsdefizite mußten gebändigt werden, die schwer notleidende verstaatlichte Industrie, die die Steuerzahler Milliarden gekostet hatte, mußte saniert werden. Die im Zeichen der Kreiskyschen Politik überdrehte Sozialpolitik mußte auf ein vernünftiges Maß reduziert, die Steuerschraube gelockert werden und schließlich sollte Österreich den ökonomischen Anschluß an Westeuropa, an seine Märkte und seine technologischen Entwicklungen finden. Die fetten Jahre des Verteilens von sozialen Leistungen waren zweifellos zu Ende. Die mangelnde politische Zivilcourage der ÖVP, nicht selbst der Hauptverantwortliche für die sich anbahnenden, unpopulären Sanierungsmaßnahmen zu sein, mochte der eigentliche Hauptgrund für die Flucht in die große Koalition gewesen sein. Eine *"Wende"* wie sie die Volkspartei durch lange Jahre getrommelt hatte, wäre in einer Koalition mit den siegreichen Freiheitlichen des Jörg Haider nämlich weit eher zu verwirklichen gewesen. Dabei hätte man allerdings die erbitterte Gegnerschaft der Sozialisten und Gewerkschaften in Kauf nehmen müssen. Und dies hatten sich Österreichs Christlich-Konservative wohl nicht zugetraut.

Aber auch die Sozialisten wußten damals, daß die Zeit für sie drängte. Vranitzky dürfte unterschwellig erkannt haben, daß er zum Erfolg verdammt war, da er sich sonst kaum längere Zeit an der Spitze der Sozialdemokratie hätte halten können. Der von dem SPÖ-Macher angepeilte kurzfristige und medienwirksame Erfolg, sollte tatsächlich nur in einer Zusammenarbeit mit der Volkspartei zu haben sein. Daher hatten Vranitzky und die anderen SPÖ-Unterhändler der Forderung der Volkspartei nach einer zahlenmäßigen Parität beider Parteien in der Regierung schließlich zugestimmt. Daher hatten dann die Sozialisten acht Regierungsmitglieder gestellt und acht wurden von der Volkspartei entsandt. Einzig das Justizministerium sollte von einem unabhängigen Minister verwaltet werden. Und daher wurde auch das Außenministerium trotz drohender Interventionen und Proteste des Altkanzlers Bruno Kreisky von den Sozialisten geopfert. So kam eine Regierung heraus, in der die Sozialisten mit dem Kanzler, dem Finanzminister, dem Minister für die verstaatlichte Industrie und dem Sozialminister zwar wirtschaftliche Schlüsselressorts in der Hand hatten, die Volkspartei mit dem neugeschaffenen Wirtschaftsressort aber dem Mittelstand weismachen zu können glaubte, daß sie wirtschaftliche Kompetenz ausübe. Die Beurteilung des freiheitlichen Oppositionsführers, daß es sich bei dem damals gebildeten rot-schwarzen Kabinett um das letzte Aufgebot der beiden alten Parteien gehandelt habe, um sich selbst zu sanieren, war keineswegs falsch. Für die Sozialisten ging es darum, die von ihnen durch siebzehn Jahre ausgeübte Regierungsmacht weiterhin in die Zukunft zu retten. Und für die Volkspartei, die nach der Wahlniederlage sichtlich angeschlagen war, lautet die Parole, daß nunmehr öffentlichkeitswirksame Erfolge verzeichnet werden mußten. Jörg Haider gab der rot-schwarzen Koalition anfangs kaum mehr als eine Legislaturperiode. Seiner Ansicht nach könnte sich die große Koalition nur länger halten, wenn es einen Geheimpakt gäbe, daß sie über zwei Gesetzgebungsperioden dauern müßte. Tatsächlich war und ist die ÖVP vor allem dadurch gefährdet, daß ihr der SPÖ-Kanzler Vranitzky auch innerhalb der Regierung stets die Schau stahl, nach dem bekannten Motto *"Auf den Kanzler kommt es an"*. Und da die Volkspartei nunmehr für sehr unpopuläre Maßnahmen die Mitverantwortung übernehmen mußte, riskierte sie, daß die SPÖ den Wählern weismachte, der soziale Abbau sei einzig den bösen Schwarzen zu verdanken. Aber auch der eigenen Klientel gegenüber mußte die ÖVP in Schwierigkeiten geraten. Sie hatte ja nunmehr Dinge mitzutragen, gegen die sie jahrelang gekämpft hatte. Dies hatte insbesondere Enttäuschungen für die Privatwirtschaft zur Folge. Aber auch die Sozialisten hatten schwere Zeiten zu erwarten. Vranitzky mußte seinen Parteifreunden den Abschied von der sozialistischen Wirtschaftspolitik schmackhaft und plausibel machen. Dabei bekam er immer wieder Störfeuer vom linken Flügel und aus Teilen der Gewerkschaft. Gerade aus diesem sozialistischen Traditionsmilieu konnte man kaum mit Mitverständnis dafür rechnen, daß Österreichs rot-schwarze Koalition auf eine ähnliche Wirtschaftspolitik, wie sie in der Bundesrepublik das Duo Kohl-Stoltenberg zu jener Zeit gestaltete, einzuschwenken hatte.

Jene Stimmen, die vor einer Erneuerung der großen Koalition alten Stils, wie sie bis 1966 existiert hatte, warnten, schienen jetzt recht zu behalten. Damals hatte die schwarz-rote Koalition und der von ihr praktizierte parteipolitische Proporz alle Bereiche des öffentlichen Lebens gelähmt. Nun schien sich die gleiche Entwicklung anzubahnen: Es sollte keinen koalitionsfreien Raum geben, im Ministerrat wurde weiterhin das Prinzip der Einstimmigkeit praktiziert und die Minderheitenrechte der Opposition im Parlament wurden in keiner Weise ausgebaut. Darüber hinaus sollte es keinerlei direktdemokratische Einflußmöglichkeiten, wie etwa die zwingende Durchführung einer Volksabstimmung nach einem Volksbegehren, geben. Ein Koalitionsausschuß, der von den zwei Kanzleramtsministern geleitet wurde, klärte überdies die bedeutendsten Fragen und degradierte das Parlament damit zur bloßen Kulisse. Jörg Haiders Beurteilung, daß *"die Koalition der Verlierer"* Österreich demokratiepolitisch, umweltpolitisch und wirtschaftspolitisch zuzementieren würde, bewahrheitete sich somit. Wahrheit wurde aber auch die politische

Prophezeihung, daß diese Zustände sich als optimale Wahlhilfeaktionen für die freiheitliche Opposition herausstellen sollten.

Eine Serie von Regionalwahlsiegen

Wie sich bereits unmittelbar nach dem Innsbrucker Parteitag im September 1986 andeutete, setzte eine Serie von Regionalwahlsiegen ein, die den Aufschwung der österreichischen Freiheitlichen unter Jörg Haider zu einer Mittelpartei zeitigten. Am 21. September 1986, also eine Woche nach dem Innsbrucker Parteitag, fanden in der Steiermark Landtagswahlen statt, die bereits im Zeichen Jörg Haiders standen. Obwohl man angenommen hatte, daß die Freiheitlichen ihre beiden Mandate verlieren würden und aus dem Landtag hinausfliegen würden, schafften sie es noch einmal. Überraschenderweise errangen sie in der Obersteiermark, wo sie im krisengeschüttelten Industriegebiet konsequent für eine radikale Sanierung der verstaatlichten Industrie eingetreten waren, ihr Grundmandat. Ganz wesentlich spielte dabei allerdings mit, daß eine Woche vor den Landtagswahlen mit Jörg Haider ein neuer Bundesparteiobmann die FPÖ übernommen hatte und somit neuer Optimismus innerhalb der Parteibasis eingekehrt war. Nachdem man beispielsweise in Graz im Frühjahr zuvor bei Meinungsumfragen nur mehr bei zwei Prozent der Wählerstimmen gelegen war, hatte sich somit die Freiheitliche Partei gleichzeitig mit Beginn der Ära Jörg Haider in der Steiermark stabilisiert. Mit 6,4 Prozent der Stimmen erreichte sie in der Landeshauptstadt Graz immerhin ein respektables Ergebnis und verlor dort nur 1,8 Prozent. In Leoben etwa, wo die Abschlußkundgebung der FPÖ-Wahlkampagne mit dem neuen Bundesparteiobmann stattgefunden hatte, vermochte man immerhin noch einen Stimmenanteil von 5 Prozent zu erlangen. Dies schlug sich auch darin nieder, daß das freiheitliche Grundmandat eben in der Obersteiermark und nicht wie früher in der einstigen FPÖ-Hochburg Graz errungen wurde. Insgesamt betrug der freiheitliche Stimmenverlust nur 0,5 Prozent. Nach allen vorhergehenden Meinungsumfragen hätte er etwa 1,5 Prozent betragen müssen. Der Obmannwechsel von Steger auf Haider dürfte diesen Niedergang der Partei aufgefangen und ihr die zwei steirischen Mandate gerettet haben. Deutlich war dies bereits während der letzten Wahlkampfwoche geworden, wo man gesehen hatte, daß die von Jörg Haider durchgeführten Wahlveranstaltungen regen Zuspruch fanden, wohingegen zuerst kaum jemand in den *"Blauen Bus"* der freiheitlichen Wahlwerbung gestiegen war. Deutlich war damit bereits eine Woche nach dem Innsbrucker Parteitag, daß die Freiheitlichen den von Meinungsforschern prognostizierten Tiefpunkt von bundesweiten 3,2 Prozent hinter sich gelassen hatten. Mit Klubobmann Ludwig Rader und Engelbert Weilharter saßen somit weiterhin zwei Freiheitliche im Grazer Landhaus und vermochten dort FPÖ-Politik zu vertreten.

Mehr als ein Jahr nach dem Führungswechsel von Innsbruck sollten dann die burgenländischen Landtagswahlen vom 4. Oktober 1987 zu einer ersten wirklichen Nagelprobe für die innerparteiliche Erneuerung und für Jörg Haider selbst werden. Und tatsächlich, in Österreichs östlichstem Bundesland, wo man seit langen Jahren in keinem Landtag vertreten war, erreichten die Freiheitlichen 12.855 Stimmen und drei von 36 Mandaten. Klubobmann in Eisenstadt wurde der burgenländische Richter Wolfgang Rauter, ihm zur Seite stehen Eduard Nicka und Gregor Munzenrieder als Abgeordnete. Obwohl der Versuch, einen sozialistischen Landeshauptmann durch eine Zusammenarbeit mit der Volkspartei zu verhindern, mißlang, konnte sich die FPÖ auch im östlichsten Bundesland als landespolitischer Faktor etablieren.

Die Wiener Landtagswahlen am 8. November 1987 waren zwar von einem großen Nichtwähleranteil geprägt, brachten aber wiederum einen überragenden Erfolg der Freiheitlichen. 67.815 Wiener sprachen sich für die FPÖ aus. Acht Mandate und ein Stadtrat gingen somit an die Freiheitlichen. Den Stadtratsposten bekleidet Rainer Pawkowicz. Klubobmann blieb weiterhin Erwin Hirnschall; ihm zur Seite stehen Hilmar Kabas, Karin Landauer, Lothar Gintersdorfer, Gerhard Zeihsel, Ingrid Kariotis, Walter Prinz und Johann Kirchner. Tatsächlich war diese Wiener Landtags- und Gemeinderatswahl ein Meilenstein in der freiheitlichen Parteigeschichte: Neben dem Sitz im Stadtsenat bekamen die Freiheitlichen erstmals einen Sitz im Bundesrat und den politischen Gegnern der FPÖ wurde klar, daß deren Hoffnungsgebiete, insbesondere im Osten, in bislang sozusagen *"unbeackerten"* Gegenden lagen.

Die Wiener Gemeinderats- und Landtagswahl vom 8. November 1987 brachten den Freiheitlichen einen weiteren Wahltriumph (im Bild FPÖ-Chef Jörg Haider mit dem Wiener Landesparteiobmann Erwin Hirnschall - rechts - und dem neuen Stadtrat Rainer Pawkowicz.

Den Höhepunkt der Serie von freiheitlichen Regionalwahlsiegen brachte aber der 12. März 1989: Im heiligen Land Tirol mußte die Religion als Vorwand für die Vorverlegung der Landtagswahlen auf den Termin, den ursprünglich nur Salzburg ins Auge gefaßt hatte, den 12. März, herhalten. In Kärnten, das seit Jahrzehnten von den Sozialisten mit absoluter Mehrheit dominiert wurde, war es die in frommer Empörung geheuchelte Abscheu vor dem permanenten Wahlkampf, den Volkspartei und Freiheitliche seit der Installierung des neuen Landeshauptmannes Ambrozy angezettelt hätten. Und sogar in Vorarlberg dachte der ÖVP-Landesfürst daran, sich ebenso auf den magischen 12. März mit einer Vorverlegung der Landtagswahlen einzulassen. All dies waren billige Vorwände, da es jedermann wußte und die Zeitungskommentatoren es in ihren Gazetten trommelten: Es war die Angst vor Jörg Haider, die in den alten Parteien umging, die Angst und die Ratlosigkeit, wie man den Seriensieger aller Wahlgänge seit 1986 denn begegnen könnte. Von nichts anderem als von Ratlosigkeit zeugte es nämlich, wenn man hoffte, der blauen Wahllokomotive durch den Zwang zur Aufsplitterung in mehrere, gleichzeitig zu betreuende Bundesländer begegnen zu können. Gewiß, Jörg Haider ist auch nur ein Mensch, sein Tag hatte auch damals schon nur 24 Stunden, er hat keine Doubles und keine Klone im Einsatz. Er mußte auch in der Wahlkampagne vor dem 12. März mühsam die physische und psychische Zerreißprobe der diversen Wahlkämpfe, von Veranstaltung zu Veranstaltung, von Diskussion zu Diskussion, von Rede zu Rede durchstehen. Und zweifellos konnte auch er, den die Parteisekretäre von SPÖ und ÖVP wahrscheinlich schon mit dem Leibhaftigen verwechselten, gleichzeitig nur einen Wahlkampftermin wahrnehmen. Damit aber waren es in den einzelnen Wahlkampfländern weniger Termine bei denen er persönlich erscheinen konnte. Daß allerdings er, der längst nicht mehr an allen Orten selbst auftreten konnte, daß dieser Parteichef der neuen FPÖ bereits damals längst nicht mehr bei allen politischen Diskussionen selbst anwesend sein mußte, entging den roten und schwarzen Parteistrategen. Sein Ruf, der gewiß eine Folge seiner konsequenten politischen Haltung war und ist, nicht zuletzt auch ein Produkt der ebenso konsequenten Verteufelung durch die schwarzen und roten Parteisekretariate, eilte ihm nämlich bereits damals längst voraus und ersetzte ihn zum großen Teil bereits. Natürlich sollten die Wahlen in Tirol und Salzburg und ganz speziell in Kärnten, Haider-Wahlen werden. Natürlich wählten die Bürger dieser Länder auch, aber nicht zuerst, die regionalen Kandidaten, sondern vielmehr ein politisches Programm, das in der Person des Oppositionsführers sozusagen Fleisch geworden war. Zwar ist dem kritischen Bürger Österreichs jegliche Form von Personenkult ein Greuel. Der seinerzeitige Wahlslogan, *"Der Jörg der traut sich was"*, hat sich aber im kollektiven Unterbewußtsein der Österreicher längst festgesetzt. Und tatsächlich teilten immer mehr Menschen des Landes die Meinung, daß einer aufgestanden war, der den saturierten Jüngern der Macht, den Proporzkaisern, den Spesenrittern und Aufwandentschädigungsmillionären die Wahrheit und die Meinung des Volkes ins Gesicht sagte. Jörg Haider mußte also in Salzburg, Tirol und in Kärnten längst nicht mehr immer und überall in eigener Person erscheinen. Sein unbeschwertes Löcken wider den Stachel der Mächtigen und die hilflose, wenn nicht schon gar lächerliche Angst der Altpartei-Strategen vor dieser Herausforderung gewährleisteten nun aber den Erfolg bei diesen Regionalwahlen geradezu. Angst war auch bereits damals ein schlechter Ratgeber und die allzu durchsichtigen taktischen Tricks der roten und schwarzen Parteisekretariate, eben die Zusammenlegung der Regionalwahl auf einen Tag waren nur zu offensichtlich von dieser Angst diktiert. Kärntens Kurzzeitlandeshauptmann Ambrozy konnte so tun, als sei seine Entscheidung für den Wahltermin am 12. März in keiner Weise von Überlegungen im Hinblick auf Jörg Haider und die Freiheitlichen diktiert. Tirols Landesfürst Partl konnte fromm gegen den Himmel blicken, so tun, als dächte er ausschließlich an die heilige Muttergottes, und doch wußte jeder, daß ihm die Furcht vor 10 Prozent FPÖ-Stimmen in den Knochen steckte. Die regierenden Großkoalitionäre in Wien selbst jedoch wußten auch bereits damals genau, daß bis zum 12. März 1989 nichts mehr geht. Ein derartig großer und wichtiger Wahlsonntag blockierte die Koalition für Monate in ihrer Arbeit. Politische Beobachter waren aber bereits Monate und Wochen vor dem Wahltag selbst der Meinung, daß ein weiterer Wahlsieg Jörg Haiders und seiner Freiheitlichen in gleich vier Bundesländern am selben Tag, die roten und schwarzen Proporzverwalter voll in ihrer politischen Substanz treffen könnte. Bereits damals geisterte das Wort durch die Zeitungen, daß es möglicherweise bald in ganz Österreich Kärntner Verhältnisse gebe.

Tatsächlich vermochten die Freiheitlichen am 12. März 1989 in Salzburg 40.375 Stimmen und damit 6 von 36 Mandaten im Landtag zu erlangen. Überdies erreichten sie damit wieder einen Sitz in der Landesregierung, den der Installateurmeister Volker Winkler seitdem einnimmt. In den Landtag zogen Hans Buchner, Margot Hofer, Andreas Eisl, Ingo Othmar Scharfetter, Hubert Thaller und Iris Schludermann ein.

In Tirol wählten 58.320 Bürger die FPÖ. Von 36 Mandaten wurden 5 erreicht, was eine vernichtende Niederlage der Volkspartei bedeutete. Im Innsbrucker Landtag sitzen seitdem für die Freiheitlichen Dr. Walter Ebenberger, Willi Grissemann, Dr. Johannes Lugger, Dr. Heinz Unterberger, Dr. Horst Wendlin.

Am 8. Oktober 1989 wurde schließlich in Vorarlberg gewählt, wo die Freiheitlichen 28.707 Stimmen und 6 von 36 Mandaten erlangten. Auch hier stellen sie mit Hans Dieter Grabher weiter ein Mitglied der Landesregierung. Dieter Mader, Werner Strohmaier, Reinhard Döschwell, Hubert Gorbach, Ewald Stadler und Brunno Hummer sitzen für die Freiheitlichen im Bregenzer Landtag.

Als Ergebnis dieser Regionalwahlen konnte Jörg Haider seine Freiheitlichen in knapp einer Legislaturperiode in alle Landtage hineinbringen. Dadurch konnte er sie zum großen Teil wieder in Regierungsmitverantwortung katapultieren und gleichzeitig eine starke Bundesratfraktion ins Leben rufen. Unter der Fraktionsführung von Generalsekretärin Heide Schmidt sind der Salzburger Georg Lakner, der Tiroler Walter Meischberger, gleichzeitig in der Nachfolge von Harald Göschl Bundesgeschäftsführer, der Kärntner Gernot Rumpold und der Niederösterreicher Karl Schwab, Mitglieder des Bundesrates.

Noch vor dem Villacher Parteitag vom Herbst 1988 leitete Jörg Haider eine großangelegte Reorganisation der Partei ein. Erklärtes Ziel Jörg Haiders und seiner Mitstreiter war es dabei, die organisatorischen Voraussetzungen für den damals bereits so erfolgreich angetretenen Weg zur Mittelpartei zu schaffen. Daß in diesem Sinne die Öffnung der Freiheitlichen hin zu neuen Wählerschichten sowohl in den handelnden Personen als auch im Organisationskonzept insgesamt signalisiert werden mußte, stand bereits damals außer Zweifel. Zwar kamen die drei im Mittelpunkt dieser Reorganisation stehenden Personen, der neue Bundesgeschäftsführer und die beiden Generalsekretäre im wesentlichen aus traditionellen Bereichen der national-liberalen Bewegung: Heide Schmidt, Kind Sudetendeutscher Eltern, sollte von ihrem ganzen Habitus her, den urbanen, eher liberal akzentuierten Wählerbereich abdecken. Doch signalisierte sie als Frau die Öffnung für den ständig größer werdenden Bereich der weiblichen Wähler. Mathias Reichhold stammt aus einer bäuerlichen Kärntner Familie und damit aus einem traditionellen Sympathisantenkreis der Freiheitlichen in Österreichs südlichstem Bundesland. Und doch stand er bereits damals für die verstärkte Öffnung hin zur Jugend und für das freiheitliche Werben um den fleißigen, leistungsorientierten und aufstrebenden jungen Österreicher. Der neue Bundesgeschäftsführer, Harald Göschl, schließlich hatte seinen bisherigen Weg in Wirtschaftskreisen gemacht, die dem freiheitlichen Lager in manchem nahe stehen. Er signalisierte jedoch nicht zuletzt den Willen der FPÖ, sich mit den Methoden des modernen Managements um die Belange der Partei und ihrer Wähler zu kümmern. Daß eine solche Reorganisation der Parteistruktur nicht ohne Härten und schmerzende Eingriffe vonstatten gehen konnte, lag und liegt in der Natur der Sache. Das Vertrauen immer breiterer Wählerschichten brachte allerdings schlechthin die Verpflichtung mit sich, auch wirklich alle verfügbaren Mittel zur Durchsetzung des damit verbundenen politischen Auftrages einzusetzen. Und dabei konnte für falsch verstandene Beamtenmentalität oder gar Quertreibereien kein Platz sein. Jörg Haider bewies dabei, daß er neben unermüdlichem persönlichen Einsatz, auch durchaus in der Lage war und ist, entsprechende Führungsqualität innerhalb der Partei zu entwickeln und seine organisatorischen Vorstellungen zu verwirklichen. Was von den Gegnern der FPÖ gehässig als *"diktatorischer Stil"* bezeichnet wurde, war in Wirklichkeit nur das Verhalten eines starken Parteiobmannes, wie man ihn in den beiden alten Parteien seit Jahren nicht mehr kennt. Der traurige Fred Sinowatz und der wehleidige Franz Vranitzky, wie auch der schwache Alois Mock boten gerade zu dieser Zeit einen eher müden Kontrast zum freiheitlichen Bundesparteiobmann.

Den Nationalratsklub führte Jörg Haider bis zum Sommer 1989, als er in der Folge seiner Berufung zum Kärntner Landeshauptmann aus dem Parlament ausschied, selbst. Ihm zur Seite stand als eine Art *"Klubdirektor"* Friedhelm Frischenschlager, der bereits aus der Ära Norbert Steger über große parlamentarische Erfahrung verfügte. Der Tiroler Abgeordnete Gerulf Stix war nach den Nationalratswahlen vom 23. Oktober 1986 wiederum zum dritten Präsidenten des Nationalrates bestimmt worden. Es war für die FPÖ richtig, diese Position zu halten, da sie überaus wichtig ist und hinter den Kulissen vielseitige Möglichkeiten zu vermittelnder Arbeit bot. Generalsekretär Gugerbauer war und ist als Abgeordneter zugleich die außenpolitische Akzentuierung der Freiheitlichen zu danken: In der Europapolitik und was die EG-Annäherung betrifft, vermochte er freiheitliche Positionen auch gegenüber den Regierungsparteien durchzusetzen. Was das Bemühen Österreichs betrifft, für die Volksdeutschen aus den ehemaligen K.u.K - Ländern aktiv zu werden, war und ist gerade Gugerbauer eine der treibenden Kräfte. Helmut Krünes war bis zu seinem Ausscheiden aus dem Nationalrat, nachdem er in den Niederösterreichischen Landtag als Klubobmann einzog, Industriesprecher der Freiheitlichen. Ihn beerbte letztlich Helmut Moser, ein Oberst des Generalstabes. Harald Ofner war wegen seiner Tätigkeit als Justizminister der berufene Justizsprecher der Freiheitlichen im Nationalrat. Helene Partik-Pablé konnte sich nicht nur als Mitglied des Parlamentarischen Lukona-Untersuchungsausschusses profilieren, sie bewies auch, daß die Sozialpolitik bei den Freiheitlichen berufene Sachwalter hat. Die oberösterreichische Abgeordnete Karin Praxmarer ist die Schulsprecherin der Partei und neben Helene Partik-Pablé und der Vorarlbergerin Klara Motter eine der engagierten Damen der blauen Parlamentsriege. Der Kärntner Tierarzt Herbert Haupt ist Teil des Dreiergespannes welches das südlichste Bundesland im Nationalrat vertritt. Neben Alois Huber, dem Bruder der freiheitlichen Landtagspräsidentin Kriemhild Trattnig und engagierten Agrarpolitiker, war es anfangs Jörg Haider und nach dessen Abgang nach Kärnten der Lavanttaler Gastwirt Günther Schönhart, der dieses Trio ergänzte. Als Gesundheitssprecher trat Haupt engagiert für die Freiberufler auf und vermochte sich in jüngster Zeit als Mitglied des parlamentarischen Norikum-Untersuchungsausschusses zu profilieren. Alois Huber ist mit den beiden anderen Agrariern, Gerulf Murer und dem Niederösterreicher Hintermayer, die treibende Kraft einer freiheitlichen Agrarpolitik, die die Erhaltung der bäuerlichen Familienbetriebe zum Ziel hat. Der Abgeordnete Holger Bauer ist der freiheitliche Finanzsprecher im Nationalrat, wozu er aus seiner Tätigkeit als Staatssekretär im Finanzministerium während der kleinen Koalition prädestiniert ist. Für die Mittelständische Wirtschaft wirken Hermann Eigruber aus Oberösterreich und sein Salzburger Kollege Helmut Heigermoser, die sich vehement für eine Liberalisierung der Gewerbeordnung einsetzen. Der Steirer Fritz Propst ist der Verkehrssprecher der FPÖ. Der Tiroler Siegfried Dillersberger schließlich konnte sich nicht zuletzt als Umweltsprecher und als Obmann des Umweltausschusses einen Namen in der breiten Öffentlichkeit machen. Er galt neben Heide Schmidt und Norbert Gugerbauer als eigentliche Führungsreserve der Partei.

Neue Wählerpotentiale

Österreich war also mit Jahresbeginn zur *"quasi autoritären"* (so der FPÖ Politiker Norbert Gugerbauer) Zwei-Parteien-Regierung der schwarz-roten Koalition zurückgekehrt. Die eher allgemeinen Lösungsvorschläge, die in der Regierungserklärung dieser Koalition für die drängendsten Probleme des Landes angeboten wurden, und die immer wieder auftretenden innerparteilichen Kämpfe innerhalb der christlich-konservativen ÖVP und der Sozialistischen Partei, demonstrierten allerdings bereits zu Beginn der Koalition recht deutlich, daß die Herrschaft der schwarz-roten Einheitspartei keine große Zukunft hatte. Damit aber stellte sich die Frage, wo die Perspektiven für Österreich liegen. Die seit Jahren anstehende Diskussion um eine *"Dritte Republik"* war damit in eine neue Phase getreten.

Die zweite österreichische Republik war dadurch gekennzeichnet, daß die beiden großen politischen Lager des

Landes sich bereits vor der Wiedergründung des Staates im Frühjahr 1945 zu Parteien formierten, und somit gewissermaßen an der Wiege der wiedererrichteten Republik standen. Allein dies mag ausschlaggebend dafür gewesen sein, daß Sozialisten und Christlich-Konservative sich diesen Staat auf dem Konsenswege aufteilen zu können glaubten. Nach der frühen und konsequenten Ausschaltung der durch die sowjetischen Besatzer geschützten Kommunisten, durchdrangen ÖVP und SPÖ bald alle Lebensbereiche des öffentlichen, politischen, kulturellen und wirtschaftlichen Geschehens des Landes. Der rot-schwarze Proporz und die totale Parteibuchwirtschaft übernahmen so das Regiment. Erleichtert wurde dies im wirtschaftlichen Bereich dadurch, daß durch das sogenannte *"deutsche Eigentum"* nahezu die gesamte Schlüsselindustrie des Landes und die Rohstoffgewinnung verstaatlicht wurden. Das historische dritte Lager des Landes, die National-Liberalen, war bekanntlich bis 1949 aus den politischen Entscheidungsprozessen ausgeschlossen und konnte so gegen diese rapide Entwicklung zu Beginn der Geschichte der Zweiten Republik keinen Widerstand leisten. Die schwarz-rote Koalition, die von 1945 bis 1966 die Geschichte des Landes regierte, vermochte sich bis 1955, bis zur Erlangung des Staatsvertrages und der relativen Souveränität also, gewissermaßen legitim darauf berufen, daß es einer Zentrierung aller Kräfte bedürfe, um die Freiheit wieder zu erlangen. Daß diese beiden Parteien die selbe Zeit nützen, um ihre Herrschaft zu institutionalisieren, wurde von den Bürgern mehr oder weniger widerspruchslos hingenommen. Erst die letzten Jahre vor 1966 ließen die Auswüchse dieser totalen rot-schwarzen Parteienherrschaft deutlich werden.

Daß dann zwanzig Jahre nach dem Abtreten der alten großen Koalition, ausgerechnet diese *"quasi autoritäre"* Regierungsreform erneuert wurde, war kein Zufall. In den Jahren zuvor waren nämlich die Gründungsfehler der Zweiten Republik, die sowohl durch den eminent hohen Verstaatlichungsanteil die Wirtschaft belasteten als auch durch die Lebenslügen bezüglich der eigenen nationalen Identität, ein unvoreingenommenes Aufarbeiten der eigenen Geschichte verhinderten, in das politische Problembewußtsein der österreichischen Bürger eingedrungen: Das plötzliche Aufbrechen zahlreicher Korruptionsfälle, die samt und sonders als Ausfluß der Parteibuchwirtschaft und des schwarz-roten Proporzes zu betrachten sind, und die von den internationalen Medien geführte anti-österreichische Kampagne in bezug auf die Zeit zwischen 1938 und 1945, sowie die offensichtliche Unfähigkeit, die immer dramatischer werdenden wirtschaftlichen Probleme des Landes zu lösen, ließen den Ruf nach einer grundlegenden Änderung immer lauter werden.

Das Wahlergebnis der Parlamentswahlen am 23. November 1986 zeitigte nun eine zunehmende Abwendung der Österreicher von den beiden Großparteien. Sie, die da einst behaupten konnten, sich auf 90 Prozent der Bürger des Landes stützen zu können, rutschten nun auf kärgliche 75 Prozent ab. Der Parteienherrschaft überdrüssige Nichtwähler, die Anhänger des Freiheitlichen Jörg Haider und das anwachsende Potential der Grün-Alternativen umfaßt bereits gut ein Viertel der Österreicher. Dieses Wählervotum wurde von den Politstrategen der beiden Großparteien allerdings nicht als Aufforderung zu einer radikalen Erneuerung der politischen und moralischen Gegebenheiten des Landes aufgefaßt, sondern als Zwang zur Zementierung der eigenen machtpolitischen Positionen. Tatsächlich versuchte die erneuerte große Koalition tatsächlich daran zu gehen, das Anwachsen des Bürgerprotestes, wenn nötig auch mit in demokratiepolitischer Hinsicht fragwürdigen Mitteln zu verhindern.

Es mag nun das Beschwören eines Alptraumes bedeuten, wenn man behauptet, daß diese Entwicklung in gewisser Hinsicht an jene der frühen 30er Jahre erinnert. Auch damals waren die wirtschaftlichen Probleme des Landes zu trauriger Unlösbarkeit angewachsen. Die Arbeitslosigkeit hatte einen bedenklichen Höhepunkt erreicht. In diesem Zusammenhang ist es interessant, daß Österreich, das im Zuge der Kreiskyschen Politik bedenkenlos seine Staatsverschuldung ausufern ließ, nur um dadurch die Arbeitslosigkeit auf ein künstlich niederes Niveau zu halten, darin heute offenbar gescheitert ist. Gerade der Winter 1986/87 zeitigte mit etwa acht Prozent an Arbeitslosen, nach inoffiziellen Schätzungen dürften es weit über 10 Prozent sein, die diesbezüglich höchste Quote in der Geschichte der Zweiten Republik. Und auch damals in den 30er Jahren gab es eine immer dynamischer werdende Protestbewegung gegen das Regiment der offensichtlich versagenden politischen Parteien, die deren Herrschaft über kurz oder lang auch bei demokratischen Wahlen beendet hätte. Während Engelbert Dollfuß in den Jahren 1933/34 - dem Stile der Zeit gemäß - ganz offen bekannt gab, nun autoritär regieren zu wollen, um die Probleme des Landes in den Griff zu bekommen - in Wahrheit wohl, um die drohende Niederlage des christlich-konservativen Lagers bei demokratischen Wahlen zu verhindern - wendet man 50 Jahre später subtilere Methoden an. In den späten 80er Jahren unseres Jahrhunderts ist es bekanntlich nicht opportun, sich offen zu antidemokratischen Maßnahmen zu bekennen. Man wollte vielmehr über alle zur Verfügung stehenden Medien weiter von Demokratisierung und Bürgerbeteiligung sprechen, diese aber in Wahrheit aushöhlen, um stattdessen auf *"quasi autoritäre"* Weise zu regieren. All das, was die Regierung in den ersten Wochen ihrer Tätigkeit ankündigte, beziehungsweise erahnen ließ, wies auf eine solche Vorgangsweise hin. Die parlamentarische Volksvertretung wurde durch einen allmächtigen schwarz-roten Koalitionsausschuß in eine traurige Statistenrolle gedrängt. Die angepeilte Wahlrechtsreform sollte es den kleineren Parteien überaus schwermachen, ÖVP und SPÖ gefährlich zu werden. Und all jene Medien, die ohnedies in rot-schwarzer Abhängigkeit stehen, wie der monopolisierte Staatsrundfunk, sollten in Hinkunft verstärktem Druck ausgesetzt sein. Sogar die unabhängige Rechtssprechung war vor diesem Zugriff der rot-schwarzen Regierung nun offenbar nicht mehr sicher. Die Höchstgerichte, die ihre Mitglieder bislang weitgehend selbst rekrutiert haben, um solcherart parteipolitischen Einfluß weitestgehend auszuschalten, sollten nun zunehmend unter den Einfluß der Parteisekretariate kommen. Damit wäre aber eine der letzten Bastionen gegen den Allmachtsanspruch der Parteizentralen gefallen. Und wenn man dann bedenkt, daß gesprächsweise ja erwogen wurde, die Legislaturperiode von vier auf etwa sechs Jahre zu verlängern, und daß der rot-schwarze Koalitionspakt wahrscheinlich mit einer Geheimklausel versehen sein dürfte, die sein Halten über mehrere Legislaturperioden terminisiert, so ist die Erinnerung an die klerikale Diktatur der 30er Jahre, die es bekanntlich peinlichst vermied, demokratische Wahlen zuzulassen, gar nicht mehr so sehr an den Haaren herbeigezogen. Die Wiener Großkoalitionäre wissen nämlich, daß ihr demokratiepolitisches Vorgehen und die damit offenbar verbundene Unfähigkeit, die wirtschaftlichen und sozialen Fragen des Landes zu lösen, bei der Bevölkerung keineswegs Zustimmung finden. Daher bedarf es auch kaum großer analytischer Fähigkeiten um zu wissen, daß künftige Wahlgänge zu einer weiteren Abkehr von den beiden Großparteien und einer weiteren Stärkung der Freiheitlichen Jörg Haiders und wahrscheinlich auch des Grün-Alternativen Lagers führen würden.

Nun gibt es auch innerhalb der beiden Großparteien durchaus Kräfte, die sich diesen Entwicklungen entgegensetzen. Dies nicht zuletzt deshalb, da mit der Wiedererrichtung der gemeinsamen Koalition eine weitere Entideologisierung der beiden Parteien Hand in Hand geht. In der Person SPÖ-Regierungschefs Franz Vranitzky beispielsweise, haben sich konservativen Vorstellungen von Entstaatlichung, Reprivatisierung und neuem betriebswirtschaftlichem Denken bereits - zumindest in der Theorie - weitgehend angenähert. Und die gesellschafts- und kulturpolitischen Absichtserklärungen der christlich-konservativen Reichshälfte sind von jenen ihrer sozialistischen Koalitionspartner längst nicht mehr so weit entfernt, wie man meinen sollte. Innerhalb der Sozialistischen Partei Österreichs war es zu Jahresbeginn der ebenso lautstarke wie emotionale Protest des Altkanzlers Bruno Kreisky, der die parteiinternen Zerfallserscheinungen deutlich machte. Obwohl es zweifellos eben jener Kreisky war, der die wirtschaftspolitischen Probleme Österreichs vor allem im Bereich der Verstaatlichten Industrie durch seine Politik des Schuldenmachens auf die Spitze getrieben hat, drückte die von ihm geäußerte Kritik an der neuen sozialistischen Linie zweifellos die breite Meinung des linken Parteiflügels aus: Vranitzky sei mehr den Banken verpflichtet, als der österreichischen Arbeiterbewegung und mit Sozialismus habe die derzeitige Politik der SPÖ gar nichts mehr zu tun. Er selbst sei von den jetzigen Parteigranden betrogen worden, und die pragmatische Linie der neuen SPÖ-Führung bedeute einen Verrat an den alten austromarxistischen Idealen Otto Bauers und Viktor Adlers.

Auch wenn es nun scheint, als habe der sozialistische Spitzenmann Vranitzky die Partei fest in der Hand, so ist doch klar, daß diese Kritik Kreiskys spätestens dann zu einer wahren Zerreißprobe für die Österreichische Sozialdemokratie werden wird, wenn die Unfähigkeit der SPÖ - ÖVP - Regierung zu Tage tritt, die soziale und wirtschaftliche Problematik des Landes zu meistern. Nicht umsonst sind den Sozialisten bei den vergangenen Wahlgängen die einstigen Stammwähler im Bereich der Verstaatlichten Industrie, der VOEST und des obersteirischen

Industriegebietes in Scharen davongegangen. Nicht umsonst befürchten die sozialistischen Parteistrategen den völligen Verlust ihrer Anhängerschaft in der österreichischen Jugend, die in den 70er Jahren zum großen Teil Kreisky-Wähler gewesen war. Eine ähnliche Entwicklung ist in den Reihen der christlich-konservativen ÖVP festzustellen. Dort hat es bereits in der Phase der Regierungsbildung seitens westösterreichischer Unternehmer, vor allem im Bereich der Fremdenverkehrswirtschaft, massive Proteste gegen die Anbahnung einer Koalition mit den Sozialisten gegeben. Dort forderte man den Vollzug jener Wende, die die ÖVP-Spitzen vor der Wahl versprochen hatten. Diese könne, so ging aus einem von mehreren hundert Unternehmern unterschriebenen Papier hervor, nur in einer Koalition mit dem Freiheitlichen Jörg Haiders vollzogen werden. Im Gegensatz zur politischen Entwicklung in der Bundesrepublik, wo die Meinungsforscher festgestellt haben, daß eine konservativ-liberale Koalition zumindest bis zur Jahrtausendwende eine Mehrheit gegenüber der Sozialdemokratie und den Grün-Alternativen haben würde, entschied man sich in der Wiener Parteiführung der ÖVP allerdings kleinmütig für die scheinbar risikolosere Zusammenarbeit mit der SPÖ.

Kurz nach der Regierungsbildung allerdings brach sogar innerhalb der konservativen Parteispitze ein schwerwiegender Konflikt auf, der sich in der Auseinandersetzung zwischen dem Wiener ÖVP-Chef Erhard Busek und dem Generalsekretär der Partei, Michael Graff, äußerte. Busek stand dabei für die Unzufriedenheit mancher Teile innerhalb der ÖVP mit der Perspektivenlosigkeit der Partei und die offensichtlichen Unfähigkeit, sich gegenüber den sozialistischen *"Machtprofis"* durchzusetzen.

Diese Entwicklung gab nun der Opposition im Österreichischen Parlament große Chancen. FPÖ-Chef Jörg Haider erklärte in einer großen Rede im Anschluß an die rot-schwarze

Regierungserklärung, daß die beiden *"alten Parteien"* offensichtlich keinerlei wirkliche Erneuerungskraft besäßen. Daher erwiesen sich die beiden Großparteien als der wahre Sanierungsfall des Landes. Nur ein Machtverzicht dieser beiden großen Parteien könne die starren Strukturen der politischen Landschaft Österreichs aufbrechen. Die längst überfällige Erneuerung des österreichischen Wohlfahrtsstaates könne nur durch den Rückzug der Großparteien aus den meisten Bereichen des öffentlichen Lebens erfolgen. Im Gegensatz zur christlich-konservativen Anpassungspolitik gegenüber der längst abgewirtschafteten SPÖ kündigte Haider eine freiheitliche Oppositionspolitik an, in der die Verantwortung für Österreich im Vordergrund stehen werde. Die Freiheitlichen wären zwar bereit, konkrete Reformschritte zur Strukturverbesserung, zur Lösung der Probleme des Landes mitzutragen, dabei dürfe allerdings das soziale Eigenmaß nicht verloren werden. Insgesamt forderte Jörg Haider einen *"Wettbewerb der Ideen"*, um Österreich eine gedeihliche Zukunft zu sichern. Dieser Wettbewerb der Ideen kann aber nur in einer fundamentalen Abkehr von den Lebenslügen und Gründungsübeln der Zweiten Republik Lösungsansätze zeitigen. Dies ist spätestens seit der Erneuerung der rot-schwarzen Koalition klar. Ob man eine solche Entwicklung dann im Nachhinein aus der Sicht des Historikers als den Beginn einer Dritten Republik oder nur als die Erneuerungsphase der Zweiten Republik bezeichnen wird, ist an sich zweitrangig. Von Bedeutung ist nur, daß die gegenwärtig um die Erhaltung ihrer Allmacht kämpfende rot-schwarze Parteienherrschaft gebrochen, beziehungsweise auf ein vernünftiges Maß reduziert wird. Letztlich dürfte dies die entscheidende Frage sein, die das künftige Schicksal des Landes bestimmen dürfte.

Daß dieser Überlebenskampf der rot-schwarzen Funktionärsmafia heute bereits als verloren gelten kann, steht außer Zweifel. Der dazu parallel verlaufende Aufstieg der FPÖ dürfte allerdings noch nicht abgeschlossen sein. Bei jenen Analysen, die die Parteistrategen der alten Parteien seit Jahren auf der Suche nach einem Rezept gegen den Serienwahlsieger Jörg Haider anstellten, legten sie notgedrungenerweise die Strukturen der offenbar unaufhaltbar wachsenden FPÖ-Wählerschaft klar, um dabei auf irgendeine Weise den Hebel ansetzen zu können. Bis auf die Erkenntnis, daß die Grenzen des freiheitlichen Wachstums noch lange nicht erreicht sind, kam für die großkoalitionären Parteisekretäre kaum etwas Ersprießliches heraus. Interessant sind die Ergebnisse dieser Analysen allemal, zeigen sie doch wie sehr sich in der lezten Legislaturperiode der Wähler- und Sympathisantenkreis des traditionellen national-liberalen Lagers geändert hat.

Die bewährten Diffamierungsmuster durften offenbar nicht fehlen: Bei einer eigenen Fachtagung, die dem Angstgegner der alten Tante ÖVP, nämlich Jörg Haider und seiner erneuerten FPÖ gewidmet war, untersuchten Experten, Soziologen, Politikwissenschaftler und Praktiker aus Österreich, Deutschland, der Schweiz und Norwegen, Ende 1988 unter dem Titel *"Rechtspopulismus in Europa"*, den Erfolg und die Strukturen des neuen Wählerpotentials Jörg Haiders. Dabei ergab insbesondere der Vergleich mit der Anhängerschaft der FPÖ zur Zeit Norbert Stegers das Bild einer interessanten Entwicklung: Die heutigen FPÖ-Sympathisanten sind weitaus jünger als noch vor fünf Jahren, als der schnauzbärtige *"Parade-Liberale"* die Freiheitliche Partei führte. Im Vergleich zur Gesamtwählerschaft ist die Gruppe der Zwanzig- bis Neunundzwanzigjährigen in der neuen FPÖ-Klientel überdurchschnittlich vertreten. Mehr als ein Viertel aller Stimmen für Jörg Haider kommen aus dieser Altersgruppe, die gemeinhin mit dem neudeutschen Namen *"Twens"* bezeichnet wird. In dieses Bild passen auch Umfrageergebnisse, wie sie 1988 die auflagenstärkste Tageszeitung der Republik für das Bundesland Kärnten erhoben hatte. Damals zeigte sich bereits, daß nahezu vierzig

Prozent der jungen Kärntner unter dreißig Jahren sich einen Landeshauptmann Jörg Haider vorstellen konnten. Interessant ist auch, daß der breite Bereich des leistungswilligen Durchschnittsbürgers, der Facharbeiter also, die bislang zur Stammkundschaft der SPÖ gezählt wurden, nunmehr immer stärker im Wählerspektrum der FPÖ vertreten ist. Er stellt bereits ein Viertel aller freiheitlichen Stimmen. Damit kann Jörg Haider bereits einen genauso starken Anteil wie die Sozialisten an Facharbeitern in seiner Anhängerschaft reklamieren. Die Volkspartei dagegen vermag nur knapp zehn Prozent an Facharbeitern unter ihren Wählern zu verbuchen.

Diese Tatsache dürfte insbesondere in den Parteisekretariaten der Sozialisten die Alarmglocken schellen lassen. Zwar übt man sich dort in Zweckoptimismus und meint, daß dies nur ein Protestverhalten vieler roter Stammwähler sei, die möglicherweise bei kommenden Wahlen wieder reuig an die rote Mutterbrust zurückkehren werden. Tatsächlich stellt sich die Frage, wieweit die Freiheitlichen in der Lage sein werden, diese neuen Wählerschichten auch ideell und organisatorisch an sich zu binden. Die Bemühungen, die gegenwärtig von seiten des freiheitlichen Bildungswerkes und durch den zweiten Generalsekretär Matthias Reihhold angestrengt werden, deuten daraufhin, daß man sich dieser Problematik innerhalb der FPÖ durchaus bewußt ist. Man will aus diesen neuen Wählerschichten durch gezielte Bildungsmaßnahmen neue Gruppierungen qualifizierter Jungfunktionäre für die Partei heranziehen.

Das dritte Viertel der neuen Haiderwähler besteht aus den sogenannten *"Trend-Wählern"*, auf die der - so zumindest die Terminologie der FPÖ-Gegner - *"populistische Medienstar"* Jörg Haider offenbar einen unwiderstehlichen Eindruck macht. Die Jugendlichkeit des Oppositionsführers und sein Robin Hood-Image faszinieren diese Wähler offenbar in hohem Maße.

Hier dominiert ein Bild von Jörg Haider als *"Mann, der sich was traut"*.

Sowohl die Jungwähler als auch die Facharbeiter und die letztgenannten Trend-Wähler, dürfen zu einem großen Teil als Protestwähler gegen das Versagen der Regierung und die erstarrten politischen Fronten in unserer Republik angesehen werden. Sie, die zum großen Teil wohl der Kategorie der kritischen Bürger zuzuordnen sind, geben den Freiheitlichen und ihrem dynamischen Parteichef offenbar nun einmal eine Chance zu zeigen, ob sie wirklich zu einer anderen und neuen Politik fähig sind. Durchaus realistisch dürfte dabei von den meisten neuen FPÖ-Wählern die Tatsache eingeschätzt werden, daß auch die Tätigkeit einer Oppositionspartei demokratiepolitisch von großer Bedeutung ist. Dort, wo die Freiheitlichen aber in Regierungsverantwortung sind, beziehungsweise in eine solche gelangen, wird von dieser Wählerkategorie mit überaus kritischen Augen beobachtet, wieweit die Freiheitlichen tatsächlich willens und in der Lage sind, die politische und moralische Erneuerung unseres Gemeinwesens zu betreiben.

Das vierte und letzte Viertel der neuen Haider-Wählerschaft, die sich gegenwärtig wohl auf sieben- bis neunhunderttausend Bürger beziffern dürfte, wird von den eher nationalorientierten Stammwählern gestellt. Sie, denen die Reforminitiativen des FPÖ-Chefs, seine Anstöße zu Privilegienabbau und sein Kampf gegen die Parteibuchwirtschaft durchaus auch ein zentrales Anliegen sind, empfinden seine klare Haltung in der Frage der nationalen Identität und des ethnischen Bekenntnisses als Garantie für die Weiterführung der traditionell deutschbewußten Linie des Dritten Lagers.

Zwar kann Aussagen, wie etwa jener des *"Seelenforschers"* Prof. Ringel, wonach auch das Gros der jugendlichen Haider-Wähler als latent *"rechtsextrem"* und *"deutschnational"* sei, nicht beigepflichtet werden, dennoch läßt die Tatsache, daß Jörg Haider durch die Medien immer wieder und überaus lautstark als *"rechtsnational"* und *"Deutschtümler"* gebrandmarkt wird, darauf schließen, daß das damit diffamierte ethnische Bekenntnis der FPÖ zur *"deutschen Volks- und Kulturgemeinschaft"* die neu zur FPÖ gestoßenen Wähler und Sympathisanten zumindest nicht abstößt. Zwar dürfte diese nationale Komponente für die neuen FPÖ-Wähler kein dominierender Bestandteil ihres politischen Weltbildes sein, es scheint ihnen aber zumindest in einem gewissen Maße tolerabel, wenn nicht gar verständlich zu sein.

Insgesamt sind sich die Politikwissenschafter darüber einig, daß Jörg Haider auf dem in Bewegung geratenen Wählermarkt längst nicht mehr um Stimmen hausieren gehen muß, sondern daß er längst zu einem *"Markenartikel"* geworden ist: Er brauche längst nicht mehr selber Stimmen sammeln zu gehen, es reiche, wenn er einen blauen Briefkasten aufstelle, da er bereits *"zu einer Adresse geworden"* ist. Zwar sind sich die Meinungsforscher einig, daß es auch für das Wachstum der FPÖ Grenzen geben werde, dieses sei aber noch lange nicht erreicht, da das Verhalten der beiden Großparteien und der innerhalb der Bevölkerung aufgestaute Grimm über die mangelnde Anständigkeit und Sauberkeit in der Politik eine weitere Stärkung der Haider-FPÖ geradezu erfordere.

Auch die Meinungsforscher sind sich im klaren darüber, daß sich das Wählerpotential der Freiheitlichen verdoppelt, wenn nicht gar vervielfacht hat. Bei Umfragen, die im Sommer des Jahres 1989 angestellt wurden, stellten die Sozialwissenschaftler fest, daß das Wählerpotential der FPÖ bei klar über

20 Prozent liegt. Die beiden Altparteien, denen man die Bezeichnung *"Großpartei"* zumindest bei der ÖVP nur mehr bedingt zuordnen kann, wurden in dieser politischen Studie überwiegend negativ beurteilt. Der Stammwähleranteil der Freiheitlichen sollte nach dieser Studie etwa 10 Prozent der Wähler ausmachen. Dabei wären die betreffenden Bürger zur Hälfte unter vierzig Jahre alt. Weitere 17 Prozent der Wähler wurden als Abwanderer von den Großparteien eingestuft, die vor allem in Richtung FPÖ marschierten. Auch hier waren 50 Prozent noch keine vierzig Jahre alt. Wenn man die Stammwähler der Freiheitlichen und die *"Abwanderer"* von den beiden alten Parteien zusammenzählte, ergab sich für Jörg Haiders Freiheitliche ein Wählerpotential von 20 bis 25 Prozent. Nach Ansicht der Politwissenschafter beträgt der Stammwähleranteil von Sozialisten und Volkspartei insgesamt etwa 34 Prozent plus 16 Prozent an *"Randschichten"*. Die große Koalition hätte demnach zusammen ein Wählerpotential von 50 Prozent, die Freiheitlichen von 25 Prozent und die Grünen könnten mit 10 Prozent der Wählerstimmen rechnen. Ganze 13 Prozent der Wahlberechtigten wären demnach nicht als Wähler einzustufen. Interessant war auch, daß die von den Politikwissenschaftern Befragten die vier Parlamentsparteien im Hinblick auf Personen, politische Inhalte, Stil und Moral zu beurteilen hatten. Die Persönlichkeiten der SPÖ wurden einheitlich positiv, die politischen Inhalte eher negativ, Stil und Moral eindeutig negativ qualifiziert. Bei der Volkspartei wurden die Personen eher negativ, eindeutig negativ der Stil und die Moral, hingegen die politischen Inhalte eindeutig positiv bewertet. Bei den Freiheitlichen wurden die Personen positiv beurteilt, Stil und Moral betreffend hielt sich die Beurteilung der FPÖ-Politik die Waage, bei den Inhalten der FPÖ-Politik konnten die Befragten so gut wie keine Argumente angeben. Von 1300 Argumenten zur FPÖ bezogen sich nur 19 auf die politischen Inhalte. Diese Tatsache sollte von den Freiheitlichen als Heraus-

forderung betrachtet werden, nach der Stimmenmaximierung auch die inhaltliche Vertiefung bei den Wählern anzustreben.

Dieser Problematik ist man sich innerhalb der freiheitlichen Führung bewußt. Gerulf Stix, bis März des Jahres 1990 dritter Präsident des Nationalrates, erklärte dazu kurz vor dem Ende seiner Karriere als aktiver Politiker: *"Diese Frage bereitet mir selbst die größte Sorge. Ich sehe als großes Problem auf uns zukommen, daß wir diese Expansion innerlich nicht verdauen. Dafür gibt es jetzt schon genügend Indizien, wenn man mit wachen Sinnen die Dinge sieht. Der Zustrom an neuen Leuten bedeutet nicht in jedem Fall den Zustrom an Freiheitlichen. Und auch Qualitätsfragen stellen sich in zunehmendem Maße und die Integration der Generationen läßt auch zu wünschen übrig. Weiters sehe ich auch eine Gefahr in dem Versuch, krampfhaft die FPÖ als eine neue Partei darzustellen, die sie in keiner Weise ist. Ich werde mich hüten, das in der tagespolitischen Öffentlichkeit zu artikulieren, aber natürlich sind wir keine neue Partei. Die FPÖ ist eine Partei der Tradition die sich in einer Revitalisierungsphase befindet. Wenn uns das gelingt, sehr schön, sehr gut, aber wir haben dadurch keine neue Partei. Ich glaube, daß man Bildungsarbeit im weitesten Sinne innerparteilich verstärken muß. Heute ist es auch ein Fehler, daß man auch zu ganz kurzfristigen Aspekten plant und organisiert. Das müßte breit und fundiert geschehen. Ich meine, daß das vorhandene Parteiprogramm eine ausgezeichnete Basis ist, weil es außer diesem überhaupt nichts gibt, das in so umfassender Form alle freiheitlichen Vorstellungen und die unterschiedlichsten Bereiche interpretierend zusammenfaßt. Zu sagen, weil wir eine neue Partei sind, müssen wir auch ein neues Programm haben, das hielte ich für das Verkehrteste was man tun kann..."*

Die Generalsekretärin Heide Schmidt sieht, zu Ende der ersten Legislaturperiode unter dem Parteiobmann Jörg Haider, einen wesentlich höheren Prozentsatz an Stammwählern als ihn die FPÖ 1986 hatte. Einschränkend erklärt sie aber: *"Wir werden je nach Umfrageergebnis zwischen 15 und über 20 Prozent gehandelt. Das sind sicher keine stabilisierten Wählerschichten, die verändern sich. Vor allem sind sicher sehr viele Menschen dabei, denen es gar nicht so sehr um die Ideologie geht, sondern denen es einmal um die praktische Veränderung unseres Systems durch bestimmte Persönlichkeiten geht. Persönlichkeiten denen sie zutrauen, die Kraft und auch die Ehrlichkeit zu haben, das System in dem Sinne zu verändern, wie sie es ankündigen".*

Jörg Haider selbst sieht die Entwicklung des freiheitlichen Wählerspektrums als Teil der allgemeinen Entideologisierung. Er erklärt dazu: *"Aus meiner Sicht sind die traditionellen Ideologien einschließlich der weltanschaulichen Positionierungen, die unser Lager repräsentiert hat, in Wirklichkeit zusammengebrochen. Die Sozialdemokratie hat ihren Sozialstaat erreicht, der sich dann ins Gegenteil verkehrt hat und eben ein Moloch gegenüber den Bürgern geworden ist, der nur mehr Abhängigkeiten brachte. Wir befinden uns heute in einem Versorgungsstaat, der die Freiheit für den kleinen Mann ins Gegenteil verkehrt hat. Genau dort ist aber anzusetzen: Wir brauchen eine neue Bürgerbewegung die dagegen auftritt. Wir haben einerseits ein traditionelles Wählerpublikum, das sich in unserer Arbeit wiederfindet. Die Beschimpfungen an meine Adresse resultieren ja daraus, daß es wenigstens einen Politiker gegeben hat, der auch sagt, daß man sich vor die ältere Generation stellen müsse. Auf der anderen Seite gibt es ein Wählerpublikum, das weitgehend ideologiefrei ist, aber bestimmte Anforderungen an das Leben stellt. Das heißt, sie wollen relativ unabhängig sein, sie wollen mobil sein können. Das heißt also, daß sie im gesellschaftlichen*

Leben eine offene Situation vorfinden wollen. Das ist das was man vielleicht mit "Yuppie-Kultur" beschreiben könnte. Es sind dies aber zum großen Teil leistungsorientierte Menschen, die einfach möglichst vom Staat in Ruhe gelassen werden wollen. In diesem Spektrum haben wir auch einen weiten Wählerbereich..."

Befragt, ob er denn unterschwellige Kontinuitäten des Wählerpotential der Freiheitlichen sieht, meint Haider, er gehe davon aus, daß es solche Kontinuitäten weitgehend nicht mehr gebe. Wörtlich meint er: *"Wir haben ja Wähler geerbt, jüngere Menschen aus Familien, die weltanschaulich ganz wo anders stehen. Das ist auch die wirkliche Chance die wir haben. Wir haben nicht nur unsere Tradition zurückgewonnen, sondern wir sind auch in andere politische Hochheitsbereiche eingebrochen. Wenn ich mir jetzt unser letztes Wahlergebnis in Kärnten analysiere, sehe ich Familien die diesmal FPÖ gewählt haben, die sicher noch nie etwas mit uns zu tun hatten. Die zum Teil sogar uns gegenüber scharf ablehnend waren, wie etwa Leute aus traditionellen ÖVP-Bereichen oder sozialistische Familien, die bis in die dreißiger Jahre hinunter im Bereich der Eisenbahn und der SPÖ verankert waren. Heute sind sie bei uns und bekennen sich auch dazu...."*

Befragt, ob dieser Zuzug von neuen Wählerschichten nicht einen Zwang zu einer gewissen inhaltlichen und ideellen Unverbindlichkeit nach sich ziehe, meint Haider, daß man in der politischen Umsetzung eben *"kurzfristige Signale an diese neuen Wählerschichten"* aussenden muß. Dennoch müßten gerade jene, die ideologisch völlig unvorbereitet zur FPÖ gestoßen seien, nunmehr erst vom inhaltlichen Wollen überzeugt werden. Sie seien bislang meist nur von einer Person oder einer gewissen politischen Atmosphäre fasziniert. Langfristig könne man sie nur mit überzeugender und guter Arbeit gewinnen.

Insgesamt scheint es so, als könnten die Freiheitlichen bei ihrem Weg zur Mittelpartei ein Wählerpotential von rund einem Viertel der Österreicher ansprechen. Auch wenn Jörg Haider meint, daß da völlig neue Wählerschichten zur FPÖ stießen, läßt sich nicht leugnen, daß etwa 20 Prozent auch der historisch dingfest zu machende Höchststand an Wählern des Dritten Lagers in der Ersten Republik und in der Monarchie betrug. Unterschwellige Kontinuitäten scheinen demnach doch zu existieren. Wieweit ein Kernbereich dieser Wählerpotentiale zu tatsächlichen Stammwählern der FPÖ gemacht werden kann, hängt nicht zuletzt von der weiteren personellen Entwicklung der FPÖ aber insgesamt auch von der innenpolitischen Entwicklung ab. Unabhängig von der Strahlkraft des Parteiobmannes, dürfte aber bereits heute ein wesentlich höherer Bestandteil von Wählern zu freiheitlichen Stammwählern geworden sein, als dies noch 1986 der Fall war. An der Qualität der freiheitlichen Bildungsarbeit und an der inhaltlichen Tiefenwirkung freiheitlicher Aussagen wird es liegen, ob es gelingt, aus dieser Wählerschaft auch eine ideologisch verschworene Gemeinschaft zu machen. Die Faszination einer Person dürfte auf Dauer zu wenig politisch-weltanschauliche Integrationskraft haben.

Kärnten: Modell für Österreich

Macht korrumpiert, absolute Macht korrumpiert absolut, wir kennen dieses Sprichwort. Zweifellos trifft es auf Politiker aller Couleurs zu. Das heißt also, daß man den Politikern überhaupt die Möglichkeit nehmen muß, immer wieder und überall absolute Macht auszuüben. Genau dies aber waren und sind die Ziele der Freiheitlichen. Genau dies ist der Ansatz für eine fundamentale Erneuerung unserer politischen Landschaft. In Kärnten schien dieses Ziel im Zuge des Landtagswahlkampfes vor dem 12. März 1989 erstmals in greifbare Nähe zu rücken. Freiwilligen Machtverzicht würden die herrschenden Sozialisten mit ihren verkrusteten Strukturen gewiß nicht leisten, dies wußte man innerhalb der FPÖ. Und die ÖVP, die seit mehr als vier Jahrzehnten nach außen hin opponierte, im verschlossenen Regierungskämmerchen jedoch brav alles mitgetragen hatte, was die Sozialisten beschlossen, würde schon gar nicht in der Lage sein, diese rot-schwarze Kumpanei zu durchbrechen und *"eine neue Politik"* durchzusetzen, wie sie es auf ihren Wahlplakaten versprach. Einzig die Freiheitlichen mit einer Persönlichkeit wie Jörg Haider an der Spitze könnten die politische Erneuerung Kärntens als schöne Realutopie umsetzen. Dies war wohl allgemein die Meinung innerhalb der Bevölkerung vor dem 12. März.

Damit war aber auch klar, daß Kärnten in der Lage wäre, gesamtösterreichisch eine demokratiepolitische Erneuerungs- und Vorarbeiterrolle zu spielen. Eine Rolle, die dem Bundesland, das gerade jenseits seiner Grenzpfähle immer wieder allzuheftig und allzuoft gelästert und geschmäht wurde, ganz gut anstehen würde. Eine Rolle die insbesondere den Kärntnern selbst, die sich schon immer durch besonderen Freiheits- und Unabhängigkeitswillen auszeichneten, auf den Leib geschneidert wäre. Eine Rolle schließlich, die durch eine leistungsorientierte, sparsame und sinnvolle Umgestaltung der Verwaltung, des Wirtschaftslebens und auch des kulturellen Bereiches Modellcharakter für Österreich haben müßte.

Mit diesen Vorstellungen gingen die Freiheitlichen in den Wahlkampf - und mit dem scheinbar utopisch erscheinenden Postulat, daß Jörg Haider Landeshauptmann werden müßte.

Demokratie braucht bekanntlich das freie Wechselspiel der politischen Kräfte. Demokratie braucht Veränderung. Gerade die Sozialisten propagierten seit gut hundert Jahren den Willen zur Veränderung und zur gesellschaftlichen Weiterentwicklung. In Kärnten, wo selbst Altkanzler Bruno Kreisky der SPÖ Probleme im Umgang mit der Macht attestiert hatte, mußte naturgemäß das Bewußtsein groß sein, daß eine solche politische Veränderung notwendig wäre. Allgemein war man sich im klaren darüber, daß den Karawanken-Sozialisten der durch das Wählervotum vom 12. März wohl zu erwartende, erzwungene Rückzug von der absoluten Mehrheit nicht schlecht tun würde. Sie könnten endlich an die innere Erneuerung schreiten, die offenbar bei dem uneingeschränkten Genuß der Macht nicht möglich war. Die Volkspartei, so nahm man vor dem 12. März an, stünde nach der Brechung der absoluten sozialistischen Mehrheit vor der Frage, ob sie nicht nur mit Worten sondern auch mit Taten für eine neue Politik einstehen würde. Sollte sie sich hinreißen lassen, so dachte man, mit den möglicherweise geschlagenen Sozialisten zu packeln, wäre das in Kärnten für die Zukunft wohl das politische Todesurteil der ÖVP. Die Freiheitlichen unter Jörg Haider schließlich, die wahren Herausforderer dieses Landtagswahlganges, sollten vom Wähler die Chance erhalten zu zeigen, ob sie halten

Der Wahltriumph vom 12. März 1989 machte Jörg Haiders Freiheitliche in Kärnten mit einem Schlag zur gestaltenden Kraft im Lande (im Bild die freiheitliche Führungsmannschaft, vor dem Lindwurm, dem Wahrzeichen der Landeshauptstadt Klagenfurt).

können, was sie versprechen - nämlich die politische Erneuerung des Landes.

Man wußte vor dem 12. März zwischen Tauern und Karawanken nur zu genau, daß die Chance zur Erneuerung in diesem Jahrhundert wohl nur einmal gegeben wäre. *"Jetzt oder nie"* lautete daher die Parole Jörg Haiders und die Kärntner begriffen nur zu gut, was damit gemeint war.

Politikwissenschafter, Soziologen, Zeitungskommentatoren und insgeheim wohl auch die politischen Sprecher der beiden alten Parteien waren sich dann auch darüber einig, daß der freiheitliche Erfolg vom 12. März keine Eintagsfliege bleiben würde. Diese Prophezeihung war ja auch keine Kunst, da in den letzten Jahren zuvor nahezu jeder Wahltag zu einem Haidertriumph geworden war.

Die Freiheitlichen steigen also zu einer Mittelpartei auf, die in einzelnen Ländern wie in Kärnten nahezu den Charakter einer Großpartei annehmen konnte. Damit war klar, daß diese freiheitliche Erneuerungbewegung ihren Anspruch auf politisch-moralische Revitalisierung des österreichischen Staatswesens insgesamt niemals in jener Art und Weise verwirklichen würde können, wie dies etwa Bruno Kreisky zu Beginn der siebziger Jahre mit seinem sozialistischen Reformprogramm tun konnte.

Eine absolute oder auch nur relative Mehrheit der Freiheitlichen war und ist in Österreich kaum denkmöglich. Und dennoch ist dieser freiheitliche, von Jörg Haider überzeugend formulierte Anspruch, die Erneuerung der Republik insgesamt zu betreiben, kein leeres Gerede, keine bloße Utopie. Dies sollte sich gerade im südlichsten Bundesland erweisen. In Kärnten vermochten die Freiheitlichen aufgrund des eindeutigen Wählerauftrages tatsächlich eine entsprechend verantwortliche Position, und zwar nicht als kleiner Koalitionpartner, sondern als großer, einzunehmen, um die politische Erneuerung voranzutreiben. Im übrigen Österreich können sie es vorläufig wohl nur als kleinerer Partner in Landeskoalitionen, ebenso in der Bundesregierung. Sie können aber auch aus der Opposition heraus Erneuerungspolitik betreiben. Jörg Haider hat immer wieder bewiesen, daß eine unbestechliche und sachkundige Oppositionspartei in der Lage sein kann, politische Vorstellungen in einer Art und Weise einzubringen, daß sie von den jeweils Herrschenden übernommen werden müssen. Das Beispiel der Kärntner Minderheitenschulfrage beweist eine solche Möglichkeit überaus augenfällig. Eine kleine aber unübergehbare politische Kraft kann also die größeren und möglicherweise an den Futtertrögen der Macht bleibenden politischen Kräfte auch insofern zu Reformen nötigen, als sie schlicht und einfach beispielgebend wirken kann: Wenn etwa die Parteistrategen von Rot und Schwarz erkennen müssen, daß mit der Dämonisierung Haiders und der FPÖ als *"Faschisten"* und *"Neonazis"* und mit der Diffamierung als Mitkorruptionisten keine wahre Gegenstrategie gefunden werden kann, müßten sie für ihre Partei doch noch auf die einzig denkbare strategische Linie gegen Jörg Haider einschwenken: Diese wäre aber keine Anti-Haider-Strategie, sondern eine Haider-Nachzieh-Strategie. Das bedeutet nicht weniger als daß die Volkspartei und Sozialisten in wesentlichen Bereichen, denen Jörg Haider bei den Bürgern seinen Erfolg maßgeblich verdankt, auf dessen Linie einschwenken müßten. Beispiel Privilegienabbau, Beispiel Privatisierung, Beispiel Rückzug der Politiker aus Aufsichtsräten und so weiter.

Eine solche Vorbildfunktion aber nimmt das Land Kärnten unter freiheitlicher Führung ein. Wenn Jörg Haider hier das was er sich vorgenommen hat, auch nur einigermaßen realisieren kann, so geht von diesem kleinen Bundesland ein Druck auf das übrige Österreich aus, dessen moralischer Intensität man sich nur schwer entziehen kann. Etwa wenn Kärnten den Vorreiter spielt und die Politikerpensionen abschafft. Wer wollte dem in den Nachbarländern und Wien mit gutem Gewissen sagen, was in Kärnten möglich und verkraftbar ist, sei den Bundespolitikern und jenen in den anderen Bundesländern nicht zuzumuten. Oder die Einführung einer wirklichen Familienförderung, die Mehrkindfamilien und Alleinverdienern optimale Zukunftschancen einräumt. Wie könnte sich das übrige Österreich solchen Beispielswirkungen entziehen? Oder im Bereich der Objektivierung bei der Postenvergabe für den öffentlichen Dienst. Wenn Kärnten hier private Personalbüros einführt und wirklich parteipolitischen Einfluß ausschaltet, wie könnte man im übrigen Österreich weiter in antiquierten rot-schwarzen Proporzverfahren agieren. Ein solches Vorbild, vorexerziert von einem ganzen Bundesland, erfolgreich funktionierend überdies und von der Bevölkerung zweifellos begrüßt, müßte auf das übrige Österreich eine Sogwirkung ausüben, die der von Jörg Haider und den Freiheitlichen propagierten politisch moralischen Erneuerung eine Eigendynamität verleiht.

Es ging also für die Kärntner Wahlsieger vom 12. März 1989 nicht darum, das Bundesland zu einem *"Freiheitli chen Bollwerk"* auszubauen, in dem nun statt roten *"Machthabern"*, blaue Funktionäre in alle politischen öffentlichen und halböffentlichen Bereiche, in denen die Parteien bisher das Sagen hatten, einzogen. Es konnte für die FPÖ nicht darum gehen, sich nunmehr im Nachziehverfahren, koste es was es wolle, eine Machtposition zu schaffen aus der sie in den nächsten Jahrzehnten einfach nicht mehr hinauszubringen wäre. Es konnte für eine Bewegung, die für sich den Anspruch auf Erneuerung erhebt, nicht darum gehen, die zweifellos effektiven Machtmechanismen, wie sie etwa die Sozialisten durch vier Jahrzehnte hierzulande praktiziert hatten, nachzuahmen. Kein Freiheitliches Bollwerk sollte Kärnten werden, nein ein freiheitliches Schaufenster. Und das Wort *"freiheitlich"* stand hier nicht für die parteipolitische Bezeichnung, sondern für den Inhalt dieses Wortes im besten Sinne. Kärnten sollte ein Schaufenster für das übrige Österreich sein, in dem sich der Wert zeitgemäß interpretierter Bürger Freiheit auf schöne Art und Weise präsentiert: Mündige Bürger in einer freien Gesellschaft, leistungsorientiert und wirtschaftlich erfolgreich, weltoffen und heimatverbunden, sollten so im überschaubaren Bereich des kleinen Bundeslandes demonstrieren, wie die österreichische Demokratie im Jahre 2000 aussehen könnte. Dies war und ist eine landespolitische Zukunftsperspektive die dem Haiderschen Anspruch auf politische Erneuerung entspricht.

Wesentlich dabei war allerdings, daß die Freiheitlichen die Spitzenposition, nämlich die des Landeshauptmannes, erlangten. Seit 40 Jahren mischte das national-liberale Lager in der österreichischen Innenpolitik wieder mit. In diesen vier Jahrzehnten wurden der *"Verband der Unabhängigen"* und danach die Freiheitliche Partei nur zu häufig diffamiert, sie wurden ausgegrenzt, sie sollten *"inhaliert"* werden; bisweilen wurden sie als Zünglein an der Waage gehätschelt, als Mehrheitsbeschaffer benützt und stets wohlweislich von den wirklichen politischen Schaltstellen ferngehalten. Gewiß, Freiheitliche besetzten in diesen vier Jahrzehnten maßgebliche Positionen: Die des Vizekanzlers, die des stellvertretenden Nationalratspräsidenten, die des Rechnungshofpräsidenten und viele mehr. Die wirklichen Repräsentanten der Republik oder der Bundesländer blieben aber den rot-schwarzen Machthabern des Systems von 1945 vorbehalten. Staatsoberhaupt, Regierungschef, Parlaments- oder Landtagspräsident, Landeshauptmann, dies wären die Funktionen die sozusagen den Repräsentanten der rot-schwarzen Gründerväter der Republik vorbehalten blieben. Es gehörte zu den unausgesprochenen

Dogmen des neuen Österreich, daß das national-liberale Lager sich zwar politisch organisieren und auch bis zu einen gewissen Grad *"mitmischen"* durfte, daß es aber von den wahren staatstragenden Funktionen ausgeschlossen bleiben sollte.

Gewiß, es ist schon lange Jahre her, daß ein Bundespräsident einem FPÖ-Obmann attestierte, auch die Freiheitlichen seien eine staatstragende Kraft. Und um die Sozialistische Partei an der Regierung zu halten, durfte ein weiterer FPÖ-Obmann sogar den Vizekanzler miemen. Der Preis für Gnadenakte dieser Art bestand allerdings in einer kritiklosen Anpassung der Dritten Kraft an die alten Parteien. Dies ist spätestens seit dem Jahre 1986, seit dem Führungswechsel innerhalb der FPÖ, grundlegend anders geworden: Nicht mehr durch die biedere Anpassung versucht man die Anerkennung als politisch *"gesellschaftsfähige"* Kraft zu erlangen, sondern durch vergrößerten Wählerzuspruch und verstärkte demokratische Legitimation. Und siehe da, dieses Rezept, für das der Name Jörg Haider steht, brachte den National-Liberalen innerhalb von nur zwei Jahren einen politischen Höhenflug, der sie laut Umfragen bundesweit auf nahezu 20 Prozent der Wählerstimmen und in einzelnen Bundesländern wie Kärnten auf 30 Prozent katapultierte. Damit konnten sie zumindest im südlichsten Bundesland erstmals legitim und realpolitisch durchsetzbar den Anspruch auf die politische Führung in einem Bundesland, also in einem Teilstaat der Republik, für sich in Anspruch nehmen.

Mit elf Abgordneten stellten die Freiheitlichen seit dem 12. März 1989 die zweitstärkste Fraktion im Kärntner Landtag. Klubobmann Jörg Freunschlag wird von der Landtagspräsidentin Kriemhild Trattnig unterstützt. Ihnen zur Seite stehen Reinhart Gaugg, Fritz Schrettner, Siegfried Kampl, Hans Holzfeind, Franz Schwager, Adrian Schatz, Dr. Martin Strutz, Gerhard Oleschko und Dr. Gernot Starha.

Das war tatsächlich für die zweite österreichische Republik ein historisches Ereignis. Damit wurde an politische Strukturen der Ersten Republik angeknüpft, in der es neben der christlich-konservativen Reichshälfte und der sozialdemokratisch-austromarxistischen Domäne ein national-liberales Lager gab, welches bundesweit immer wieder in der Lage und Willens war, staatstragende Funktionen zu übernehmen. Die Kärntner Landeshauptleute Arthur Lemisch und Ferdinand Kernmaier mögen dafür ebenso als Beispiele genannt werden, wie Persönlichkeiten in der Bundespolitik, wie Franz Dinghofer oder Johannes Schober. Damit hatte also die Zweite Republik eine völlig andere historische und politische Qualität gewonnen. Mit der Ausgrenzung des Dritten Lagers war es endgültig vorbei und zweifellos ist bei geänderten, da sich ständig ändernden innenpolitischen Verhältnissen in absehbarer Zeit auch ein freiheitlicher Regierungschef auf Bundesebene denkbar, wobei noch keineswegs gesagt ist, daß dieser Jörg Haider heißen müßte. Von der Politikwissenschaft her aber bedeutet dies nichts anderes, als daß das bipolare politische System, welches völlig auf die Machtaufteilung zwischen zwei Großparteien zugeschnitten war, langsam aufgebrochen wird. In Kärnten ist dieser Prozeß weiter fortgeschritten als in anderen Bundesländern. Wenn

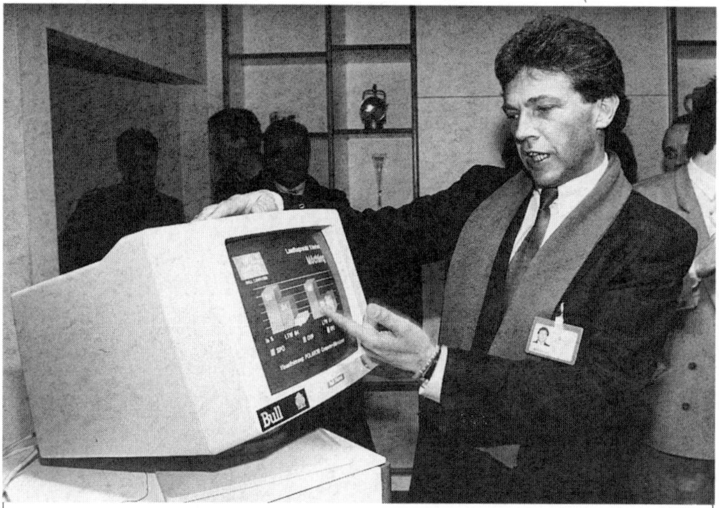

Die politische Erneuerung erforderte von den Freiheitlichen selbstverständlich auch moderne Methoden. Die Computerisierung der Partei war ein Weg dazu.

diese Aufweichung des Zwei-Parteiensystems nun überdies mit einer qualitativen Veränderung der Politik verbunden werden könnte, so würde sich die innenpolitische Landschaft Österreichs im durchaus positiven Sinne tatsächlich bis zur Unkenntlichkeit verändern, dies ist klar. Der Druck der neuen Dritten Kraft würde die beiden alten Parteien dazu zwingen, auf eine politische Linie einzuschwenken, in welcher die alles überwuchernden Parteien zu demokratiepolitisch durchaus notwendigen und sinnvollen Service-Institutionen für die Bürger reduziert würden. Das Motto der Freiheitlichen in diesen Tagen lautete *"Freie Bürger in einer offenen Gesellschaft"*. Bei einigem Glück würde dieses Motto zum politischen Leitmotiv für eine österreichweite Erneuerung werden, die tatsächlich in Kärnten ihren Ausgang fand. Dies waren die grundlegenden Überlegungen, als die Freiheitlichen nach dem 12. März des Jahres 1989 die Führung des Landes anstrebten.

Bundespräsident Waldheim und Landeshauptmann Haider sind keineswegs immer einer Meinung. Differenzen gab es erst wieder zu Beginn des Jahres 1990, wegen der Auszeichnung von Tito-Partisanen durch den Bundespräsidenten.

Auch wenn es aus der zeitgeschichtlichen Perspektive nicht immer allzu beeindruckend aussieht, seien hier einige der konkreten Maßnahmen, die die Kärntner Freiheitlichen bereits im ersten Jahr der Landeshauptmannschaft Jörg Haiders realisieren konnten, genannt: Im Bereich des Privilegienabbaus wurden Abfertigungen für Politiker mit Pensionen gestrichen. Die Höchstkostengrenze bei Dienstautos für Regierungsmitglieder wurde jener in der Wirtschaft angeglichen, Politiker durften nicht mehr auf den privilegierten Parkflächen im Landhaushof Klagenfurts parken. Im Bereich der Dienstposten im öffentlichen Bereich wurde ein Objektivierungsmodell eingeführt, daß die Parteibuchwirtschaft ausschließt. Die Distanz der Hochbürokratie vor den Bürgern wurde vermindert, indem Amtstitel wie Hofrat und ähnliches in Kärnten als erstem Bundesland abgeschafft wurden. Wichtige halböffentliche Bereiche wie das Feuerwehrwesen wurden entpolitisiert, indem den Feuerwehren die Möglichkeit gegeben wurde, selbst über ihr Budget zu verfügen. Für die Bauernschaft, für die Landeshauptmann Haider als Agrarreferent zuständig ist, wurden wesentliche Reformmaßnahmen eingeleitet. 30 Millionen erhielten die Bergbauern zur Förderung ihrer landschaftsschützerischen Tätigkeit. Viele Millionen wurden für alternative Produktionsweisen aufgeboten. Jungbauern wurde der Kauf von Milchkontingenten ermöglicht. Eine landwirtschaftliche Handelsakademie wurde gegründet und ein Ombudsmann für die Bauern bei der Landesregierung installiert. Erstmals kam es auch zu einer aktiven Grenzlandförderung, wobei ein Industriepark in Völkermarkt geschaffen wurde, der in acht Jahren 1300 Arbeitsplätze zeitigen sollte. In Stift Eberndorf wurde für 15 Millionen Schilling ein Kulturzentrum ins Leben gerufen und eine Sonderförderung pro neuem Arbeitsplatz sollte insgesamt die Wirtschaft im Grenzland beleben. Bedeutende Maßnahmen setzte man auch im Bereich des Umweltschutzes: Eine Umweltaktion *"Müllvermeidung"* wurde vom Landeshauptmann selbst mit den Kärntner Schulen ins Leben gerufen. Der Trinkwasserschutz durch Beseitigung der einwandigen Öltanks wurde verbessert. Die Sondermüllverbrennung in Kärntner Industriebetrieben wurde gestoppt und der Gletscher der Kleinfragant wurde unter Naturschutz gestellt. Überdies bemühte man sich im Bereich der Landesverwaltung eine neue

Spargesinnung zu entwickeln: So wurde die Presseförderung für Parteizeitungen gestrichen und die unnütze Landeszeitung eingestellt. Die Bezugsvorschüsse für Beamte wurden um 30 Millionen Schilling gekürzt.

Diese eher exemplarische Auflistung von Erneuerungsmaßnahmen in Kärnten zeigt aber doch deutlich, wozu eine entschlossene Kraft in kürzester Zeit fähig sein kann. Die diffamierenden Redereien, wonach Jörg Haider nur Sprüche klopfen könne und politisch ohnedies nichts weiterbringen würde, wenn er in der Verantwortung wäre, sind jedenfalls nach dem Beispiel seines Kärntner Wirkens hinfällig.

RECHTS-
POPOLISMUS.

Jörg Haider und die FPÖ
zwischen
Diffamierung
und
Ausgrenzung

Jörg Haider und die FPÖ zwischen Diffamierung und Ausgrenzung

In Österreich hat man wohl immer schon dazu geneigt, eher mit Diffamierungen als mit Argumenten zu arbeiten - zumindest dann, wenn es sich um Parteipolitik handelt. Gerade im Zuge des Jahres 1986 allerdings war man sich in Österreich über alle Parteigrenzen hinweg klargeworden, daß man gemeinsam darangehen müßte, das im Waldheim-Wahlkampf zerschlagene Porzellan zwischen den politischen Lagern zusammenzuräumen und Österreichs ramponiertes Ansehen in der Welt zu restaurieren. Kaum aber vollzog die Dritte Kraft des Landes auf ihrem Innsbrucker Parteitag im September 1986 den Führungswechsel vom anpassungswilligen *"lupenreinen liberalen"* Steger hin zum dynamischen Erneuerer Jörg Haider, flüchtete man sich wieder flugs in die sattsam bekannten gegenseitigen Diffamierungen. Man hat den Vorsatz auf ein gemeinsames Zuschütten der trennenden Gräben seitens der Wahlkampfstrategen der beiden alten Parteien in den Wochen vor den Nationalratswahlen des November 1986 und seitens der meisten Medien recht schnell beiseite gelegt, als es galt, der Dritten Kraft des Landes und ihrem neuen politischen Kopf einiges ans Zeug zu flicken. Den Anlaß dazu bot allerdings die innerparteiliche Auseinandersetzung innerhalb der FPO. Mit geradezu perverser Wollust versuchten dann sogenannte Enthüllungsjournalisten, diverse Mundwerksburschen der beiden Großparteien und häufig auch in ihrer Eitelkeit gekränkte und in ihrem Ehrgeiz enttäuschte Ex-FPÖ-Größen, den sich endlich neu formierenden Freiheitlichen mittels übler Unterstellungen zu schaden.

Was der abgewählte FPÖ-Bundesparteiobmann und Noch-Vizekanzler Norbert Steger und sein politischer Ziehvater Friedrich Peter, der sein Ausgedinge gerade damals wohl privilegiert im Aufsichtsrat der Verbundgesellschaft fristete, so über Jörg Haider und die freiheitliche Parteibasis und über die Vorgänge beim Innsbrucker Bundesparteitag verbreiteten, disqualifizierte sich bereits damals von selbst. Bei beiden handelte es sich wohl mehr um psychologische als um politische Probleme, da sie offenbar nicht in der Lage waren, die demokratische Entscheidung der Parteitagsdelegierten mit Fassung und mit Würde zu verkraften.

Die Atmosphäre beim Innsbrucker Bundesparteitag war naturgemäß aufgrund der Schwere der zu treffenden Entscheidungen eine stürmische gewesen. Es mochte sich dabei mancher Anhänger der beiden etablierten Großparteien gewundert haben, mit welchem Engagement, mit welcher Härte in Österreichs Drittem Lager diskutiert wurde. Jubelparteitage, bei denen die Delegierten zu einer bloß vorprogrammierten Abstimmungsmaschinerie degradiert werden, sind bei Sozialisten und Volkspartei ja eher die Regel. Wegen dieser harten Diskussion aber zu leugnen, daß die Innsbrucker Ereignisse demokratisch korrekt und fair zustande kamen, war bereits ein Teil der beginnenden Diffamierungsstrategie gegen die sich erneuernde FPÖ. Die von Stegers Anhängerschaft vorgebrachten persönlichen Diffamierungen gegen Jörg Haider, die offenbar bestellten Claqueure auf der Galerie und die krampfhaften Versuche mancher Politkergattin, für ihren offenbar gescheiterten Gemahl doch noch bei dem einen oder anderen Delegierten Stimmung zu machen, mußten jedoch Unmut hervorrufen. Jörg Haider war bereits damals bei der Parteibasis in so hohem Ausmaße beliebt, daß man Rufe, wie *"Haider, Nazi"* nicht ohne weiters duldetet.

Diese verbalen Ausritte gegen den sich durchsetzenden neuen Parteiobmann auf dem Innsbrucker Parteitag wurden von den Medien natürlich totgeschwiegen. Umso lautstärker wurden dafür des abtretenden Parteichefs weinerliche Behauptungen kolportiert, er habe von *"nazistischen Drohungen"* gehört.

Wenn sich Jörg Haider vier Jahre nach den Ereignissen von Innsbruck an den Beginn der Diffamierungskampagne gegen ihn und gegen die neue FPÖ erinnert, weiß er genau, daß die Zündung innerparteilich erfolgte. Rückblickend meint Haider: *"Das war immer eine bewährte Methode im Umkreis von Steger, daß er Leute, die ihm unliebsam waren, mit einer Reihe von Gerüchten eingedeckt hat. Begonnen mit Alexander Götz, wie dieser Schwäche gezeigt hat, hat man immer irgendwelchen Leuten etwas über Götz gesteckt, von Krankheit bis zu familiären Konflikten.*

Jörg Haider nach erfolgreicher Wahl am Innsbrucker Parteitag auf den Schultern seiner Kärntner Parteifreunde den Abgeordneten Siegfried Kampl und Reinhart Gaugg.

So macht man Leute madig. Frau Steger hatte damals gegenüber der Kronen-Zeitung unter Tränen geäußert, daß man sie und ihren Mann vergasen wolle und ihnen antisemitische Parolen an den Kopf geworfen habe. Als Gugerbauer, als Rechtsanwalt, dann Klage gegen die betreffenden Funktionäre führen wollte und sie als Zeugen für das Verfahren geladen hatte, kam ein Brief, daß beide, Steger und seine Frau nichts bezeugen könnten und nichts gesehen hätten. So wurde damals die antifreiheitliche Propaganda aufgebaut."

Eine Fortsetzung der Waldheim-Kampagne mit anderen Mitteln?

Im wesentlichen waren es drei Gruppierungen, die ein Interesse an der Diffamierung Jörg Haiders und der von ihm geführten FPÖ haben mußten: Zum einen war da die abgehalfterte Führungsmannschaft um Norbert Steger, die ihre gekränkte persönliche Eitelkeit glaubte rächen zu müssen. Sie traten die Kampagne los, indem sie die anderen FPÖ-Gegner in etablierten Parteien innerhalb Österreichs mit Argumenten aufmunitionierten. Sie sorgten aber auch für die Internationalisierung der Kampagne, indem sie sowohl in den Kreisen der Liberalen Internationale als auch in jenen medialen Bereichen, die bereits die Monate zuvor über die Waldheim-Affäre antiösterreichische Wahlpropaganda betrieben hatten, mit Anti-Haider-Dossiers und ähnlichem versorgten.

In den Wochen zwischen dem Innsbrucker Parteitag vom September 1986 und den Nationalratswahlen vom 23. November desselben Jahres waren die Gazetten voll von Schaudermärchen, die weitgehend von Steger und seiner Umgebung über die FPÖ ausgestreut wurden. In einem Wiener Nachrichtenmagazim hieß es, mitternächtliches *"Sieg Heil"*-Gebrüll und andere Ausschreitungen auf dem Innsbrucker Parteitag würden demnächst zweifellos zum Ausschluß der FPÖ aus der Liberalen Internationale führen. Der Vorstand der holländischen Liberalen Partei VVD erklärte bei der Sitzung des Exekutivkomitees der Liberalen Internationale am 1. Oktober in Hamburg, er werde den Ausschluß der österreichischen Freiheitlichen aus der liberalen Weltorganisation beantragen. Die im Jahre 1947 in Oxford gegründete Vereinigung von 35 Parteien aus 21 Ländern hielt damals in der Hansestadt ihren Jahreskongreß ab. Triumphierend berichtete das tradtionell antifreiheitlich agierende Wiener Magazin, daß Vertreter der Liberalen Internationale die FPÖ unter Jörg Haider als eine *"extrem rechtsgerichtete Partei"* bezeichnet hätten, daß der Vizepräsident und Geschäftsführer der Organisation, Urs Schöttli, eine nationale FPÖ für nicht akzeptabel gehalten habe und daß am Innsbrucker Parteitag die Grenzen des Tolerablen deutlich überschritten worden seien. Er halte jedenfalls *"eine weitere Vertretung dieser FPÖ in der Liberalen Internationale nicht mehr für opportun"*.

Daß aus diesem Ausschluß der FPÖ aus der Liberalen Internationale bis zum heutigen Tage trotz mehrmaliger Anläufe, insbesondere seitens der Holländer, nichts wurde, liegt wohl daran, daß den Anschuldigungen letztlich jegliche Substanz fehlt. Österreicher und haiderfeindliche Gruppierungen im und am Rande der Liberalen Internationale versuchten mit Schützenhilfe der stegerianischen Restbestände immer wieder Ausschlußkampagnen gegen die Haider-FPÖ aufzubauen. Wie dabei agiert wurde, zeigt ein Beispiel aus den ersten Wochen nach dem Obmannwechsel innerhalb der FPÖ im September 1986. Dabei wurde eine *"Liberale Initiative"* tätig, die im Nahbereich von Norbert Steger ihren Ausgang fand und wohl nur ein Ziel hatte, nämlich Österreichs Drittes Lager zu diffamieren. Daß die Clique um den ehemaligen Bundesparteiobmann Norbert Steger ihre Niederlage am Innsbrucker Parteitag nicht mit Fassung tragen würde können, war ja vorauszusehen. Nachdem man gleich anfangs einsehen mußte, daß der Versuch einer Parteispaltung und die Installierung einer rein liberalen Partei nicht glücken würden, rief Norbert Steger mit einigen seiner engsten Mitarbeiter, wie seinem Energieberater

Volkert Kier, damals eine *"Liberale Initiative für Österreich"* ins Leben. Diese Gruppierung, die anfangs in schöner Bedeutungslosigkeit dahinvegetierte und deren erklärtes Ziel es war, den Liberalismus in Österreich zu retten, ergriff in der politischen Diskussion eigentlich nur ein einziges Mal das Wort, und dies keineswegs, um die Belange des Bürgers gegen eine wuchernde Bürokratie oder gegen Manipulation zu vertreten, sondern um Jörg Haider und der erneuerten FPÖ zu schaden:

Während die anfänglichen Versuche seitens christlich-konservativer und sozialistisch dominierter Medien, Jörg Haider in das rechtsextreme, nazistische Eck zu stellen, bald verstummten, konnte besagte *"Liberale Initiative"* nicht umhin, den neuen Parteiobmann *"deutsch-nationaler Urlaute"* zu zeihen. So wandte sich Volker Kier via Pressedienst an die österreichischen Medien, um Jörg Haiders Erklärung zum 26. Oktober, seine Aussage also zum Staatsfeiertag, als *"politische Entgleisung"* zu brandmarken, die auf das schärfste zurückgewiesen werden müsse. Haider habe 68 Jahre nach Ende des Ersten Weltkrieges zu einem *"deutsch-nationalen Altösterreicherbegriff"* zurückgefunden. Welche Aussagen des neuen FPÖ-Chef waren es denn, die das Gemüt der Hüter der lupenreinen liberalen Lehre so in Wallung gebracht hatten? Haider hatte erklärt, Österreich trage Verantwortung für viele Altösterreicher, die nicht mehr in unserem Staatsgebiet leben. Haider nannte vor allem die vielen Volksdeutschen in den Nachfolgestaaten der Donaumonarchie, besonders die Ungarndeutschen, die Siebenbürger Sachsen, die Banater Schwaben in Rumänien und die Südtiroler.

Der linksliberale Großinquisitor Volker Kier erklärte nun, Haider wäre besser beraten gewesen, *"anläßlich des österreichischen Nationalfeiertages seine deutsch-nationale Position gegenüber den in Österreich lebenden Minderheiten zu revi-*

dieren. Solange in Kärnten slowenische Mitbürger in Furcht und Unruhe leben müßten, weil eine grundsätzlich an Trennungsvorstellungen orientierte Verschlechterung des Minderheitenschulwesens betrieben wird, kann es nur einen liberalen Auftrag geben: Zurücknahme der von der Haider-FPÖ angezettelten und von der SPÖ und ÖVP in Kärnten unterstützte Bestrebungen, eine Ghettosituation für slowenische Kinder zu schaffen."

Haider habe überdies alle liberalen Grundsätze über Bord geworfen, weil er sich gegenüber einer Plattform *"Ärzte für das Leben"* gegen die Abtreibung und die Fristenlösung erklärt habe. Auch damit werde eine liberale Grundposition, nämlich die *"Eigenverantwortlichkeit in Fragen der Familienplanung"*, aufgegeben. Mit Grausen stellte der Pressedienst der Liberalen Initiative für Österreich fest, daß *"Haider es vor dem Hintergrund seiner unsozialen Steuerreformpläne als vordringlich ansehe, Schwangerschaftsabbrüche aus Wirtschaftlichkeitsgründen einen obrigkeitsstaatlichen Riegel vorzuschieben"*.

Insgesamt beweisen Argumente dieser Art wohl, wie lächerlich die Behauptung der Stegerianer waren, die FPÖ hätte nunmehr unter der Obmannschaft Jörg Haiders alle Liberalität beiseite geschoben. Insgesamt ging es ihnen dabei, neben der Rache für ihre gekränkte Eitelkeit und der Verbitterung über das Ende ihrer politischen Karrieren, in erster Linie darum, ein Klima der Ausgrenzung gegenüber Jörg Haider und den normalen Freiheitlichen zu schaffen.

Dabei fanden sie viel Zuspruch bei einer internationalen Medienlobby, die während der Monate zuvor über die Waldheim-Kampagne in Österreichbeschimpfung sozusagen eingespielt und geübt war. Als Jörg Haider zwei Wochen vor den Nationalratswahlen vom 23. November 1986 anläßlich der KSZE-

Nachfolgekonferenz in Wien eine internationale Pressekonferenz gab, nutzten 80 Presseleute aus aller Welt die Gelegenheit nicht so sehr, um Haiders sachpolitischen Aussagen zu lauschen, sondern vielmehr, um eine Fortsetzung der kurz zuvor mehr oder weniger beendeten Waldheim-Kampagne in die Wege zu leiten. Einer der Journalisten nannte den neuen freiheitlichen Bundesparteiobmann gar einen *"Nazi-Lausbuben"*, wobei er erklärte, daß allein die Tatsache dieser Pressekonferenz eine *"Frechheit und Schande"* sei. In einem viertelstündigem Referat dieses seltsamen *"Journalisten"*, der vorgab, für eine französische Rundfunkanstalt zu arbeiten, und erklärte, seine Eltern seien in Auschwitz umgekommen, strotze es nur so von persönlichen Beleidigungen. Haider und seine freiheitlichen Begleiter hörten sich die Diffamierungstirade ruhig an, bis ein anderer Teilnehmer der Pressekonferenz aufsprang und meinte, er sei selbst Jude, wäre aber von der Vorgangsweise seines Kollegen befremdet, zumal dieser keine einzige Frage gestellt habe. Ein überaus gelassener Jörg Haider vermochte diesen Eklat damals durchaus zu seinen Gunsten zu nutzen, indem er den Ankläger wie gesagt ruhig ausreden ließ und dann meinte, da könne sich jeder selbst ein Bild machen, wo Illiberalität und Liberalität zu Hause seien. Im übrigen verzichte er auf jeden Kommentar, Frage sei ja keine gestellt worden.

Insgesamt erwies sich dabei Jörg Haiders Entschluß, sich freiwillig in die Höhle des Löwen zu begeben und sich den internationalen Pressevertretern zu stellen, als voller Erfolg. Alle Versuche, ihn als rechtsextremen und faschistoiden Politiker zu diffamieren, scheiterten an den klaren und schlüssigen Aussagen des FPÖ-Chefs. So versuchte man ihn naturgemäß auf die deutsch-nationale Tradition der FPÖ anzusprechen, in der Hoffnung, ihn solcherart in ein *"nazistisches Eck"* drängen zu können. Haider erklärte dazu, die FPÖ habe ein kulturhistorisches, kulturpolitisches Bekenntnis zur deutschen Volks- und Kulturgemeinschaft in ihrem Programm. Es gäbe allerdings kaum einen Freiheitlichen, der sein nationales Bekenntnis nicht auch mit seinem Liberalbekenntnis verbinden würde. Hier gäbe es eben eine Gemeinsamkeit, die in keiner Weise etwas mit Chauvinismus zu tun habe. Auf die Versuche der internationalen Presseleute, seine Teilnahme an den jährlichen Kärntner Ulrichsbergfeiern, einem Heimkehrertreffen, als Besuch eines *"SS-Treffens"* hinzustellen, entgegenete Haider mit dem Hinweis darauf, daß die Ulrichsberggemeinschaft ein jährliches *"Friedenstreffen sei, an dem neben dem sozialistischen Landeshauptmann, seinem ÖVP-Kollegen selbstverständlich auch immer wieder der Kärntner Bischof teilnehme"*. Insgesamt bildete der Beginn der Anti-Haider-Kampagne so etwas wie eine nahtlose Fortsetzung der *"Waldheim-Campaign"*. Die politischen Frustrationen Stegers und seiner Freunde waren zwar der Anlaß für die persönlichen Attacken gegen Jörg Haider und die neue FPÖ-Führung, die Fortsetzung der Kampagne hatte dann natürlich noch ganz konkrete politisch, taktische Gründe. Daß der SPÖ-Bundeskanzler der erneuerten FPÖ jegliche Liberalität absprach, darf als politisches Kalkül,

Wegen seiner Aufgeschlossenheit gegenüber der Kriegsgeneration, versuchte man Jörg Haider immer wieder in das rechtsradikale Eck zu drängen.

das zur Beendigung der Kleinen Koalition genützt wurde, verstanden werden. Daß die etablierten Meinungsmacher in Wien Jörg Haider sofort in den Geruch des Rechtsextremismus bringen wollten, wurde als geradezu, selbstverständlich hingenommen. Daß aber die frustrierten Exspitzen der Partei durch ihre Aktivitäten in diversen Wiener Enthüllungsmagazinen und das Liefern von Dossiers an ausländische Stellen das Dritte Lager Österreichs insgesamt sowie das Land als solches in internationalen Verruf brachten, war vielen Österreichern dann doch zuviel. In Erinnerung an die Anti-Waldheim-Kampagne meinten manche politische Beobachter, daß nun nur noch fehle, daß sich diese abgehalfterten FPÖ-Größen Herrn Israel Singer aus New York und Frau Beat Klagsfeld aus Paris als Helfershelfer für ihre politische Agitation herangeholt hätten. Jörg Haider jedenfalls dürfte die aus drei Stoßrichtungen gegen ihn geführte Diffamierungskampagne - aus der Richtung der abgehalfterten Alt-FPÖ-Spitzen, aus der Richtung seiner rot-schwarzen innenpolitischen Gegner und aus der Richtung der internationalen Presse - in einer Art Fortsetzung des sogenannten *"Waldheim-Defektes"* nach dem Motto *"jetzt erst recht"* bei der Erreichung der sensationellen 9,6 Prozent am 23. November 1986 durchaus geholfen haben.

Wer stoppt Jörg Haider?

Die Nationalratswahlen vom November 1986 fuhren den etablierten politischen Kräften dann wie ein Schock in die Knochen: Hatte man in den Wochen vor den Wahlen in den etablierten Medien noch skeptisch gefragt, ob denn das öffentlich deklarierte Ziel, mindestens 5 Prozent zu erreichen, für die Freiheitlichen überhaupt zu schaffen sei, so waren die nahezu 10 Prozent, die Jörg Haider dann tatsächlich am 23. November einführen konnte, tatsächlich ein sensationeller Erdrutschsieg für die blaue Oppositionspartei. Denn daß sie in Opposition gehen werde müssen, wußte man spätestens seit dem Koalitionsbruch durch

Kanzler Franz Vranitzky. Der damalige Strategieplaner der SPÖ, Zentralsekretär Heinrich Keller, forderte sofort nach den Wahlen zur Entwicklung *"gemeinsamer Strategien"* auf, um den *"Blauen Stimmenfänger"* Jörg Haider stoppen zu können. Beide Regierungsparteien sollten gemeinsam der FPÖ wieder jene *" Bedeutung geben, die ihrer Kleinheit entspricht"*. Gleichzeitig - rein zufällig, versteht sich - erschien im ÖVP-nahen Massenblatt *"Kurier"* der Kommentar eines Politikwissenschafters, der sich *"eine Strategie gegen Haider"* nannte. Und im schwarzen Eliteblatt *"Die Furche"* fragte der Innsbrucker links-linke Politologenguru Anton Pelinka: *"Wer stoppt Jörg Haider?"* Damit sprangen die schwarzen Meinungsmacher flugs auf den von SPÖ-Zentralsekretär Keller damals in Bewegung gesetzten Zug auf und stiegen massiv in die Anti-Haider-Debatte ein.

Was damals da in *"Kurier"* und *"Furche"* zum besten gegeben wurde, war schon haarsträubend: Pelinka forderte allen Ernstes die *"Ausgrenzung"* der Haider-FPÖ. Der Aufstieg der Freiheitlichen sei *"eine Belastung der Qualität österreichischer Demokratie"*. Und ein Politikwissenschafter namens Ulram bezeichnete den FPÖ-Chef als *" konzept- und verantwortungslosen Sprücheklopfer und potentielle Gefährdung der Demokratie"*.

Insbesondere das Wort von der *"Ausgrenzung"* ließ erahnen, zu welchen antidemokratischen Mitteln die Herren Musterdemokraten zu greifen bereit waren, um angeblich die Demokratie zu retten. *"Ausgrenzen"* sollte zu jener Zeit im speziellen FPÖ-Falle wohl bedeuten, eine durch massiven Wählerwillen existente politische Kraft in das gesellschaftliche Abseits zu drängen. Dreimal durfte man raten, zu welchen Mitteln man damals wie auch heute noch in Österreich zu diesem Zweck greift: natürlich zum Versuch, den Auszugrenzenden ins *"Braune Eck"* zu stellen. Dementsprechend hieß es in den gegenständlichen

Zeitungskommentaren auch, *"das fehlende Bekenntnis zur österreichischen Nation und die unzureichende Distanzierung von den Ereignissen der NS-Zeit"* sei ein Kennzeichen der Freiheitlichen. Jörg Haiders Politik stelle überdies einen *"Appell an rechtsradikale Instinkte"* dar.

Der österreichische Wähler war aber offenbar damals nicht ganz so einfältig, wie es die Strategen der beiden alten Parteien und die etablierten Meinungsmacher offenbar glaubten. Alle Versuche, die damals, aber auch in den folgenden Monaten und Jahren unternommen wurden, Jörg Haider als *"Nazi-Lausbuben"* und die Freiheitlichen als eine *"Bande von ultrarechten Radaubrüdern"* darzustellen, konnten den ständig zunehmenden Wählerstrom nicht abhalten. Die Versuche von Heinrich Keller, Anton Pelinka und wie die puplizistischen FPÖ-Hasser alle hießen und heißen, Hundertausende österreichischer Bürger, vorwiegend junge Menschen, die Jörg Haider und die FPÖ gewählt haben und noch wählen werden, als *"faschistoid"* und *"rechtsextrem"* darzustellen, erwiesen sich somit als Fortsetzung einer politischen Linie, die spätestens seit dem Beginn der Waldheim-Hetze in Österreich zur innenpolitischen Realität geworden ist: Zum Selbsthaß und zur Selbstdiffamierung.

Neben diesen frühen Versuchen, die Ausgrenzung der Freiheitlichen unter Jörg Haider dadurch zu betreiben, indem man sie ins *"Braune Eck"* schob, begann bereits damals die Abqualifizierung des Oppositionsführers als *"sprücheklopfenden Populisten"*. Eine Strategie, die bis heute angehalten hat.

In einer Rückschau auf die Legislaturperiode nach den Nationalratswahlen des Jahres 1986 sieht Jörg Haider die Diffamierungsversuche gegen ihn als bereits einigermaßen klar gegliederte Strategie. Am Anfang habe es eine *"undifferenzierte*

Strategie der Dämonisierung" gegeben. Das war in erster Linie der Versuch, ihn ins *"Braune Eck"* zu stellen. Dabei habe es eine Phase gegeben, in der er es seinen Gegnern leichtgemacht habe, *"weil ich (Haider) gar nicht geahnt habe, auf welch gefährlichem Parkett man sich bewegt, wenn man relativ offen sagt, was einen berührt. Meine Gegner haben auf diese Art viel Angriffsmaterial bekommen, um dieses mit großem finanziellem Aufwand zu dokumentieren und zu publizieren"*. Jörg Haider spielt damit offenbar auf eine Dokumentation aus einem ÖVP-nahen Archiv mit dem Titel *"Die Sprüche des Jörg Haider"* an sowie auf ein Buch namens *"Teutsches Land"*, das von einer gewissen Brigitte Galanda im Nahbereich des *"Dokumentationsarchivs des österreichischen Widerstandes"* über Jörg Haider veröffentlicht wurde. Nach Ansicht des FPÖ-Chefs war diese undifferenzierte Strategie der Dämonisierung aber eine sehr wirksame Wahlunterstützung für ihn. Er habe sich gesagt: *"Diese Auseinandersetzung führe ich, die interessiert mich, es muß doch möglich sein, daß man das auch mit offenem Visier austrägt, auch wenn man nicht die Macht der Lügen hinter sich hat."* Dies habe dann in die nächste Phase geführt, wo er zwar sehr akzentuiert seinen Standpunkt vertreten, aber gleichzeitig versucht habe, auch nicht Angriffsflächen zu liefern, wo es leicht vermeidbar war. Dies sei im wesentlichen während der Serie der Regionalwahlen gewesen, die so erfolgreich für die FPÖ gelaufen sind. Die damit verbundenen Erfolge und das vollige Scheitern der Diffamierungsstrategie habe bei den Gegnern der FPÖ da zu hysterischen Reaktionen geführt.

Als Teil dieser hysterischen Reaktionen darf etwa jenes bereits zitierte Buch *"Ein Teutsches Land - die rechte Orientierung des Jörg Haider"* betrachtet werden. Erschienen im Jahre 1987, bezeichnete es sich selbst als Dokumentation und entlarvte sich doch bereits im Vorwort des zeitgeistgerechten Gebrauchspoeten Peter Turrini als haßerfüllte Polemik. Bild seiner

Aneinanderreihung von samt und sonders aus dem Zusammenhang gerissenen Zitaten, hauptsächlich aus den *"Kärntner Nachrichten"*, für die Jörg Haider lange Zeit ja verantwortlich war, sollte dieser als Rechtsextremer und politischer Opportunist enttarnt werden. Bereits darin dokumentierte sich allerdings die Gedankenarmut dieser vorgeblichen Dokumentation: Er, der halt auf opportunistischem Wege zu politischem Erfolg gelangen will, würde sich doch weit eher den modischen Linkstrends anpassen. Es war aber auch für Heiterkeit in diesem Werke gesorgt, wenn die Autorin, die in einem recht engen Nahverhältnis zum *"Dokumentationsarchiv des österreichischen Widerstandes"* stehen dürfte, vorsorglich behauptete, daß mit der Titulierung als *" rechtsextremer"*, *"keinerlei Diffamierung oder Beleidigung von Personen verbunden ist"* und niemand einer *"verächtlichen Gesinnung"* geziemt werden soll. Solcherart gegen etwaige Klagen vorbauend, war die Autorin mit dem Attribut *"rechtsextrem"* flott bei der Hand. Für Jörg Haider sowieso, für Kriemhild Trattnig, weil sie für eine positive Einstellung zur Familie eintritt, für all jene, denen die Kriegsteilnehmer nicht automatisch Verbrecher sind, für den Kärntner Heimatdienst, weil er nicht für Großslowenien ist, für die Deutsch-Kärntner insgesamt, weil sie es wagen, sich als solche zu bekennen, und für die FPÖ, weil es sie überhaupt gibt. Die wahrhaft schreckenerregende Anschuldigung, die Jörg Haider, den Freiheitlichen und ihrem Sprachrohr, den *"Kärntner Nachrichten"*, in diesem ach so wissenschaftlichen Werk immer wieder entgegengeschleudert wurde, war ihr Bekenntnis zur Deutschen Volks- und Kulturgemeinschaft. Daß ein solches Volkstumsbekenntnis weder links noch rechts, geschweige denn extrem ist, hat sich bis in die vergangenheitsorientierte Bewältigungsgruft des *"Dokumentationsarchivs"* wohl noch nicht durchgesprochen. Insgesamt war dieses Anti-Haider-Pamphlet ein trauriger Beweis für den Verfall der politischen Kultur in Österreich. Die Hexenjäger bliesen damit zu einem haßerfüllten Halali. Ultralinke Sektierer versuchten dabei, eine staatstragende politische Kraft, deren Leitfigur immerhin bundesweit nahezu 20 Prozent und in Kärnten mehr als 30 Prozent der Wahlbürger zu motivieren vermochte, zu politisch Aussätzigen zu stempeln.

Jörg Haider selbst sieht die tiefer liegenden Motive für diese Diffamierungen darin, daß es *"internationale Kreise von Linksextremisten und Radikalen gäbe, die in Wirklichkeit Feinde der Demokratie"* seien und *" gegen die jenigen auftreten, die den Leuten die Augen öffnen"*. Der FPÖ-Chef meint weiter, daß dies Kräfte sind, die *"die Leute manipulieren, vom kulturellen Geschehen bis zu sozialen Bereichen in den Griff bekommen wollen, weil sie dort am leichtesten Macht gewinnen können. Das war immer das Konzept des Linksradikalismus. Marsch durch die Institutionen, Besetzung der Schaltstellen und Unterdrückung der Menschen. Für die ist eine Aufklärung, wie wir sie durchführen, hinderlich, weil sie ihren Parolen Einhalt gebieten würde. Es beweist, daß wir aus unserer Geschichte Konsequenzen ziehen. Diese Kräfte"*, fährt Jörg Haider fort, *"sind allerdings nicht ungefährlich, sie sind in ihrer Aggressivität auch bis zu persönlichen Tätlichkeiten bereit, alles zu machen."* Heute ist Jörg Haider zwar der Meinung, daß beide Strategien, die, ihn als Nazi zu diffamieren, und auch jene, ihn als Populisten abzustempeln, gescheitert seien. Er sei - so Jörg Haider heute im Originalton, *"durch diese Konfrontation gezwungen worden, mich unmittelbar mit den Bürgern auseinanderzusetzen und viele Leute lernten mich und meine Mitstreiter persönlich kennen. Wenn du jemanden persönlich erlebst, der das Gegenteil von dem ist, als das er dämonisiert wurde, hast du einen unwahrscheinlichen Werbeeffekt."*

Mit Medien im Zwiespalt

Dieser Faszination erlagen und erliegen auch Österreichs Medien immer wieder. Einerseits sind sie ein fester Bestandteil der Diffamierungsfront, andererseits machen sie durch die ständige Berichterstattung über den gefährlichen Populisten Jörg Haider für diesen eine nicht unerhebliche Werbung.

Einen Höhepunkt hatte die Anti-Haider-Hetze im Jahre 1988, nach dem Grazer Neujahrstreffen der FPÖ, gefunden. Damals hatte Jörg Haider die österreichische Arbeitslosigkeit mit der relativ hohen Ausländerbeschäftigung in Zusammenhang gesetzt und damit jenen wunden Punkt angetippt, der hierzulande mit den Reizworten *"Fremdenhaß"* und *"Ausländerfeindlichkeit"* tabuisiert wurde und wird. Die medialen Reaktionen darauf waren in ihrer Radikalität und in ihrer Haßerfülltheit erschreckend: *"Ausgrenzen"*, *"Politische Quarantäne"* und ähnliches war da schon zu hören. Damals war, da sich das freiheitliche Wählerpotential nach Aussagen der Soziologen bereits der Millionenzahl näherte, die verbale Aggression gegen Jörg Haider und die FPÖ vollends hysterisch. Da schrieb etwa *"Profil"*-Kolumnist Reinhart Tramontana, seinem Selbstverständnis nach der Karl Kraus unserer Tage, über den freiheitlichen Bundesparteiobmann, er sei *"ein vollkommen bedenkenloser Halbstarker"*, der sich durch *"brutalen Zynismus, gebündelten Unterschweif der niedrigsten Gesinnungen, der egalen Verachtung Lebender und Toter"* und durch *" dreiste Geschmacklosigkeit und bewußte Vorschubleistung perverser Verhetzung"* auszeichnet. Bei einem solchen publizistischen Haßausbruch ist die Aufforderung, den so Qualifizierten moralisch, politisch und wohlmöglich sogar physisch *"auszuschalten"*, mehr als deutlich zwischen den Zeilen zu lesen. Aber nicht nur in dem betreffenden Wochenmagazin, auch in der seriösen *"Presse"* stellte ein Kolumnist den FPÖ-Chef zur selben Zeit als *"beklemmende Gefahr"* für unsere Demokratie dar, der *" nationale Aggressionen und Vorurteile in ein modernes Gewand"* kleidet: Er habe bei politischen Veranstaltungen *"Bürgerbräukeller-Atmosphäre"* verbreitet, seine Sprache erinnere an jene der seinerzeitigen *"NS-Trommler"*.

Daß vor so viel demokratiepolitischer Sorge traditionelle FPÖ-feindliche Journalisten, wie etwa Hans Rauscher im *"Kurier"*, nicht schweigen konnten und daß die Theoriezeitschrift der SPÖ, die *"Zukunft"*, im Zusammenhang mit Haiders Freiheitlichen von gefährlichem *"Populismus als Programm"* sprach, war kein Wunder. Insgesamt ging damals der Tenor durch den österreichischen Blätterwald: Jörg Haider, der *"Gott-sei-bei-uns"* der 80er Jahre, der - nona im Gedenkjahr - stets im gleichen Atemzug mit den Ereignissen des März 1988 genannt werden mußte.

Die österreichischen Medien, voran der ORF (im Bild Jörg Haider bei einem Sommergespräch des ORF-Inlandsreports) versuchten immer wieder die Freiheitlichen als "rechtsradikale Populisten" zu diffamieren.

In der auflagenstärksten Bundesländerzeitung Österreichs erschien in der Folge an das freiheitliche Neujahrstreffen des Jahres 1988 ein großaufgemachter Artikel unter dem Titel *"Jörg Haiders Pakt mit den ewig Gestrigen"*. Der kritisch und weitgehend diffamierend formulierte Text veranlaßt daraufhin den FPÖ-Chef, den Autor zu klagen. Ein Grazer Presserichter sprach dann den beschuldigten Journalisten in erster Instanz frei, worauf das besagte Kleinformat Auszüge aus dessen Urteilsbegründung abdruckte. Die darin getätigten Aussagen verdienen im Hinblick auf eine übergreifende Beurteilung der Anti-Haider-Kampagne auch unsere Beachtung. Sie beweisen, daß der erfolgreiche Oppositionsführer Jörg Haider und seine grob geschätzt 15 bis 20 Prozent Anhänger unter der bundesweiten Wählerschaft damals nicht nur von den medialen Spießgesellen der Altparteistrategen, sondern sogar schon von unabhängigen Richtern *"ausgegrenzt werden sollten"*.

Der Presserichter schrieb damals in seiner Urteilsbegründung, *"daß der Privatkläger Dr. Haider bei seinen politischen Aussagen an die Instinkte derjenigen appelliert, die sich nach einer Öffnung zur deutschen Kultur- und Schicksalsgemeinschaft hinsehnen, das offizielle Geschichtsbild der Zweiten Republik ablehnen und im heutigen Staat Österreich ihre nationale Nestwärme vermissen. Dieser Personenkreis ist mit Bezeichnung ewig Gestrige im Ergebnis zutreffend apostrophiert"*.

Im Gegensatz zu seinem Vorgänger tritt Jörg Haider, wie hier anläßlich der 10.Oktoberfeier unter großer Zustimmung der Bevölkerung für Heimatverbundenheit und nationales Bewußtsein ein.

Wer also etwa das Geschichtsbild von Frau Prof. Erika Weinzierl oder das des Innsbrucker Politologen Anton Pelinka nicht völlig unkritisch akzeptierte - darunter verstand der Herr Richter wohl das *"offizielle Geschichtsbild der Zweiten Republik"* -, sollte also ein *"ewig Gestriger"* sein. Und wer für sich eine persönliche Beziehung zur deutschen Kulturgemeinschaft empfindet, ebenso. Eine mehr als seltsame Sichtweise für einen objektiv urteilen sollenden Richter. Daß dieser dann behauptete, Haider schüre *"Ressentiments gegen die slowenische Minderheit"* in Kärnten, konnte dann schon nicht mehr verwundern. Daß die Vorstellungen Haiders und der Freiheitlichen im Hinblick auf die Regelung der Unterkärnter Schulfrage danach mittels Dreiparteieneinigung zum Bundesgesetz wurden, hat der Grazer Presserichter offenbar völlig übersehen, oder war er etwa der Meinung, daß auch Vranitzkys Sozialisten und Alois Mocks Volkspartei damals *"Ressentiments"* gegen die Kärntner Slowenen schürten. Und selbstverständlich war es Jörg Haiders Äußerung beim Freiheitlichen Neujahrstreffen des Jahres 1986, wonach es ein Unding sei, daß in Österreich bei 180.000 Arbeitslosen noch immer Ausländerkontingente bewilligt würden, die den Richter bewegten, Jörg Haider des *"Kokettierens mit den ewig Gestrigen"* zu bezichtigen. Daß das Ausländerbeschäftigungsgesetz, nicht zuletzt den Vorstellungen der Freiheitlichen gemäß, durch die großkoalitionäre Regierung wenige Wochen nach Haiders diesbezüglichen Aussagen novelliert wurde, ist dem werten Presserichter ebenso entgangen. Klar war da schon, daß in der Urteilsbegründung Haiders Wortwahl im Hinblick auf das *"morsche Machtgebäude der beiden alten Parteien"* ein deutlicher Appell an nationalsozialistische Instinkte sein sollte. Klar natürlich auch, daß Jörg Haider mit einer dumpfen Masse von Österreichern mit *"nationaler Gesinnung"* spekuliert habe, wobei eine nähere Definition des Begriffsinhaltes des Wortes *"national"* von keinem gegeben werde, der es zur Darlegung seiner Anschauungen verwende. Da hatte der Herr

Richter das Freiheitliche Parteiprogramm aus dem Jahre 1985 aber schlecht gelesen.

Alles in allem waren diese Auszüge aus der Urteilsbegründung des Grazer Presserichters gegen Jörg Haider ein Beweis dafür, daß sich auch ein an sich so hochgeachteter Berufsstand, wie der der Richter, bei aller Unabhängigkeit von den Einflüssen des Zeitgeistes nicht freihalten konnte. Diese Urteilsbegründung hätte sich nämlich, ohne irgendwie aufzufallen, auch als Artikel in einer der sattsam bekannten Haider-feindlichen Medien wie in diversen Wiener Wochenmagazinen finden können. Er hätte sich nahtlos in die angeblich ach so hochwissenschaftlichen Arbeiten der diversen Mitarbeiter des *"Dokumentationsarchivs des österreichischen Widerstandes"* einfügen können. Daß er sich allerdings auf dem Amtspapier eines österreichischen Gerichtes fand, daß politische Werturteile und selbstherrliche historische Feststellungen die Grundlage für ein österreichisches Richterwort bildeten, war mehr als bedenklich.

Erfreulich war nur, daß im Jahre darauf die nächste Instanz das Urteil dieses Grazer Presserichters zugunsten Jörg Haiders aufhob.

Jedem Wahlkampf seine Anti-Haider-Kampagne

Seit Jörg Haider Obmann der Freiheitlichen Partei und damit Oppositionsführer ist, fand diese Diffamierungs- und Ausgrenzungskampagne bei jedem Regionalwahlkampf und bei jeder größeren innenpolitischen Auseinandersetzung, wie sie etwa den freiheitlichen Volksbegehren zum Privilegienabbau oder gegen das ORF-Monopol vorausgingen, einen weiteren Höhepunkt. Dies war aber nur eine bundesweite Fortsetzung von Diffamierungsversuchen, die bereits aus den Kärntner Wahlkämpfen bekannt waren, als Jörg Haider nur Landesparteiobmann war. Neben der *"Nazi-Masche"* war es in erster Linie der Versuch, Haider Unrechtmäßigkeiten im Bereich seines Privatvermögens zu unterstellen, er habe sein Klagenfurter Haus gewissermaßen gestohlen, er habe einen Flug mit einer privaten Firmenmaschine nach Innsbruck nicht bezahlt und dergleichen Unsinn mehr. Einen ersten Höhepunkt von bundesweiter Dimension erreichte diese Kampagne gegen Haiders Vermögensgebarung im Zusammenhang mit seinem Waldbesitz im Unterkärntner Bärental. Der ihm von einem in Südtirol lebenden Großonkel vererbte Waldbesitz war vor dem Zweiten Weltkrieg im Eigentum einer Jüdin italienischer Staatsbürgerschaft gewesen, die ihn im Zuge der düsteren historischen Ereignisse zwischen 1938 und 1945 verkaufen mußte. Dies wurde von den heimischen Berufsantifaschisten und den FPÖ-feindlichen Medien natürlich flugs so dargstellt, als wäre der FPÖ-Chef da direkt an einem *"Arisierungsverfahren"* beteiligt gewesen. Den Vogel schoß eine Wiener Illustrierte ab, die vor den Nationalratswahlen des Jahres 1986 behauptete, die seinerzeitige SS-Führung um Heinrich Himmler habe über verschlungene Pfade das Unterkärntner Bärental dem FPÖ-Chef zukommen lassen, um 40 Jahre nach dem Untergang des Dritten Reiches dessen politische Arbeit zu finanzieren.

Kuriositäten dieser Strickart vermochten die österreichische Bevölkerung naturgemäß kaum zu überzeugen. Wesentlich konkreter versuchte man Jörg Haider im Zusammenhang mit dem von ihm geerbten Bärental im Zuge der Geschichte seines Försters zu schaden. Er habe diesen treuen Mitarbeiter mir nichts, dir nichts aus zutiefst unsozialer Gesinnung einfach auf die Straße gesetzt. Auch dieser Vorwurf brach allerdings binnen kurzem zusammen und erwies sich als aufgepauschte Geschichte der sozialistischen Parteipresse.

Im Zuge der einzelnen Regionalwahlkämpfe seit den Nationalratswahlen von 1986, also im Burgenland, in Wien, in Niederösterreich, dann in Salzburg, Tirol und Kärnten, versuchte man immer wieder, Jörg Haider und den Freiheitlichen zu schaden, indem man einzelne Kandidaten oder Parteifunktionäre der FPÖ herausgriff, um sie als *"faschistoide Figuren"* zu denunzieren. Der burgenländische Bauernführer Robert Dürr, der als Redakteur eines rechtsradikalen Radaublattes diffamiert wurde, der niederösterreichische Bundesrat Helmut Weiss, der sich von der Arbeiterzeitung auf das glatte Parkett der Zeitgeschichte locken ließ, der Salzburger Gemeinderat Siegfried Mitterdorfer, der den ORF als *"letztes Konzentrationslager Österreichs"* bezeichnete, der FPÖ-Chef von Linz-Land, Raimund Wimmer, der 1986 zum Obmannwechsel so viel beigetragen hatte, wegen seiner Äußerungen im ORF zur Ausländerproblematik, die niederösterreichische Abgeordnete Ilse Hand, weil sie bei einer rechtsstehenden Organisation als Referentin vorgesehen war, die Kärntner Landtagspräsidentin Kriemhild Trattnig wegen ihrer Ausführungen im Kärntner Grenzlandjahrbuch - sie alle sind Bei-

Obwohl Franz Vranitzky nach dem Bruch der Koaltion im Jahr 1986 erklärte, er werde einem Jörg Haider keine Hand geben, muß er als Regierungschef gegenüber dem Kärntner Landeshauptmann gute Miene zum bösen Spiel machen.

spiele für die Versuche, Jörg Haider und den Freiheitlichen zu schaden, indem man einzelne Exponenten der FPÖ herausschießen wollte, die Reihe dieser Personen ließe sich noch beliebig verlängern.

Eine eigene Dimension nahm die Diffamierungskampagne im Zuge des niederösterreichischen Landtagswahlkampfes im Frühherbst 1988 an. Damals ging es für die etablierten Parteien darum, den Einzug der FPÖ in den Landtag des größten österreichischen Bundeslandes zu verhindern. Sie setzten wieder einmal auf Diffamierung: Auf Glanzpapier mit aufwendigstem Vierfarbendruck, professionell gestaltet und ganz harmlos als politische Zeitung getarnt, tauchte in den letzten Wochen vor den niederösterreichischen Landtagswahlen an allen Zeitungskiosken in Österreich plötzlich ein Druckwerk auf, das offenbar nur ein Ziel hatte: Österreichs aufstrebenden Freiheitlichen und deren Parteichef und Wahlkampflokomotive Jörg Haider zu schaden, und das mit allen Mitteln, wobei solche, die als seriös einzustufen wären, offenbar von vornherein bereits beiseite geschoben worden waren. *"Streitschrift - Sonderausgabe Nr. 1/88"* nannte sich das Heft im Untertitel. *"Schrecken"* mit dem Haupttitel, wobei dazu - das Versteckspiel bezog sich offenbar nur auf die Hintermänner und keineswegs auf den Inhalt - gleich passend eine diabolisch wirken sollende Haiderkarikatur auf dem Titelbild abgedruckt war. Das Impressum konnte nicht harmloser wirken. Eine Wiener Adresse, dazu ein Nobody-Name als Medieninhaber und Chefredakteur sowie desgleichen einige Nobodies als redaktionelle Mitarbeiter. Weniger harmlos war da schon die Tatsache, daß im ganzen Heft kein einziges Inserat, kein einziger Werbetext aufschien. Bedenklich war dies deshalb, weil jede normale Zeitung oder Zeitschrift sich im wesentlichen durch Werbung zu finanzieren versucht. Diese Anti-Haider-Postille aus dem niederösterreichischen Landtagswahlkampf hatte dies offenbar nicht notwendig. Warum wohl?

Wenn man sich dann den Inhalt des Machwerkes ansah, erkannte man auch, daß eine einigermaßen seriöse, politisch informative Absicht gar nicht gegeben war. Da wurden, oberflächlich recherchiert, alle nur möglichen negativen Aussagen der letzten Jahre über Jörg Haider zusammengestoppelt, aufgefettet durch aus dem Zusammenhang gerissene oder gar völlig fiktive Aussagen des FPÖ-Chefs selbst. Die obligaten Hitlerkarikaturen neben Haiderbildern, Schriftzüge in Fraktur und einigermaßen krampfhaft selektierte Pressestimmen zum Thema Haider und FPÖ sollten das Ganze zu einem Negativportrait aufblasen. Die Bezeichnung Polemik war für den Inhalt dieser Postille geradezu beschönigend. Haider sei ein *"kaltschnäuziger Alleshinnehmer"*, der *"in Kärntner Bierzelten schreit"*. Wenn er nur könne, wie er wolle, würde er *"Punks, Mods und Easy Riders, Tramps und Straßenmusikanten ... wie Aussätzige behandeln"*. Natürlich stehe er für die Unterdrückung der Frau, wobei er *"treu seinem eigenen Ego, Frauen nationaldeutsch begiert"* ... Genug des Schwachsinns! Blieb nur die Frage, wer hinter diesem sündteuren Machwerk - geschätzte Kosten von mindestens einer Viertelmillion Schilling - gestanden ist. Die Wirtschaft mittels Inseraten oder gar eine Anzahl von Abonnenten oder etwa das reißende Interesse der Leser am Kiosk konnte es wohl nicht gewesen sein, die das Blatt finanzierten. Da mußte es doch irgendeinen *"Reptilien-Fonds"* gegeben haben, der - gespeist aus Steuergeldern, wie dies in Österreich so üblich ist - dieses unappetitliche Elaborat bezahlte. *"Cui bono"*, wem nützt es pflegten bereits die alten Lateiner zu fragen. Dreimal durfte man auch in diesem Falle raten. Mit Sicherheit einmal den beiden alten Parteien, die diese Postille, so konnte man damals mutmaßen, entweder über den direkten Auftrag ihrer eigenen Parteisekretariate oder aber über unabhängige *"nützliche*

Idioten" auf die Beine gestellt haben dürften. Es blieb noch die Frage, woher das viele Geld gekommen war, das für eine massenhafte Verbreitung einer solchen Zeitschrift notwendig ist. Es wäre ja direkt verwunderlich gewesen, wenn es nicht mehr oder weniger direkt über die Parteienfinanzierung aus dem Staatssäckel und damit aus den Taschen der österreichischen Steuerzahler gekommen wäre. Ähnliches kennt man ja in Österreich bereits. Wenn da etwa eine besoldete Mitarbeiterin des *"Dokumentationsarchivs des österreichischen Widerstandes"* zweifellos mit hohen Subventionen in einem Ultralinks-Verlag ein Buch über die *"rechte Orientierung des Jörg Haider"* unter dem Titel *"Ein Teutsches Land"* herausgab. So konnte ein solches Machwerk keineswegs nur aufgrund des ach so großen Publikumsinteresses finanziert werden. All diese Diffamierungen Jörg Haiders gingen immer wieder nur über Gelder, die mehr oder weniger direkt aus der Tasche der Steuerzahler in jene der Berufsantifaschisten geflossen waren. Indirekt aus Steuergeldern finanzierte Haßtiraden also gegen oppositionelle Politiker. Ein Zustand, der als überaus bedenklich bezeichnet werden mußte und muß, ein Zustand, der der österreichischen Demokratie und insbesondere aber dem Demokratieverständnis der herrschenden alten Parteien kein gutes Zeugnis ausstellte und auch heute noch nicht ausstellt.

Im Zuge des Kärntner Wahlkampfes im Frühjahr 1989 wurden diese Anti-Freiheitlichen-Strategien durch eine neue Facette bereichert: Man mobilisierte einen Teil der Kärntner Künstler, organisierte sich mehr oder weniger krampfhaft mittels des seit mehr als 30 Jahren erscheinenden Kärntner Grenzlandjahrbuches Argumente und trat dann mit dem völlig unrechtmäßigen Anspruch, für alle Kulturschaffenden zu sprechen, an die Öffentlichkeit, indem man erklärte, Jörg Haider und seine Freiheitlichen wären untragbar für das Bundesland Kärnten. Das Gespenst des kulturlosen Meinungsterrors, der künstlerischen Intoleranz und der drohenden Vertreibung für alle Kulturschaffenden wurde an die Wand gemalt. Gerade in einer Zeit, in der sich in ganz Europa die Ereignisse rasend wandelten, in der ein halbes Dutzend von diktatorischen Regierungen abtreten mußten, versuchten einige der Kärntner Künstler und mit ihnen verbündete Wiener Medien so zu tun, als wäre die Schreibweise des Kärntner Grenzlandjahrbuches die größte Gefahr für die österreichische Demokratie. Und die Drohungen einiger Künstler, im Falle der Wahl Jörg Haiders zum Landeshauptmann emigrieren zu müssen, sollten wohl bewußt an die Ereignisse von 1933 in Deutschland anknüpfen.

Nach dem Wahlgang selbst versandete aber auch diese Kampagne, wie bereits vor ihr alle anderen Diffamierungskampagnen, die ja in erster Linie wahlkampfbedingt organisiert worden waren.

Prinzipiell muß zu den Diffamierungs- und Ausgrenzungsstrategien noch gesagt werden, daß es neben der Dämonisierung Jörg Haiders als gefährlichen Neonazi und neben der Abstempelung des FPÖ-Chefs als *"sprücheklopfenden Populisten"* in der jüngsten Zeit noch einen dritten Versuch gegeben hatte, ihn als bloßen Möchtegern-Saubermann zu denunzieren, der in Wahrheit vielleicht nicht schlechter als die übrigen Politiker, aber auch keineswegs besser wäre. In Erkenntnis der Tatsache, daß das Politikerimage in Österreich aufgrund der vielen Korruptionsskandale und Politaffären überaus schlecht ist, versuchte man seitens der Altparteien-Strategen und der FPÖ-feindlichen Medien nachzuweisen, daß Jörg Haider und seine Freiheitlichen um kein Jota besser wären: Am bezeichnendsten war der Versuch, ihn als Steuersünder zu kriminalisieren. Er zahle für sein ganzes Bärental nur S 14,-- Vermögenssteuer, diese Behauptung sollte gerade in einer Zeit, in der die sozialistischen Parteisekretäre reihenweise über Steuerhinterziehung stolperten, zeigen, daß der *"FPÖ-Sau-*

bermann" um kein Jota besser sei. In die gleiche Kategorie gehört der Versuch, die Steuerangelegenheit von FPÖ-Generalsekretärin Heide Schmidt als Mitarbeiterin des ORF-Volksanwaltes zur Steuerhinterziehung hochzustilisieren. Eine Strategie, die im Bewußtsein der Österreicher allerdings auch nicht die gewünschte Wirkung zu erzielen vermochte, da insbesondere die kritischen Bürger des Landes, die dahinter stehende Absicht allzu rasch erkennen mußten. Interessanterweise hat auch der Sozialneid, den die Anti-Haider-Strategen mit dem vielfachen Hinweis auf den *"reichsten Politiker Österreichs"*, zu dem Jörg Haider durch die Erbschaft im Bärental geworden sei, in keiner Weise gegriffen. Das Gegenteil war der Fall. Verbürgt ist die vielfache Ansicht, daß mit Jörg Haider, durch seine materielle Unabhängigkeit, endlich ein Politiker aufgetreten sei, der bereits reich ist, der sich also nicht korrumpieren lassen müsse und nicht stehlen brauche.

Ein Teil der Euro-Rechten?

Eine weitere Strategie von Haider-kritischen Politologen und FPÖ-feindlichen Medien war es in den letzten Monaten und Jahren, die erneuerten Freiheitlichen in einem Atemzug mit Frankreichs *"Front National"* des Jean-Marie Le Pen oder mit den *"Republikanern"* des Franz Schönhuber und ähnlichen ultrarechten Gruppierungen in Europa zu nennen. Jene als *"rechtsextremistisch"*, *"rechtspopulistisch"* und *"rassistisch"* diffamierten Bewegungen stellte man auf die gleiche Ebene wie die österreichischen Freiheitlichen, um diese selbst als extremistisch zu denunzieren.

Zu Ende des Jahres 1989 veranstaltete die Österreichische Volkspartei eine Tagung, bei der ein bundesdeutscher Referent, Hans-Joachim Veem, der Leiter des Forschungsinstitutes der *"Konrad-Adenauer-Stiftung"* der bundesdeutschen CDU, über die Gemeinsamkeiten der Republikaner und der österreichischen FPÖ sprach. Die Absicht der Veranstaltung zielte einerseits wohl auf die Entwicklung einer Strategie gegen die immer erfolgreicher auftretenden Freiheitlichen, sollte andererseits eine Fortführung der Ausgrenzungsmechanismen darstellen. Der Referent wurde auch entsprechend fündig, indem er darauf hinweisen konnte, daß beide Parteien, die bundesdeutschen Republikaner und die österreichischen Freiheitlichen, ungebundene Wechselwähler in mittleren Jahren ansprechen würden.

Beide seien *"Männerparteien"*, die von weiblichen Wählern eher gemieden würden, und sie hätten überdies *"20 bis 25 Prozent alter Nazis und alter Rechter"* unter ihrer Anhängerschaft.

Diese auf den ersten Anschein so demaskierenden Erkenntnisse erweisen sich bei näherer Analyse als Binsenweisheiten: Wenn man etwa andere Parteien, beispielsweise die niederösterreichische ÖVP, die Kärntner Sozialisten oder die CSU in Bayern und die CDU in Niedersachsen, ansieht, stellt man recht schnell fest, daß die genannten Kriterien auf dort auch anwendbar wären. Wo beispielsweise sollten denn die *"alten Nazis"*, also jene Bürger der BRD oder Österreichs, die seinerzeit Mitglieder oder Anhänger der NSDAP waren, hingegangen sein? Sie haben sich nicht in Luft aufgelöst, sondern sind zum großen Teil eben in die Anhängerschaft oder sogar in die Mitgliedschaft der erwähnten etablierten Parteien übergegangen und dürften dort, wenn man es grob berechnet auch 20 bis 25 Prozent stellen.

Was die parteiungebundenen Wechselwähler betrifft, die angeblich Republikaner und FPÖ gemeinsam hätten, so muß doch darauf hingewiesen werden, daß ihnen jede Parteizentrale, ob rot, ob schwarz, ob grün, nachläuft wie der Teufel den armen Seelen. Und was schließlich den Vorwurf betrifft, eine *"Männerpartei"* zu sein, so ist es eine traurige Tatsache, daß - vielleicht abgesehen von den Grün-Alternativen - die Männer in nahezu allen Parteien dominant sind. In der österreichischen FPÖ gibt es im Gegensatz zu den Altparteien, seitdem Jörg Haider Obmann wurde, immerhin ein paar sehr markante Damen: Man denke an die Generalsekretärin Heide Schmidt, an die drei Nationalratsabgeordneten Helene Partik-Pablé, Karin Praxmarer und Klara Motter oder an die Kärntner Landtagspräsidentin Kriemhild Trattnig.

Was die heimische ÖVP-Prominenz und ihre journalistischen Helfershelfer bei der zitierten Vortragsveranstaltung überrascht haben mag, dürfte der Hinweis des Menschen von der *"Konrad-Adenauer-Stiftung"* gewesen sein, daß weit deutlicher als die Gemeinsamkeiten zwischen Freiheitlichen und Republikanern die Unterschiede zwischen den beiden Parteien zutage treten: Während sich die FPÖ als moderne, leistungsbewußte, alte Strukturen in Frage stellende Partei präsentierte, schlügen die Republikaner aus der Angst mancher Bevölkerungsgruppen vor Veränderungen Kapital. Deshalb seien die Republikaner gegen die Integration Europas und gegen den Zuzug von Menschen, selbst wenn es sich um Deutsche aus dem Osten handle.

Da haben wir es also: Die FPÖ ist eine Partei der Veränderung, eine Partei des gesellschaftlichen Aufbruchs, eine Partei der leistungswilligen und kritischen Jugend. Die Republikaner - zumindest wenn das Klischee stimmt, das ihre Diffamierer in die Welt setzen - eine Gruppierung kleinbürgerlicher Ängste vor einer sich rasch verändernden Welt.

So ganz stimmen also die Allgemeinplätze nicht, die da allenthalben in die Welt gesetzt werden, daß die FPÖ ein Teil jenes europaweit hochkommenden *"Rechtspopulismus"* sei, der quasi der Vorbote eines neuen Faschismus darstelle. Zu diesem Schluß mußte man zumindest kommen, wenn man die Ausführungen des Leiters des Forschungsinstitutes der *"Konrad-Adenauer-Stiftung"* ernstgenommen hat.

Von solch differenzierten Analysen ließen und lassen sich aber die antifreiheitlichen Parteistrategen von SPÖ und ÖVP sowie die Berufsantifaschisten der Alpenrepublik wenig beeindrucken. Welch seltsame Blüten die Anti-Haider-Kampagnen getrieben haben, beweist etwa eine *"Dokumentation"* des ÖVP-Parlamentsklubs in der Stärke von ganzen 300 Seiten, die im Jahre 1988 der Öffentlichkeit präsentiert wurde. Unter dem Titel *"Dr. Jörg Haiders politisches Schimpf-Wörter-Buch"* wurde dort den Österreichern mittels aus dem Zusammenhang gerissener Zitate und mittels der vielen häufig durchaus scharfen Pointen aus den Reden Jörg Haiders quasi weisgemacht, daß der FPÖ-Chef so etwas wie ein verbaler Terrorist sein müsse. Von A, dem *"faden Alois"*, bis Z, dem *"Zigeuner-Kapellmeister"* Wirtschaftsminister Graff, reichen in dieser fragwürdigen Dokumentation die Aufzeichnungen von Haider-Aussprüchen. Daß die meisten Politikerkollegen des FPÖ-Chefs über dessen Schlagfertigkeit und verbale Originalität in erster Linie puren Neid verspüren, wurde dabei natürlich verschwiegen. Daß die politische Kultur von den alten Parteien durch eine unterschwellige verbale Brutalität seit Jahren und Jahrzehnten vergiftet wurde und vergiftet wird, verschwieg man dabei natürlich genauso, um den Eindruck entstehen zu lassen, der Oppositionsführer sei es alleine, dessen Wortwahl von unverantwortlicher Härte gekennzeichnet sei.

Ähnlich plakativ und grob vereinfachend argumentierte eine Reihe von Politwissenschaftern und Berufsantifaschisten in einem Buch, das im Jahre 1989 unter dem Titel *"Die Rückkehr der Führer"* auf den Markt kam. Darin wurde selbstverständlich die FPÖ als ein rechtsradikales und faschistoides *"Modell für Europa"* dargestellt: Beginnend mit der Arisierungs-Schauermär des haiderschen Bärentales über die wüste Diffamierung, daß *"etwa 25 Prozent der Österreicher starke Antisemiten"* seien, bis hin zur Behauptung, daß in der Ideologie der FPÖ immer wieder *"offener Rassismus zutage"* trete, reicht dort eine Argumentationskette, wie sie einseitiger kaum gesponnen werden könnte. Die freiheitliche Vorstellung von der sozialen Volksgemeinschaft wird als weltanschauliches NS-Relikt dargestellt, dem ein geschlossenes *"rechtsradikales Geschichtsbild"* entspreche. Dazu gehören *"die Verachtung der Opfer"*, *"die Verehrung der Täter"* und *"die Bekämpfung von Widerstandskämpfern"*. Dieses *"rechtsradikale Geschichtsbild"* sei ein *"Zukunftsentwurf"*. Als besonderes Beispiel für die Aktivitäten der FPÖ und für ihre rechtsradikale Ausrichtung, aufgrund derer man sie der faschistoiden *"Euro-Rechten"* zuordnen könne, wird in dem seltsamen Werk Kärnten genannt. Dabei finden sich die übliche Diffamierung des Kärntner Heimatdienstes und die angebliche Minderheitenfeindlichkeit ebenso wie das Märchen vom Kärntner Deutsch-Nationalismus, aufgrund dessen Jörg Haider und die Freiheitlichen die Macht im Lande erlangt hätten.

Publikationen dieser Art, deren Autoren zumeist im linksextremen bis radikalsozialistischen Bereich zu Hause sind, haben naturgemäß kaum Wirkung innerhalb der Bevölkerung. Sie dienen eher der Selbstbestätigung jener Kreise, für die der FPÖ-Chef und seine Partei ohnedies die Rolle des innenpolitischen Leibhaftigen spiele. Von realpolitischer Bedeutung sind diese Diffamierungspamphlete nur insofern, als man sich in den

Parteisekretariaten von ÖVP und SPÖ bei wahltaktisch motiviertem Bedarf immer wieder ihrer bedient beziehungsweise die etablierten Meinungsmacher von Fall zu Fall auf *"wissenschaftliche Aussagen"* dieser Qualität zurückgreifen können.

Zuzustimmen ist diesbezüglich zweifellos Norbert Gugerbauer, dem Freiheitlichen Klubobmann im Nationalrat, wenn er meint, all diese Diffamierungen seien im wesentlichen der Versuch des politischen Gegners auf möglichst wirksame Art und Weise gegen die offensive Oppositionspolitik der FPÖ *"zurückzuschlagen"*. Gugerbauer zitiert in diesem Zusammenhang den bundesdeutschen SPD-Vordenker Peter Glotz, der in seinem jüngsten Buch über die deutsche Rechte darauf hingewiesen hat, daß der Faschismusvorwurf in der Politik an jenen Kleinbürger erinnere, *"der jede Frau, die er nicht ganz genau kennt, als Hure bezeichnet"*. Wörtlich meint der freiheitliche Klubobmann: *"Die österreichische Innenpolitik versucht, auch durch derartige Diffamierungen, die Freiheitliche Partei in ein Eck zu drücken, in das sie nicht gehört. Wobei ich aber auch deutlich erklären muß, daß ich kein Verständnis für Auftritte habe, die die Inhalte der Freiheitlichen Partei nicht widerspiegeln, die ganz im Gegenteil die Verwirklichung unserer Politik gefährden."*

Zum Vorwurf des Populismus und zur Gleichsetzung der FPÖ mit den neuen ultrarechten Parteien in Westeuropa meint Gugerbauer: *"In der BRD gab es zuletzt (die saarländischen Wahlen zu Jahresbeginn 1990) einen Landtagswahlkampf, bei dem eine populistische Partei gewonnen hat. Es war die Partei des Oskar Lafontaine. Populismus ist eine Hülse, die sich für alle verwenden läßt. Manche behaupten, Politiker haben in der Regel dann Erfolg, wenn sie dem Volk aufs Maul schauen und wenn sie Strömungen in der Bevölkerung entsprechend artikulieren. Das gilt in gewisser Hinsicht nicht nur für Oskar Lafontaine, sondern auch für Jörg Haider. Was die Unterschiede zwischen der FPÖ und rechtsradikalen Gruppen betrifft, glaube ich, daß wir uns programmatisch ganz klar davon abheben. Wir sind eine Partei, die die Freiheit des einzelnen mit dem Individualismus sehr stark in den Vordergrund rückt und die auch im Kulturleben, im Wirtschaftsleben den Bezug zur Freiheit immer wieder herausstreicht. Daher sind die ganzen Versuche, die Freiheitliche Partei in die Nähe eines Herrn Schönhuber oder eines Herrn Le Pen zu rücken, Akte der politischen Demagogie. Sie stellen keine wissenschaftliche Analyse dar, sondern vielmehr den Versuch, den immer stärker aufkommenden freiheitlichen Konkurrenten eines auszuwischen ..."*

Dieser Analyse des freiheitlichen Klubobmannes im Nationalrat im Hinblick auf den Vorwurf, die FPÖ stelle eine *"rechtsradikale"* oder *"rechtspopulistische"* Partei dar, ist wenig hinzufügen. Allenfalls das eine, daß kommende Wahlkämpfe mit höchster Wahrscheinlichkeit eine Fortsetzung dieser Diffamierung bringen werden. Ob sie neue inhaltliche Facetten zeitigen werden, bleibt abzuwarten, ist aber eher unwahrscheinlich. Die simplen Versuche, Jörg Haider und die FPÖ zu dämonisieren, die mehr oder weniger krampfhaften Strategien, ihn als verantwortungslosen Sprüchcklopfer abzustempeln, erwiesen sich bislang als ebenso unwirksam wie der Versuch, ihn und die FPÖ in das *"Braune Eck"* abzuschieben. Auch alle Versuche, ihn und die Spitzenexponenten der erneuerten Freiheitlichen auf das Normalmaß der österreichischen Innenpolitik zu reduzieren, also sozusagen in den Sumpf der politischen Korruption und der Skandale herunterzuziehen, erwiesen sich bislang als wenig wirksam. Solange die erneuerten Freiheitlichen unter Jörg Haider aber innenpolitisch erfolgreich sein werden, solange werden sie wohl mit Diffamierungen dieser Art zu rechnen haben.

NACH-
BEMERKUNG.

Nachbemerkung

Der Leser hat sich nun ein Buch zu Gemüte geführt, in dessen Mittelpunkt eine politische Bewegung steht. Eine politische Kraft also, die nichts Statisches, nichts in sich Abgeschlossenes, zeitlich Begrenzbares darstellt, sondern etwas Fließendes, einen Prozeß also. Konnte man dabei noch einigermaßen einen Anfang finden, nämlich jene Initialzündung zur innerparteilichen Erneuerung der FPÖ beim Innsbrucker Parteitag im September 1986, so war es schon viel schwieriger, einen Endpunkt für die Schilderung zu finden. Vernünftig wäre es vielleicht gewesen, die Legislaturperiode als Ganzes von den Nationalratswahlen 1986 bis zu jenen des Jahres 1990 als Beobachtungszeitraum zu erwählen und die Gesetzgebungsperiode zum Rahmen für die politische Analyse zu machen. Aber auch die Nationalratswahlen vom Herbst 1990 wären keine wirkliche Endstation, sondern nur ein Zwischenhöhepunkt im Erneuerungsprozeß der Freiheitlichen Partei und der Zweiten österreichischen Republik. Genausogut hätte man also den burgenländischen Wahlgang, die Wiener Gemeinderatswahl oder den 12. März 1989 mit seinen drei zusammengelegten Landtagswahlen als fiktiven Schlußpunkt nehmen können.

Wenn das vorliegende Buch dennoch für sich in Anspruch nimmt, einen in sich geschlossenen, durchschaubaren Bereich zu behandeln, so deshalb, da der darin analysierte Zeitraum von drei bis vier Jahren mehr oder weniger deutlich zeigt, in welche Richtung der freiheitliche Zug fährt. Tatsächlich ist die historischgewachsene Dritte Kraft Österreichs durch Jörg Haiders Führung in eine völlig neue Phase ihrer Geschichte getreten: Unter dem Motto *"Politische und moralische Erneuerung"* hat sich die FPÖ seit damals als Alternative zu den beiden *"alten Parteien"* zu profilieren vermocht. *"Populistisch"* im guten Sinne des Wortes als Vertretung des *"kleinen Mannes"* nämlich, als Anwalt des Bürgers, verstehen sich die Freiheitlichen nun als *"Bewegung der Demokratie"* für Österreich (so Jörg Haider), die einen grundlegenden Wandel in den politischen Strukturen der Republik herbeiführen will und zum großen Teil bereits herbeigeführt hat.

Die klassisch liberalen Aufgaben wie das Streben nach Meinungsfreiheit und nach Entparteipolitisierung des öffentlichen Lebens, sowie nach Machtverzicht der politischen Parteien, nach Entmonopolisierung bei der öffentlichen Meinungsbildung und nach Deregulierung verbinden sich in der Haider-FPÖ mit ökologischen Anliegen und nationalem Bewußtsein. Ein neues Verständnis der gewachsenen Umwelt und eine Absage an technokratischen Fortschrittsglauben und neolinke Utopien gehen dabei Hand in Hand mit dem Bekenntnis zur historisch gewachsenen nationalen Identität und einem Heimatbewußtsein, daß zwar in die europäische Integration einfließen soll, in der aber nicht nivelliert werden darf.

Ob nun all jene Entwicklungsstränge, die in diesem Buch in inhaltlicher aber auch organisatorischer Hinsicht aufgezeigt sind, tatsächlich zum Ziele führen und wirklich handfeste greifbare Resultate zeitigen werden, bleibt ungewiß. Die Geschichte der FPÖ, aber auch die Österreichs insgesamt ist nach vorne hin naturgemäß offen. Und ob Jörg Haiders Freiheitliche in den Geschichtsbüchern wirklich einmal als die politisch-moralische Erneuerungsbewegung der Zweiten Republik dastehen werden, bleibt abzuwarten. Das vorliegende Buch jedenfalls versucht, politikwissenschaftliche und zeitgeschichtliche Analyse mit journalistischer Darstellungsweise zu verbinden und anschaulich zu machen, wie dramatisch sich das politische System Österreichs in den vergangenen Jahren geändert hat. Es zeigt den Kurs jener

"Eisbrecher", Jörg Haiders und seiner Freiheitlichen nämlich, die die verkrusteten und vereisten Strukturen der österreichischen Polit-Landschaft aufgebrochen haben. Es ist somit auch so etwas wie eine Chronik des politischen Umbruchs in Österreich. Es versteht sich naturgemäß als Teil der Selbstdarstellung des Dritten Lagers, als Teil der freiheitlichen Parteigeschichtsschreibung. Daß diesem Anspruch in der Hektik der zeitgenössischen politischen Abläufe nicht immer absolut entsprochen werden kann, liegt auf der Hand. Wie in der Politik ist es nämlich auch in der Publizistik; man muß den Mut zur Unvollkommenheit aufbringen, um überhaupt wirksam werden zu können.

BLITZ-
LICHTER.

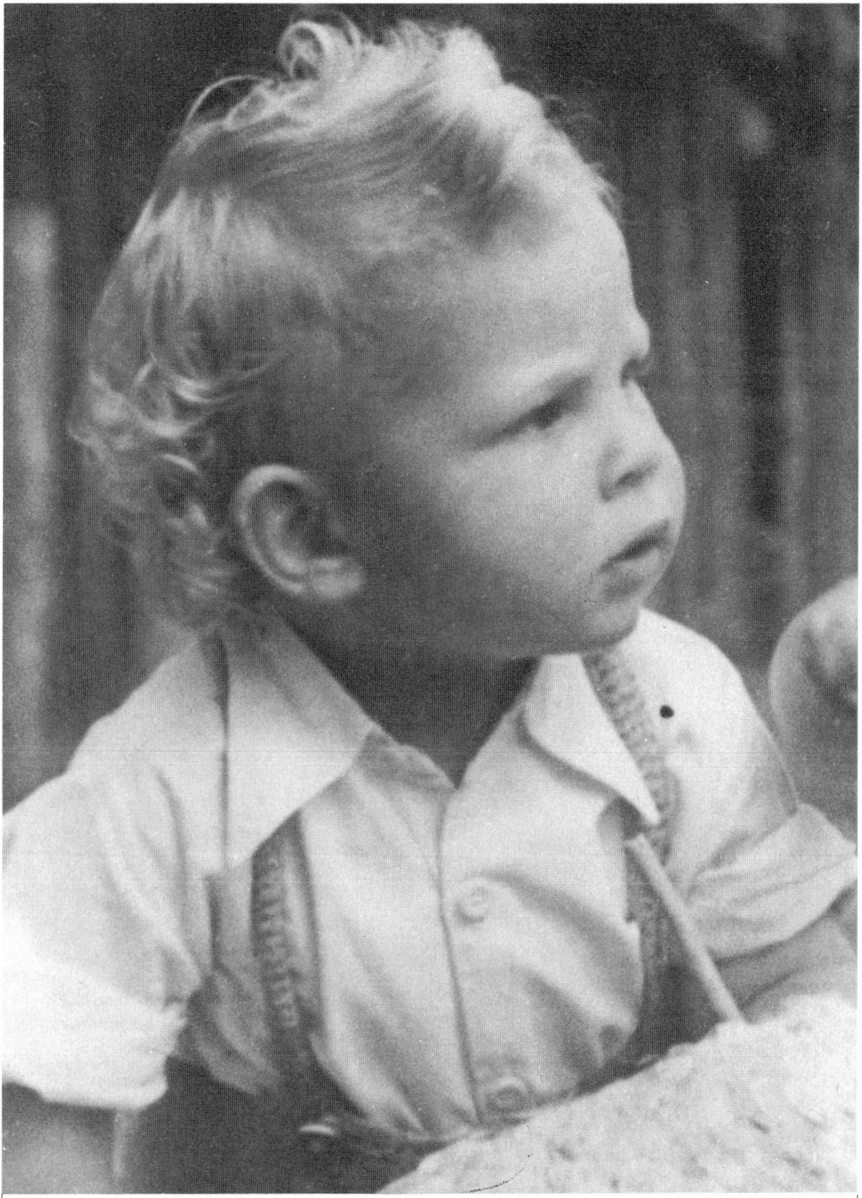

Jörg Haider als Knirps. Schon hier blickt er selbstbewußt in die Zukunft.

Dieses charakteristische Lachen ist Jörg Haider trotz jahrelanger politscher Auseinandersetzungen nicht vergangen.

Als Jugendlicher wollte Jörg Haider Schauspieler werden.

Jörg Haider als überzeugter Burschenschafter. Als Schüler und Student Mitglied der Pennalen Burschenschaft in Bad Ischl und der Burschenschaft Sylvania in Wien (l.). Jörg Haider absolvierte freiwillig 1 Jahr Bundesheer (r.).

Jörg Haider ist sicherlich der sportlichste Politiker Österreichs.

Seine Lieblingshobbis: Tennis und Bergsteigen.

Obwohl FPÖ-Chef Jörg Haider längst nicht mehr Pfeife raucht, ist das Gebiß mit der Pfeife symbolisch für den bissigen und dynamischen Oppositionsführer.

"Österreich politisch erneuern" wurde ein Synonym für das politische Programm der FPÖ. Privilegienabbau, Abschaffung der Parteibuchwirtschaft, wirtschaftliches Denken im verstaatlichten Bereich sowie die Rettung und Erhaltung der Umwelt sind die Schwerpunkte.

Bei zahllreichen Wahlkampfeinsätzen ist Jörg Haider mit dem Hubschrauber unterwegs.

Im Parlament konnte sich Jörg Haider als Klubobmann der FPÖ profilieren. Seine rhetorisch geschliffenen Reden brachten sehr oft Bundeskanzler Vranitzky in Verlegenheit.

Ein nachdenklicher Jörg Haider vor dem Magdalenuntersuchungsausschuß. Der Wirtschaftsskandal für den - nach mehreren Aussagen vor dem Ausschuß - als Hauptverantwortlicher SP-Landeshauptmannstellvertreter Erwin Frühbauer verantwortlich zeichnet, kostet dem Steuerzahler mehr als 1,2 Milliarden Schilling.

Zwei die sich immer gut verstanden - Jörg Haider und Norbert Gugerbauer.

Landeshauptmann Dr. Jörg Haider auf der Burgruine Finkenstein beim Sommerinterview des Inlandsreports. Im Hintergrund der Beginn des Rosentals, eine der schönsten Gegenden Kärntens.

Kriemhild Trattnig, 2. Präsidentin des Kärntner Landtags, hatte großen Anteil an der erfolgreichen Wahl Jörg Haiders zum Landeshauptmann.

Der alte und neue Landeshauptmann von Kärnten (Leopold Wagner und Dr. Jörg Haider). Wird Jörg Haider in Kärnten gleich lange regieren wie die Sozialisten vor ihm?

Die stolzen Eltern gratulieren ihrem Sohn zur Wahl des Landeshauptmanns von Kärnten.

Angelobung Jörg Haiders zum Landeshauptmann von Kärnten durch den Bundespräsidenten.

Bundeskanzler Vranitzky sieht etwas verstimmt zu, wie der Bundespräsident Jörg Haider per Handschlag zum Landeshauptmann von Kärnten angelobt. Damit verloren die Sozialisten ein weiteres Bundesland aus ihrem Machteinfluß.

Gespräch mit Bundespräsidenten Waldheim zur Österreichischen Nation - Herbst 1988.

Niederlage um Niederlage für die Altparteien.

Agrarreferent Jörg Haider zeigt Landwirtschaftsminister Fischler wie gehobelt wird. Bereits in seinem 1. Jahr als Landwirtschaftsreferent hat Jörg Haider zahlreiche Initiativen für die Besserstellung Kärntens Bauern gesetzt.

Vergnüglicher Messerundgang mit Minister Schüssel anläßlich der Klagenfurter Holzmesse 1989.

Tunneldurchschlag des Karawankentunnels nach Jugoslawien. Bundeskanzler Vranitzky, Traudl Wagner (Gattin des Ex-Landeshauptmannes), Jörg Haider. Diese Verbindung wird die wirtschaftlichen Beziehungen zu Jugoslawien intensivieren.

Das Verhältnis zu Minister Egmund Voregger ist geprägt durch gegenseitige Wertschätzung. Von rechts: Klagenfurts Bürgermeister Leopold Guggenberger, Justizminister Egmund Voregger, Landeshauptmann Dr. Jörg Haider, Bischof Egon Kapelari und Superintendent Sturm.

Ist das die mögliche nächste Koalitionsregierung?

Als Kärntner Landeshauptmann nimmt Jörg Haider natürlich auch an den Landeshauptleutenkonferenzen teil. Dort hat er ein neues Forum gefunden zur Präsentation seiner Erneuerungspolitik.

In 2 Jahren hat Landeshauptmann Jörg Haider den Vorsitz der Arge Alpen Adria über. Schon jetzt führt er Gespräche auf höchster Ebene, wie hier mit Ministerpräsident Andreotti.

Von links US.-Botschafter Henry Greenwald, Dr. Jörg Haider, Gesandter Michel Habib, Landesamtsdirektor Dr. Ralf Unkart.

Jörg Haider und Sinigoje. Der erste Landeshauptmann von Kärnten der den Dialog mit dem Slowenen suchte und dadurch das Minderheitenproblem in den Griff bekam. Sinigoje zeigte sich auf der gemeinsamen Pressekonferenz sichtlich angetan von den Initiativen Jörg Haider's.

Auf Initiative von Jörg Haider kamen bereits zahlreiche Vertreter Internationaler Konzerne, wie hier im Bild die Direktoren von General Electrics USA nach Kärnten. Jörg Haider möchte Kärnten zum Standort für nahmhafte High-Tech Firmen machen.

Wenn es um populäre Anliegen wie die seinerzeitigen Hundertwasser-Kfz.-Nummerntafeln ging, verstand es Jörg Haider stets auch mit Künstlern ins Gespräch zu kommen.

Seine Popularität bei der Bevölkerung genießt Jörg Haider nicht zuletzt wegen seiner Aktivitäten als Sportler (im Bild mit Ski-Idol Franz Klammer)

Spatenstich zum letzten Bauabschnitt der Tauernautobahn.

Der Bleiburger Wiesenmarkt ist ein traditionelles Fest in Kärnten, bei dem es sehr "urig" zugeht. Im Bild Landeshauptmannstellvertreter Christoph Zernatto und Jörg Haider die gemeinsam das Fest eröffneten.

Gemeinsamer Bieranstich von Landeshauptmann Dr. J. Haider und Landeshauptmannstellvertreter Dr. Christoph Zernatto.

Überall wo Jörg Haider auftritt fliegen ihm die Sympathien der Bevölkerung zu, wie hier in Bleiburg/Kärnten.

Auch wenn es noch so regnet, Jörg Haider hat immer ein offenes Ohr für die Probleme der Bevölkerung.

Trotz der vielen Arbeit kann sich Jörg Haider unbetrübt vergnügen. Wie hier mit seiner Gattin Claudia bei einer der zahlreichen Kärntner Faschingssitzungen.

Bei Kindern ist Jörg Haider durch seine offene und freundliche Art besonders beliebt.

Bei Sprechtagen muß Landeshauptmann Jörg Haider mit einem enormen Ansturm rechnen. 2 Monate nach seiner Wahl zum Landeshauptmann umfaßte die Liste der Personen die mit Jörg Haider sprechen wollten mehr als 2000 Hilfesuchende.

Durch den langen Wahlkampf blieben tausende Akte unerledigt. Landeshauptmann Jörg Haider arbeitete aber den enormen "Nachlaß" seines Vorgängers in wenigen Monaten auf.

Das Regierungsprogramm der FPÖ und ÖVP in Kärnten umfaßt zahlreiche einschneidende Neuerungen. Die erfolgreichsten, die bereits realisiert wurden sind: Die Objektivierung bei Einstellungen im öffentlichen Dienst, die Abschaffung von Politikerprivilegien, eine Reform des Gesundheitswesens und der Landwirtschaftspolitik.

Bundespräsident Dr. Kurt Waldheim und Jörg Haider anläßlich der Eröffnung des 20. Carinthischen Sommers in Kärnten.

Sowohl Jörg Haider als auch Wolfgang Schüssel gelten als besonders modebewußte Politiker. Hier erhielten sie eine Auszeichnung des "Modelandes Kärnten" anläßlich der Holzmesse 89 in Klagenfurt.

Eine klare Stellung zur Südtirolfrage war immer die Linie der FPÖ. Auf dem Bild: Südtirolsprecher 3. Präsident des Nationalrates Dr. Siegfried Dillersberger und BPO Dr. Jörg Haider anläßlich einer Pressekonferenz zu diesem Thema.

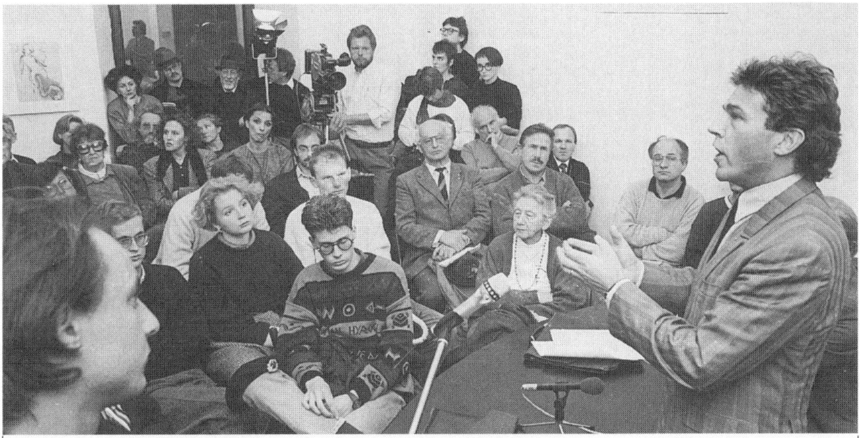

Der freiheitlichen Partei wird unterstellt ein gestörtes Verhältnis zu Künstlern zu haben. Anläßlich einer Diskussion mit Kärntner Künstlern konnte Jörg Haider die Öffentlichkeit vom Gegenteil überzeugen.

Nichts ist Jörg Haider zu schwer. Da das Vellachtal dringend eine Belebung für den Tourismus benötigt, überzeugte sich der Landeshauptmann persönlich davon ob dies mit dem Ausbau der Tropfsteinhöhlen in diesem Gebiet möglich sei.

Der Kärnterball wurde heuer zu einem besonders großen gesellschaftlichen Ereignis. Erstmals wurde dieser von Landeshauptmann Dr. Jörg Haider mit Gattin Claudia eröffnet.

Besonders die heimatbewußten Menschen in Kärnten schätzen ihren Landeshauptmann sehr wegen seines Engagements für die Erhaltung der Kulturträger.

Der erste Tag im Büro des Landeshauptmannes von Kärnten.

Pressekonferenz anläßlich der ersten 100 Tage "Landeshauptmann von Kärnten" in einem urigen Heustadl. Bereits in diesen wenigen Tagen wurden zahlreiche politische Vorhaben realisiert.